当代世界学术名著

新闻社会学（第二版）

The Sociology of News, 2e

新闻与传播学译丛
大师经典系列

[美] 迈克尔·舒德森 Michael Schudson／著
徐桂权／译

中国人民大学出版社
·北京·

新闻与传播学译丛·大师经典系列

展江　何道宽 /主编

“当代世界学术名著”
出版说明

中华民族历来有海纳百川的宽阔胸怀，她在创造灿烂文明的同时，不断吸纳整个人类文明的精华，滋养、壮大和发展自己。当前，全球化使得人类文明之间的相互交流和影响进一步加强，互动效应更为明显。以世界眼光和开放的视野，引介世界各国的优秀哲学社会科学的前沿成果，服务于我国的社会主义现代化建设，服务于我国的科教兴国战略，是新中国出版工作的优良传统，也是中国当代出版工作者的重要使命。

中国人民大学出版社历来注重对国外哲学社会科学成果的译介工作，所出版的“经济科学译丛”“工商管理经典译丛”等系列译丛受到社会广泛欢迎。这些译丛侧重于西方经典性教材；同时，我们又推出了这套“当代世界学术名著”系列，旨在逡译国外当代学术名著。所谓“当代”，一般指近几十年发表的著作；所谓“名著”，是指这些著作在该领域产生巨大影响并被各类文献反复引用，成为研究者的必读著作。我们希望经过不断的筛选和积累，使这套丛书成为当代的“汉译世界学术名著丛书”，成为读书人的精神殿堂。

由于本套丛书所选著作距今时日较短，未经历史的充分淘洗，加之判断标准见仁见智，以及选择视野的局限，这项工作肯定难以尽如人意。我们期待着海内外学界积极参与推荐，并对我们的工作提出宝贵的意见和建议。我们深信，经过学界同仁和出版者的共同努力，这套丛书必将日臻完善。

中国人民大学出版社

“新闻与传播学译丛·大师经典系列”
总　　序

新闻与大众传播事业在现当代与日俱增的影响与地位，呼唤着新闻学与传播学学术研究的相应跟进和发展。而知识的传承，学校的繁荣，思想的进步，首先需要的是丰富的思想材料的积累。“新闻与传播学译丛·大师经典系列”的创设，立意在接续前辈学人传译外国新闻学与传播学经典的事业，以一定的规模为我们的学术界与思想界以及业界人士理解和借鉴新闻学与传播学的精华，提供基本的养料，以便于站在前人的肩膀上作进一步的探究，则不必长期在黑暗中自行摸索。

百余年前，梁启超呼吁：“国家欲自强，以多译西书为本；学子欲自立，以多读西书为功。”自近代起，许多学人倾力于西方典籍的逐译，为中国现代社会科学和自然科学的建立贡献至伟。然而，由于中国新闻学与传播学的相对年轻，如果说梁任公所言西学著述“今之所译，直九牛之一毛耳”，那么新闻学与传播学相关典籍的译介比其他学科还要落后许多，以至于我们的学人对这些经典知之甚少。这与处在社会转型过程中的中国的社会经济文化发展的要求很不协调，也间接造成了新闻与传播“无学”观点的盛行。

从1978年以前的情况看，虽然新闻学研究和新闻教育在中国兴起已有半个世纪，但是专业和学术译著寥寥无几，少数中译本如卡斯珀·约斯特的《新闻学原理》和小野秀雄的同名作等还特别标注“内部批判版”的字样，让广大学子避之如鬼神。一些如弥尔顿的《论出版自由》等与本学科有关的经典著作的翻译，还得益于其他学科的赐福。可以说，在经典的早期译介方面，比起社会学、政治学、经济学、法学、心理学等现代社会科学门类来，新闻学与传播学显然先天不足。

1978年以后，尤其是20世纪90年代中期以来，新闻与传播教育和大众传播事业在中国如日中天。但是新闻学与传播学是舶来品，我们必须承认，到目前为止，80%的学术和思想资源不在中国，而日见人多势众的研究队伍将80%以上的精力投放到虽在快速发展但是仍处在“初级阶段”的国内新闻与大众传播事业的研究上。这两个80%倒置的现实，导致了学术资源配置的严重失衡和学术研究在一定程度上的肤浅化、泡沫化。专业和学术著作的翻译虽然在近几年渐成气候，但是其水准、规模和系统性不足以摆脱“后天失调”的尴尬。

我们知道，新闻学产生于新闻实践。传播学则是社会学、政治学、心理学、社会心理学等学科以及新闻学相互融合的产物。因此，“新闻与传播学译丛·大师经典系列”选择的著作，在反映新闻学研究的部分代表性成果的同时，将具有其他学科渊源的传播学早期经典作为重点。我们并不以所谓的“经验学派/批判学派”和“理论学派/务实学派”划线，而是采取观点上兼容并包、国别上多多涵盖（大致涉及美、英、德、法、加拿大、日本等国）、重在填补空白的标准，力争将20世纪前期和中期新闻学的开创性著作和传播学的奠基性著作推介出来，让读者去认识和关注其思想的原创性及其内涵的启迪价值。

法国哲学家保罗·利科（Paul Ricoeur）认为，对于文本有两种解读方式：一种是高度语境化（hypercontextaulisation）的解读，另一种是去语境化（decontextaulisation）的解读。前者力图从作者所处的具体社会语境中理解文本，尽可能将文本还原成作者的言说，从而领会作者的本意；后者则倾向于从解读者自身的问题关怀出发，从文本中发现可以运用于其他社会语境的思想资源。本译丛的译者采用的主要是第一种解读方式，力图通过背景介绍和详加注释，为读者从他们自身的语境出发进行第二种解读打下基础。

“译事之艰辛，惟事者知之。”从事这种恢宏、迫切而又繁难的工作，需要几代人的不懈努力，幸赖同道和出版社大力扶持。我们自知学有不逮，力不从心，因此热忱欢迎各界读者提出批评和建议。

“新闻与传播学译丛·大师经典系列”

编委会

中文版序言

我很高兴为《新闻社会学》的中译本写序。

这本书的第一版出版于2003年。对于一些研究领域来说，这个时间恍若昨日。但对新闻业研究而言，这几乎是久远的历史了。本书第二版（即现在翻译的版本），出版于2011年。这个版本更新了许多地方，并增加了全新的一章——“21世纪的第一波新闻革命”。多年后的今天，如果要更恰当地解释新闻业的各种新发展以及新闻学研究的新进展，那么连这一章都要好好修改了。

那么，为什么要完整地出版这个中译本呢？除了用可能已过时的分析工具、框架和视角来分析早已远去的世界之外，还有什么原因呢？

我认为，《新闻社会学》这本书里勾勒的“新闻是什么”“新闻是如何采集的”“新闻在政治和社会中扮演什么角色”的内容，时至今日仍然适用。尽管互联网（包括社交媒体在内）的产物形成了深刻的影响，但西方新闻传播史上首位重要的学者、20世纪20年代的政论家沃尔特·李普曼仍是美国最优秀的新闻思想家。新闻社会学的经典研究，例如赫伯特·甘斯发表于1979年的《什么在决定新闻》，运用民族志研究的方法细致描绘了20世纪六七十年代美国电视网和新闻周刊在数字时代以前的运作方式。这个研究展示了新闻工作者如何采集新闻，以及他们有意或无意地倡导了什么样的价值观，其富有洞察力的描绘依然可以用来阐释今天的新闻机构。过去和现在有什么不同吗？答案是肯定的。一个显著的变化是，记者不仅仅要报道新闻，还要在社交媒体上推广自己的报道。记者不再只是写一个报道，然后继续下一个报道，而是写完一个报道后在网上持续地更新，以满足读者的在线消费。过去，甘斯坐在新闻编辑室里，观察新闻工作者的行为并和他们交谈，记者对他们的受众几乎一无所知；而现在，记者时时刻刻都在听取受众的意见。然而，记者通常会忽略掉大部分的邮件内容，因为写得最频繁的人大多是怪人或愤青。

在第二版新增加的一章里，我集中讨论了数字时代里新旧事物之间日益“模糊”的表现——读者与作者之间的界限模糊；新闻机构的采编部门与经营和广告部门之间的界限模糊；营利的、非营利的与政府的新闻机构之间的界限模糊；书籍、报纸、新闻杂志与博客、社交媒体、推特等传播新闻的媒体形式之间的界限模糊；传统媒体与新媒体之间的界限模糊。以上的情况不仅发生在2011年，也同样发生在今天。但我可能夸大了这些变化的影响。今天看来，至少在美国，新闻世界里的巨头依旧是那些19世纪创立的老牌机构，它们是私有的、营利的新闻企业，隶属于政治党派或与党派无关。这些机构越来越专业化，在没有改变任何目标或价值取向的前提下，就很好地适应了数字时代的到来。

在20世纪70年代初的美国，《纽约时报》和《华盛顿邮报》是报道越南战争和尼克松政府丑闻的“领头羊”；在2017年和2018年，它们仍然作为“领头羊”报道唐纳德·特朗普执掌的联邦政府的腐败，以及特朗普对总统办公室的尊贵和严肃性的蔑视。另外一些机构也很引人注目，尤其像非营利网络新闻机构ProPublica和时政新闻网站Politico，它们都带有显著的数字化特征，但两者都是由来自《华盛顿邮报》《华尔街日报》等媒体的新闻“老手”带领运作的。

目前，没有哪一家报业仅仅发行纸质版。《泰晤士报》和《华盛顿邮报》仍然努力吸引那些纸质版的忠诚用户，以作为经济收入的重要组成部分，但不可否认的是，电子版的订阅用户在数量上远远超过纸质版的订阅用户。这印证了我在2011年所指出的重要变化。找到对于新闻生产行之有效的“商业模式”是一项长期的奋斗，在数字时代更是尤为紧迫。

同时，相比于从20世纪70年代到21世纪前十年经济上的不连续性，社会文化的连续性，以及新闻工作者对公共服务原则的坚守显得更为突出。举例来说，由于Politico网站中两位记者的爆料，汤姆·普莱斯被迫辞去特朗普政府卫生与公众服务部部长一职。根据内部人士“泄露”的信息，记者跟进记录了部长普莱斯经常搭乘昂贵的私人包机而非普通航班出行。然而，在没有同普莱斯办公室达成任何合作的情况下，记者是怎样追踪到这些航班信息的呢？以何种方式搭乘？多少次？去哪里？以何种目的？花了纳税人多少钱？在公共数据库里是查不到私人飞机的出发和降落信息的。根据记者自己的描述，他们花了数月时间、约1 000小时调查，直到确认这则报道是有把握的、经核实是可以发表的。在2017年9月末的一个星期里，他们发表了关于普莱斯花公款搭乘私人飞机的三则新闻，几天后普莱斯被迫辞职。[参见丹·戴尔蒙（Dan Diamond）和拉查纳·普拉德汉（Rachana Pradhan）：《我们怎样发现普莱斯的私人飞机》，Politico，2017年10月4日]

上述的故事不是公民新闻，不是社交媒体的现象，也不是业余爱好者所为。它不存在任何模糊的地方。它体现的是新闻工作者从数字时代的新闻公司获得支持，追踪一个报道，进入由新闻价值观和新闻理想构筑的核心中。而这种新闻价值观和新闻理想，就是我在这本书里呈现的，并持续至今，甚至存在于新闻业正经历的种种变化之中。

我很高兴看到《新闻社会学》这本书与中国读者见面。

目　录

第二版序言

2002 年，我完成了本书第一版的写作。那时，新闻业正面临着一场变 vii
局。从 2000 年开始，《纽约时报》夜以继日地更新它的在线版。维基百科于 2000 年上线，那时，包括我在内的多数大学教授都不允许学生在研究论文中将维基百科作为权威的引用来源。但今天，我发现维基百科已经成为我工作中不可或缺的一部分，对学生们也是一样。克雷格网站（Craigslist，美国免费分类广告网站）从 2000 年起，成为人们在旧金山投放广告的地方，报纸广告收入因而受到严重威胁。博客作者正在建立公共生活的在场，但直到 2002 年他们的政治影响力才第一次真正爆发——数位博客作者的努力，最终迫使密西西比州共和党参议员特伦特·洛特从美国参议院多数党领袖的职位上辞职。

甚至连谷歌都是新的。谷歌公司于 1998 年 9 月成立，它刚刚开始成为人们生活中最好的研究助手。乔恩·斯图尔特的《每日秀》节目于 1999 年开播，并在 2000 年美国大选中广受关注，后来节目越来越受追捧，并在 2005 年衍生出《科尔伯特报告》这档“恶搞新闻”节目。智能手机也在这一时期刚刚上市（黑莓手机于 2002 年首次面市）。社交网络还处于起步阶段（Friendster 作为全球首家社交网站出现于 2002 年；MySpace 出现于 2003 年；Facebook 在其后一年推出）。YouTube 那时还没出现。

那时，完全在线的新闻机构还没出现。最早的一家是 2005 年成立的 viii
“圣迭戈之声”。其中一个规模最大、资金最充裕的机构 ProPublica 于 2008 年成立，并于 2010 年首次荣膺普利策新闻奖。

甚至在2002年，美国还未出现2007年以来新闻业务急剧萎缩的情况。相较而言，其他地方的新闻业务萎缩程度较小——我们将在本版的最后一章详细探讨其原因。

本书试图回顾和整理新闻业的变化以及新闻学界对于新闻业的理解，因此，把握过去十多年间新闻学研究的变化是十分重要的。“新闻学研究”愈发有组织性了——国际传播学会的“新闻学研究”小组于2004年成立，当时有50位成员，到2008年已有超过200位成员。致力于新闻学研究的新期刊也出现了，包括2000年创刊的《新闻学研究》(*Journalism Studies*)（隶属于欧洲新闻培训协会和国际传播学会的新闻学研究小组），同样创刊于2000年的《新闻学：理论、实践和批判》(*Journalism: Theory, Practice and Criticism*)，创刊于2007年的《新闻实践》(*Journalism Practice*)。

以上这些期刊均以英文出版。尽管它们拥有国际编辑委员会，也尽力涉及世界范围内的新闻业情况，但这些期刊还是带有显著的英美取向。即便如此，新闻学研究在概念上已经比以往都更全球化了。其中最重要的一个研究是丹尼尔·哈林和保罗·曼奇尼合著的《比较媒介体制：媒介与政治的三种模式》(2004年)，对欧洲和北美的18个民主国家的媒介体制做
ix 了比较和归类。这本书在国际上极具影响力，激发了世界范围内的回应、批判及对其他地方的新闻业的延伸讨论。另外，新闻业研究机构的发展也非常重要。哈佛大学肯尼迪学院的琼·绍伦斯坦中心成立于1986年，牛津大学的路透新闻研究所成立于2006年。二者均致力于新闻业研究，并设立了面向记者的奖学金。

对我而言，《新闻社会学》这一书名是很合适的：我的研究路径是“社会学的”——将新闻业视为由经济、技术、政治、文化、组织等种种力量和因素共同形塑而成的社会机构，这样的研究路径统称为“社会学的”。尽管如此，学术上的社会学对于新闻媒体的研究并没有显示出多大的热情，新闻媒体研究被外包到传播和媒介研究的领域。近年来，政治科学对媒体研究显示出比以往更大的兴趣，并且比社会学更可能主张严肃的、学术的新闻研究。经济学家和人类学家对新闻从业者、新闻业的研究兴趣也在增长。但总而言之，用“社会学”这一术语来概括本书的取向是再合适不过了。

致谢

本书第二版是一部双城记。我仍然感谢我之前的学术之家——加利福 xi
尼亚大学圣迭戈分校的学生和同事们，他们使本书的第一版成为可能。我感谢研究助理罗西·华和卡丽·斯隆的贡献。芭芭拉·奥斯本对原稿进行了精致的和批评性的阅读。本书来源于教学，旨在为教学服务。我要感谢那些对新闻学充满兴趣的学生，是他们促使我进行深入的思考。我在从事新闻媒体研究的博士生那里受益良多，特别是埃利奥特·金、芭芭拉·奥斯本、阿梅里科·罗德里格斯、戴维·里夫和西尔维奥·魏斯波德。我在本书的脚注里标示了同事们对我的影响，尤其感谢吉姆·凯里、赫伯特·甘斯、托德·吉特林、丹·哈林、罗布·马诺夫和芭比·泽利泽。

关于第二版，我要感谢哥伦比亚大学新闻学院的同事和学生们。本书的修订不仅反映了过去十年新闻业的转变和新闻学研究的发展，而且体现了我作为一个学者在一所专业学院从事新闻研究工作的优势。我特别感谢
院长尼古拉斯·莱曼及哥伦比亚跨学科博士生项目的学生和同事们，他们 xii
提升了我对美国及世界各地的新闻业与新闻学研究的理解。

本书的出版还要感谢诺顿出版社的编辑卡尔·巴克曼、编辑助理瑞贝卡·查尼和版权编辑朱迪·格兰特细心的工作。

导论　制作新闻

在 19 世纪 90 年代的纽约城，一位野心勃勃的加利福尼亚人在这里开始了他作为新闻人的职业生涯，他的名字叫林肯·斯蒂芬斯。那个时候，新闻业已经成为一个独立的行业，充分具备了自身的特色——这个行业有很旺的人气，形成了自己的习惯和传统，从业者享受着这种工作并相互展开竞争。至少在大城市，繁荣的新闻业已可以让居民们确信，新闻的范围标志着生活的领域（生活世界的事情都可以在新闻中得到反映）。 *xiii*

多年后，在他的一部畅销的自述里，斯蒂芬斯回忆，他就是那个时候新闻世界的一分子。对新闻记者来说，在那部引人注目的回忆录中，最有名的一章的题目是“我制造了犯罪高潮”。斯蒂芬斯讲述了他怎样与报社总部附近的警察厮混在一起，由此获悉了其他记者所不知道的犯罪信息。一天，在斯蒂芬斯身边坐着的几个警察正在悄悄谈论一个有关某个名人的有趣案件，显然这些警察并不想声张此事，于是，斯蒂芬斯便佯装睡着了，但他在心里暗暗记下了这个新闻。随后，他为报纸写了一篇报道。接着，一家与之竞争的报纸的市政栏目编辑训斥了他的记者雅各布·里斯，因为他没有挖到同样爆炸性的趣闻。里斯不但是斯蒂芬斯的竞争对手，也是他的朋友。后来，里斯打探到斯蒂芬斯没有得到风声的一些案件。这一回轮到斯蒂芬斯被他的编辑批评了。这场竞争愈演愈烈：斯蒂芬斯的报纸 *xiv*

和里斯的报纸，或其他报纸，谁会最先挖到最轰动的犯罪新闻？突然间，这个城市被一波犯罪高潮震惊了。[1]

似乎在那几周里，纽约的门锁和看门狗都有可观的销量，人们上街更加小心了，或者比平时回家更早了。一些政客做出了回应，尤其是警察总长泰迪·罗斯福也被自己任上的这些麻烦弄得尴尬不已、十分恼怒。罗斯福是里斯和斯蒂芬斯的好朋友，他严厉谴责了他的老朋友们。他追究其事情的原委："到底发生了什么事情？"听完里斯和斯蒂芬斯解释"犯罪高潮"是如何意外地发生的，罗斯福直截了当地要求他们停止这种没有意义的事情。你瞧，犯罪高潮结束了，纽约人又可以轻松地呼吸了。

这个故事的寓意永远不应被忘记：新闻记者不仅报道现实，而且创造现实。我们说新闻从业者在新闻生产过程中建构现实，不是说他们这么做是没有约束的。毕竟，在这个案例中，报纸报道的罪行确实发生了。我们认为新闻从业者建构了世界，不等于说他们对世界施加了魔法。新闻从业者加工的素材大多是真人真事。但通过报道中的选择、凸显、架构、遮蔽和塑造，他们在真人——读者和观众心目中留下一种印象（他们相信的其实是这个印象），并让读者和观众在生活中做出回应。

斯蒂芬斯之后的一个世纪，社会学家乔尔·贝斯特提出疑问：为什么一些新奇的犯罪类型成为新闻标题和持续的文化范畴，其他的则一闪而过？[2]在20世纪90年代，美国新闻业建构了一些犯罪的新范畴——尤为明
xv 显的是"仇恨罪"和"潜逃罪"，而另外一些范畴，比如"不逊罪"和"飙车罪"，则如过眼云烟。贝斯特试图理解其中的差异：为什么前者能够延续，而后者却逐渐衰微？所有这些罪行都有巨大的市场卖点，都满足了新闻记者搜寻的新闻特征——冲突、暴力、恐惧，以及社会与道德失序的幻象。此外，"仇恨罪"和"潜逃罪"得到人们的重视——一些群体打出反对这些罪行的旗帜，倡议并推动立法。妇女团体支持打击"潜逃罪"，各种激进的宗教团体和弱势群体的公民自由团体支持打击"仇恨罪"。媒体在这些犯罪的新范畴的建构中扮演了关键角色，但并非孤立地运作，甚至算不上定义这一概念的主要文化力量。

贝斯特的分析表明，新闻业仍然可以在社会上掀起浪潮，甚至"犯罪高潮"。新闻记者仍在建构现实，而且在媒体伦理、媒体报道方式方面并

没有进步，也没有任何社会变革能改变这种新闻叙事的基本要素。但在今天，新闻从业者工作的信息世界比林肯·斯蒂芬斯时代复杂得多。新闻从业者面对一个巨大的“泛新闻工作者”的世界——他们是公关公司、公共信息主管、媒体政治化妆师，以及各种组织（包括公司和非营利的部门）的推广人员。

每天的新闻主要是新闻从业者和泛新闻工作者（特别包括新闻从业者所称的“消息来源”）之间互动的结果。但这种互动仅仅是报道过程的一 *xvi*
个部分，新闻是记者们通过世界上相互联系的各种中间人而产生的——包括编辑和出版商、读者或评论员、各种制度的复合体，以及新闻报道的社会与文化前提。

社会学和其他社会科学有助于我们理解新闻，特别是新闻业建构现实的过程。然而这个工作并没有使社会学家和新闻从业者之间的关系变得亲密。当学者们说新闻从业者制造新闻时，新闻从业者会奋起反击。新闻从业者为他们的工作进行激烈的辩护，理由通常是：他们只是报道他们所见的世界，除了事实之外别无他物。是的，虽然新闻偶尔存在偏见、煽情或不准确，但一个负责的新闻从业者会努力做到公正，而决不伪造新闻。

但伪造不是重点。社会学家盖伊·塔奇曼写道：说一则新闻报道是故事，并非说它是虚构的，“而是要提醒大家，就像所有公共文献一样，新闻是被建构的现实，它拥有自身内在的有效性”[3]。塔奇曼指出：新闻是“一个总在损耗的消费品，它必须每天更新”[4]。构成新闻的事实，是指“通过专业而可靠的方式搜集的相关信息的内容和获得信息的方式，二者之间的关系都能够得到明确说明……在新闻工作中，验证事实既是一种政治需要，也是一种职业技能”[5]。当塔奇曼使用“技能”一词时，她的意思是新闻工作者在世界中发现事实，并不像从石矿中打磨出珍宝。相反， *xvii*
在新闻业中决定事实是一个持续的社会互动的过程，这个过程在不断地追求惯习和常规的稳定性，甚至冒着某个新的情境可能打破稳定的风险——比如一个作家的博客，或维基百科，或新的数据。那么，新闻就如同面包或香肠，是某种人造的东西。社会科学家强调的是新闻制作的过程。新闻从业者经过反思后，能够认清他们的工作是一种工业活动，但他们仍然倾向于将新闻看作是新奇、空前和意料之外的事件。社会学家观察这个令人惊奇的世界是如何被人“驯服”的，新闻从业者则通常强调“驯服”的努力总是功亏一篑的。

新闻从业者有一个观点：有时候发生的一些事情，无法用任何社会学来解释。举例来说，比尔·克林顿在1992年总统竞选时提出建立一个全国服务系统的构想，并指出这将是行政部门优先的工作之一。当选后，他任命一位朋友伊莱·西格尔来运作新的美国国家服务办公室。接着，西格尔着手在国会设立相应的法律。政府的努力使克林顿于1993年签署的《国家与社区服务信托法案》得以通过。一年后，美国志愿队正式运作。西格尔负责安排一个主要的公关事件：克林顿总统带领全国16个城市9 000名美国志愿队成员宣誓，并有卫星直播。每个细节都已经过仔细的检查，每个可能的计划都已经过演习。西格尔期待着白宫南草坪上成功的一天，以及新闻报道的广泛好评。在典礼当天早晨4点30分，西格尔的电话响起，原
xviii 定计划的公关事件将不得不取消，他所期待的媒体报道也化作泡影。为什么？因为在那个时间，一个精神错乱的驾驶员开着他的赛斯纳飞机撞到了白宫的后方，而那正是典礼要举行的地方。可以预料，新闻媒体沉醉于这个奇异并且空前的事件中，根本没有工夫理会美国志愿队的启动——它无疑比飞机坠毁更为重要，但肯定更为常规。[6]

社会科学家坚持认为，多数新闻是由像伊莱·西格尔这样的人，而非精神错乱的驾驶员来产生的。从数量来说，他们是正确的：电视或报纸上绝大多数的每日新闻来自计划的、有意图的事件、新闻稿、记者招待会和安排好的访谈。[7]尽管如此，新闻从业者发现，他们的兴奋点来自精神错乱的驾驶员、飓风、棒球比赛或政治中不开心的成功者、排除万难的胜利者，或其他非计划的和未曾预料的丑闻、事故、灾祸、失态、困窘、恐怖或惊愕，他们从中获得乐趣和职业的身份认同。社会学家乐于揭露有多少新闻是由政府官员和其他泛新闻工作者精心策划而产生的，这些人谋划着如何塑造新闻以达到其目的；新闻从业者则喜欢指出：精心的策划通常会走入歧途。

学者们和记者们都是对的。新闻媒体既如实地报道令人震惊的事件，比如一架飞机撞向白宫草坪，也报道那些常规和预期的但仍可成为合格的新闻的事件。新闻是公开而引人注目的事情（在一个共享的理解框架内，

我们可以判断它既是公开的又是引人注目的）。它也是一台带有自身标志的机器，一种在技术、经济乃至文学的约束下记录和诠释当代生活的各种 *xix* 特征的社会机构。

如果新闻没有构筑一个让人们当回事的世界，或者如果新闻没有对人们的行为方式产生影响，那么，新闻就没有存在的意义。几乎所有新闻研究都坚信，新闻对人们的行为产生影响。然而，新闻如何以及在何种程度上影响我们，这是一个矛盾和不确定的事情。本书将从新闻效应的问题着手，然后追溯“新闻制作”的观点。书中还将讨论新闻制作的社会和历史条件，这些条件使得新闻制作成为一种具备可预测、可描述特征的工业化过程。新闻制作的一些维度，对于民主政府和现代世界中的共同体具有重要的意义；新闻还有一些特征是让人深为困惑的，甚至可能在民主或共同体的目的之间有所交叉。本书的任务不是要为今天我们所知的新闻商业进行辩护或发起攻击。相反，本书要提供一个框架，在这一框架下，通过对新闻的历史性研究与比较性研究，各种挑战与辩护都得到阐述。此外，本书还密切关注当前的研究，对关键问题的不同观点加以观照。

本书的重点是美国的新闻业。但是，本书也有不少对于英国、法国、德国、瑞典、挪威、日本、中国、墨西哥和其他地方的新闻制作的评论。新闻媒体的比较研究仅在过去十年左右得到认真的开展，它可能是新闻的社会学研究中最重要的新领域。我将吸取这方面的成果，同时仍以美国新闻媒体作为研究的焦点。

通常，我不会区分电视和平面媒体（报纸和新闻杂志）。在一些情境 *xx* 中，电视和平面媒体的运作非常不同，但在更多情境中，平面媒体和电视从业者的工作方式非常相同。事实上，多数电视新闻，包括几乎所有地方电视新闻，都始于电视从业者从早晨的报纸中读到的内容。“欢迎收看剽窃的新闻!”一位电视记者兴高采烈地对一位研究者说。[8] 在这个意义上，那些声称自己从电视上获得多数新闻的市民，其实是间接地从报纸上获得多数新闻。网络新闻工作者正在发展他们自己的新闻判断标准、新闻呈现风格及工作节奏，但网络报道与写作的最基本方式仍然源于传统的报纸，如同电视报道与写作也是源于报纸。发源于 19 世纪的报纸及通讯社到 2011 年依然存在，并且依然是整个新闻系统所需的主要的新闻引擎。传统的报纸和网络新闻业之间的连续性，在大多数报纸的新闻编辑室里依然可见。尽管一些报纸的网站一度被分隔——《华盛顿邮报》的网站与华盛顿中心的报社分开，在波多马克河另一侧的大楼里运作——但现在《华盛顿邮报》及《纽约时报》《华尔街日报》、伦敦的《卫报》和其他报纸都有了统一的新闻工作间，从事印刷版和网络版的新闻工作者在那里一同工作。

理解本书不需要在报社工作过，或上过新闻学或社会学的课程。我只期望本书起到新闻研究的导引作用。但对于已精通新闻业的某些方面的学
xxi 生，甚至本身已有新闻学著述的学者来说，这里呈现的一些理念不曾在其他地方出现，并有一些将一个复杂的领域简化和组织起来的方式，我希望这会被证明是有用的。

1994 年 10 月 13 日，《纽约时报》的头条新闻和两条相关的新闻都报道了发生在白宫的飞机坠毁事件，涉事的飞行员——一名有药物滥用病史的马里兰人当场身亡了。其他新闻都消失了，或是被归入报纸的内页中。在第十七版，有一则关于美国志愿队宣誓就职的新闻，但即使这样，它看起来仍被当天的坠机大事件遮蔽。这篇报道第三段写道，“大约 850 人正式就任，有超过 2 000 名要人和支持者参加了白宫北草坪的典礼。他们汗流浃背地在那里待了两个多小时，而原先精心安排的同步卫星电视直播也被放弃了，因为这天早上，一架轻型飞机在南草坪坠毁，而那是原先计划举办典礼的地方”。

我们怎样理解，在既没有一个现场的消息来源，也没有一美元的公关花费的情况下，为什么飞机坠毁能够获得注意，而联邦的一个重大的新项目的启动工作只处于从属地位，即便其背后有政府大力的宣传推动？我们怎样理解，在没有灾难的普通日子里，为什么新闻制作的机器能够合理有效地将报道输入媒体并获得成功？本书试图通过新闻的社会学研究路径来回答上述问题。在社会学的理解框架下，新闻混合着机会与意图、常态与灾祸、正式与意外、期望与惊奇、直叙与插入——所有这些共同构成了新闻。

第一部分
今日新闻业

第一章　新闻业的界定

新闻业是生产和传播攸关普遍公共利益的重要时事信息的活动或实 3
践。该活动由定期（一般是每天，但现在随着互联网的发展，变成了在线的不间断的更新）发布时事信息或评论的机构进行，它以真实和诚挚的态度为分散和匿名的受众呈现真相，从而获得公众的关注。

这是一个市场细分的时代，有线电视、卫星电视和互联网等迅速膨胀，获得公众关注是否还继续是新闻业的一大界定特征？在这个急遽商业化的时代，越来越多的主要媒体的所有权被公司牢牢控制，而这些公司并没有新闻业的经验，只会追逐利益最大化，那么新闻业能否继续保持公共性？在一个互联网已经摧毁了报纸赢利所倚赖的广告模式的时代，新闻业还能像我们曾经认为的那样一直存活吗？我们将在稍后的章节中展开对这些危险的讨论——受众的碎片化、内容的琐碎化，以及公共事务报道在经济上不能被维系等等 。

新闻业具有一种非常泛化的功能：传播。传播是个体和群体通过共享 4
的符号和意义而达成的社会协调。然而，说新闻业是一种传播的方式，并没有说明新闻传播与诗歌、百科全书、操作指南、色情出版物、《初级童子军手册》和《星球大战》的区别到底是什么。它也没有告诉我们，恒久的新闻机构产生的社会和历史条件是什么。如同许多机构（包括学校、立法机构、医院和科研机构）一样，新闻业也具备着现代性的特征，而现代性仅有二三百年的历史。学校使年轻人社会化，立法机关实施统治，医院治疗病人。对于这些机构的研究者来说，他们的关键问题是：学校如何使人社会化？立法机关如何实施统治？医院如何治疗病人？以及这些机构的运作如何随着时空变迁而变化？他们的社会功能如何被更好地发挥出来？就新闻学研究而言，也有同样的问题：新闻是如何传播那些有趣而重要的当代公共事务的？如何更好地做到这一点？

新闻是新闻业公开活动的产物。即便没有大量证据，我们也可以这样推论：新闻建构了我们对于一个共用和共享的世界的期待；我们重视新兴的事物；认同它的历史精神（注意：神话、小说、学术论文或训诫并不比新闻报道“过时”）；并鼓励一种前进的时间观，而非循环或倒退的时间观。正如文学学者艾恩·瓦特所指出的[1]：小说和18世纪的报纸相似，都是欧洲和北美殖民地的文化景观中的重要元素。

5 媒介学者约翰·哈特利曾经写道：新闻是“现代性的意义生产实践”，因而，它是“世界上最重要的文本系统”[2]。这是一个过于笼统的判断——难道我们不可以宣称，科学是现代性的意义生产实践和世界上最重要的文本系统？宪法和法律呢？价格和市场呢？不过，哈特利的宏大论题不是荒谬的。尽管新闻被多数声誉卓著的学术领域普遍轻视，但它已成为公众建构常识经验和感知真实世界的一股主要力量——三个世纪之前或者两个世纪之前的情况并非如此。

想一想，这是多么古怪的事情。为什么新闻作为一种在狭隘和怪异约束条件下运作的文本形式，会具有如此普遍的重要性？有时，新闻的导向极其欠妥。想想关于弗瑞德·卡利瑟·史诺格雷斯的报纸讣闻。这个电报发送的报道（地点是加利福尼亚州文图拉）开头写道：“弗瑞德·卡利瑟·史诺格雷斯在这个星期五去世，享年86岁。在1912年世界系列赛上，他笨拙地错失一个简单的高空球，并使纽约巨人橄榄球队付出失败的代价。”下一句告诉读者，史诺格雷斯曾在职业联盟打球9年，后来成为加利福尼亚州的一名银行家和农场经营者，以及他所在的城市的市长。然后，整个段落仔细地记叙了他如何打失简单的高空球。[3]这是对他的一生的合理描述吗？是什么样的话语使史诺格雷斯打失的高空球具有恒久的趣味，而他的余生几乎不值一提？

哈特利强调的是，要把新闻理解为一个“文本系统”。这是界定新闻的一个路径——强调它的文本性，把它当作一种修辞形式或修辞形式的集合，一个话语结构，或一个再现的文化与文学类型。或者，我们也可以强 6
调，新闻是一个被制造的事物，是社会、经济和政治机构及其实践的产物。典型的社会学思维信赖经验性的可观察的事物，并能发现人类行为和目的的缘起。新闻无疑是由我们称为“新闻界”或“新闻媒体”的机构所生产的，他们的职员负责决定每天给我们提供怎样的新闻，因而，新闻的社会学分析采取这种经验性、技术性的路径，是一种策略。它将全部注意力集中于那些对新闻的生产负责（和对自己负责）的个体和机构。但这还不是新闻生产的全部。让新闻机构对新闻负责，就好比让父母对他们的孩子的行为负责——找出负责人是简单的事情，新闻社会学还要提醒新闻机构（或父母），他们生产的东西将接受评判，他们必须认真对待。尽管如此，有时新闻机构还是不得不挑战艰难的题材。

有越来越多的声音认为，必须将新闻业规范地定义为一个具有公共使命的领域。“新闻业的核心目的是（也应当是）生产和传播有关社会、政治与文化的核心事务的信息和辩论”，挪威的媒介学者乔斯坦·格瑞普思若德写道：“新闻从业者在很大程度上决定着公众对于自己所处世界的认知，他们的这种活动对民主的运作至关重要”[4]。我不情愿将“民主”的概念嵌入新闻业的具体界定中。但这关乎新闻学者（如果不是社会学者的话）之间存在的争论。我将在稍后关于民主的章节（第十一章）中讨论这 7
个话题。

应当承认，我有一些自己的想法。我将新闻业界定为“具有公共性的时事信息和评论”。然而，在任何一天的报纸、新闻网站、广播或电视上的新闻播报中，大量的素材是有趣却并不重要的。餐馆评论家评估调味酱的浓度，幽默专栏作家取笑他们的岳母，体育专栏作家预测下周比赛的结果，而记者竭力挖掘名人离婚、堕落或控诉的每个细节。当然，还有报纸的连环漫画、失恋的建议、纵横填字谜、桥牌指导和占星术的预测。这些东西很难提升到“公共性”的尊贵地位。通过吸引受众关注，这些流行的特性最终将帮助媒体获得资助，开展昂贵的、并不那么受欢迎的对政府渎职的深度调查，以及进行重要但平凡的对学校董事会会议和联邦机构政策变化的新闻报道。本书的焦点是那些直接涉及政治事务的新闻——这是新闻业中最具公共性的部分。但这样的新闻究竟是什么？在我们的时代，那些被认为具有公共性的东西已经发生了变化，有时甚至是非常急剧的变化；而正在发生的，甚至连分析家都赶不上的变化，就是何谓公共性，以及什么是公众的问题。在互联网时代，新闻业的研究突然变成了社会本身的研究，以及人类意识、注意力、记忆和想象的研究。

第二章　新闻重要吗？（媒介效果Ⅰ）

长期以来，许多人一直抱怨新闻界的权力。乔治·华盛顿认为，如果 8
新闻界不受约束，它将是暴虐、刺耳、不负责任的。在 19 世纪 30 年代，美国小说家詹姆斯·费尼莫尔·库柏注意到，新闻界几乎“统治”了一切，它欺压公务人员、信件、艺术、舞台甚至是私人生活。在 20 世纪初，出版人爱德华·斯克里普斯写道：“我们这样一种民主的政府，实际上是一个报纸掌控的政府。”[1] 在我们的时代，媒介权力同样受到广泛的攻击。左翼观察家说：大众媒体支持公司权力、军工复合体，以及最富的一小撮人的利益。右翼批评家坚称：媒介使我们的文化过度自由化，它过分地散布女性主义、环境保护论，并接受同性恋行为。社会各部门的领导者几乎对其他一切事情都没有一致意见，却同意新闻从业者是国家当中最有权的、危险的和不负责任的群体。观察家注意到，对播音室的控制在 20 世纪末和 21 世纪初的政治革命中发挥了重要作用，在 1986 年的菲律宾和几年
后的东欧，它都是暴动者的战略目标。在 1979 年，伊朗的阿亚图拉·鲁霍 9
拉·穆萨维·霍梅尼通过传播他的演讲录音而推动了革命；在 2009 年，伊朗的异议者使用 Twitter 账号来抗议选举的不正当性；在 2011 年，突尼斯和埃及人民获得了各种新媒体的支持，最终推翻独裁者的统治。无论是体制内的媒体还是叛乱中的媒体，看来都有巨大的力量。

政治圈内人士对媒介权力的印象尤为深刻。《纽约时报》记者迈克尔·凯利曾暗示：人们全盘吸收了华盛顿的主导文化，“他们信奉民意调查，信奉电视……他们认为政客在公共场合所做的事情都不能只看表面，下面都隐藏着某种东西……总之，他们确信媒体的权力，相信现实是主观的和被感知的，也相信媒体的图像”[2]。这个观点超越了那种简单的看法，即认为“媒体对某人做某事”。相反，它暗示了一种更为令人不安的看法，即由于媒体的存在，我们过去熟知的世界已被颠倒了。“这是令人震惊的，然而已是明摆着的事实，”英国批评家杰夫·穆尔甘写道，“在我们现在生活的世界里，幻想和现实已难以区分。”[3]在过去几十年里，这个观点经常在一些警世录和传单里反复出现，以此宣扬文化的深度绝望。[4]在 1922 年出版的著作《民意》中，专栏作家沃尔特·李普曼有同样悲观的经典表述，但不那么歇斯底里。正如林肯·斯蒂芬斯创造了一波犯罪高潮，媒介似乎有一种营造我们的生活世界的恐怖权力。

10 举例并不困难。传播学者约书亚·梅罗维茨在 1992 年民主党初选期间发现了一个特别有力的例子。加利福尼亚州尔湾市市长拉里·阿格兰在新罕布什尔州参加总统初选，并把他的帽子扔到人群里。新闻媒体立即贬低阿格兰——阿格兰过去只在地方任职，他能争取什么机会呢？新罕布什尔州的民主党主席阻止阿格兰参加一个关于医疗的电视论坛。尽管有新罕布什尔州民主党办公室的阻挠，并且全国的新闻记者一开始就将阿格兰定位为边缘的候选人，但在 1 月底一次大型的民意调查中，阿格兰还是与加利福尼亚州州长杰里·布朗和艾奥瓦州参议员汤姆·哈金打成平手。然而，新闻媒体有组织地漠视这些事实。在报道民意调查时，美国广播公司（ABC）新闻直接跳过阿格兰，只从哈金（倒数第三段）谈到布朗（最后一段）。《华盛顿邮报》专栏作家科尔曼·麦卡锡观察到：“媒体的滥用主要不在于我们使新闻有倾向，而在于我们可以任意地选择新闻。对阿格兰实施新闻封锁的例子表明，这是一个轻易可以逍遥法外的新闻犯罪。谁将来报道它呢？当然不会是‘罪犯’。”[5]

那么，毫无疑问，媒体工作者具有某种自主性和权威性，他们可以根据自己的理念来描绘世界。他们不是简单地“抄写”已然透明的事件。这在报道中表现得很清楚，比如《纽约时报》关于美日贸易谈判的报道，文章开头写道："在本周克林顿总统与桥本龙太郎首相的高峰会晤中，最惊人的事情是那些未曾听闻或看过的事情。"[6]然后，报道着重报道哪些事情没有发生——没有过去几年里常见的游行示威或抗议，敌对者之间也没有 11
相互揭丑。报道宣称，最需要关注的是那些完全没有公开的事情，这个时候，媒体分析与建构现实的权力无疑正在发挥作用。[7]

权力的幻象

尽管所有媒体都有能力根据它们自己的偏向来塑造新闻，今天主要的新闻机构仍试图根据经验的观察来描述一个存在的世界。白宫的一位高层官员（假设是卡尔·罗夫）有力而轻蔑地指出了这一点，他在2004年告诉《纽约时报》的一位记者，新闻工作者是"我们所说的以现实为基础的社区"的一部分，"你们相信解决措施来自（你们）对可辨识的现实的审慎的研究"。但是，这位官员继续说道，"但这不再是这个世界运作的真正方式。我们是一个帝国，当我们采取行动时，我们创造自己的现实"[8]。政治权力的宣扬如此令人心寒，但它肯定了新闻工作者试图如实地描述这个世界。如同《圣经》里歌利亚对大卫的嘲笑——他不能相信弹弓能击倒巨人，我们所说的现实（暂时找不到更好的词语）有时也能向假设的形象的权力复仇。

人们倾向于高估媒介的权力，只不过因为媒介是影响人类行为的社会冰山上看得见的尖端。我们时常看见和听到媒介——事实上，这几乎是不可避免的。它们是社会生活中吱吱作响的车轮：嘈杂、浮华、持续不断。除媒体以外，其他重要的影响人类行为的因素比较难以看到：从人口统计的变迁到商业的周期，从免税代码对购买行为的多年的影响，到旱灾或水 12
灾对数月后农产品稀缺与涨价的影响等等。全世界的新闻记者都知道1972年和1973年《华盛顿邮报》记者鲍勃·伍德沃德和卡尔·伯恩斯坦勇敢地揭露了"水门丑闻"，迫使理查德·尼克松总统辞职。较少被想起的是，他们的努力之所以成为可能，靠的是泄露信息给他们的政府官员，靠的是联邦法官约翰·西瑞卡钢铁般的意志以及高压的法庭策略迫使水门窃贼说漏嘴，靠的是挖掘出白宫录音系统的参议院水门委员会，靠的是全权代理的公诉人坚持以白宫为传讯对象造成的压力。这些其他的重要力量在关于水门故事的书籍或电影中甚至连配角都排不上。[9]

如果没有《华盛顿邮报》的报道，尼克松总统会被迫下台吗？不会。但如果不是水门的夜班警卫弗兰克报警，哥伦比亚警察局回应了报警，以及随后美国联邦调查局的高层官员马克·费尔特泄露信息给鲍勃·伍德沃德，报纸就不会获得跟踪的线索；更不用说民主党在参议院上热切地推动展开调查，以及尼克松自恃为总统而敢于在他的办公室秘密录音，才有了后来的报道。

在仔细的检视之下，许多假定的媒介效果都黯然失色，甚至了无踪
13 迹。在20世纪60年代末和70年代初，似乎没有人怀疑，电视对越南战争惨状的报道使美国人转而反对战争，壮大了反战运动，并使华盛顿感觉到这是一场不得民心的战争，因而被迫退出战争。新闻媒体的这个角色到处被宣扬——但并没有支持的证据。事实上，在1968年之前，电视新闻报道压倒性地支持美国的战争行为。电视并没有展示战争的恐怖，它抹去了冲突，并且广播电视网特别厌恶展示被杀或受伤的美国士兵的形象。[10]

在1968年之前，战争行为带来公众的严重不满。1967年的民意调查发现，50%的美国人认为干涉越南是一个错误。当电视和其他新闻媒介对战争的批评多起来的时候，民意调查却发现战争的支持率出现短暂的增长，因为人们在这个艰难时刻团结在一起了，正如每当国家陷于危难时他们会做的那样。1968年2月27日，哥伦比亚广播公司（CBS）新闻主持人沃尔特·克朗凯特在实况转播中宣布战争陷入了困境，这时，他只不过道出了许多普通美国人所期待的景象。我们很难不同意历史学家乔治·莫斯的观点：舆论对电视战争报道的影响超过电视对舆论的影响。莫斯总结道：媒体对于战争结果的影响是“边缘、弱小和微不足道的，事实上，它是如此不重要，以至于无法测量”[11]。

人们倾向于夸大媒介权力的第二个原因是，他们不能将媒介的权力与人民的权力以及媒介报道的事件进行区分。也就是说，在新闻生产中，媒介究竟是践行了选择、自由或自主性，还是仅仅向一般公众传递了实权者
14 的声音？至少自富兰克林·D. 罗斯福，或在某些方面自西奥多·罗斯福

起，总统们已经投入大量的精力来考虑他们的行为在报纸上会如何呈现。越南战争之后的几十年里，总统们将媒介顾问和民意调查专家作为他们的左膀右臂，以塑造总统的行动和对行动的报道，并预料新闻界会如何做出反应、具有怎样的倾向、在媒体上塑造怎样的内容，以及态度发生怎样的转变。他们试图掌控周围记者可以做出的反应。

假设你在报纸上发布了一则车库售卖的广告，在销售开张前一个小时，已有几十人出现在你的门外，这当然是一种强有力的“媒介效果”（暂且不谈一个重要的事实，即 1 000 人中，有 999 人读了登载你的广告的报纸却没有来买你的东西）。但在这个案例中，报纸只是充当了你接收信息的渠道。你就是泛新闻工作者。报纸完全没有制作信息，只是收取了广告费，这迫使你在广告中使用较少的词语。如果市长做了一个演讲，督促市民在一天里戴上红、白、蓝色的绸带来为老兵们庆贺，电视和报纸也报道了这个演讲，成千上万的人确实戴上了绸带，那么，这是一种媒介效果还是一种市长效应？

议程设置研究的开创人准确地指出：这个领域的研究表明，人们普遍将那些在新闻中频繁地出现的议题确定为全国议程中的重要主题。但那些议题最初是如何在新闻中出现的呢？1992 年，关于索马里饥饿儿童的电视报道，被普遍称赞为推动美国进行人道主义干预和援助的关键因素。后来更仔细的分析发现，关于索马里饥荒的电视报道可以忽略不计，直到几个
主要的参议员，包括共和党人和民主党人，公开地支持美国积极进行干 15
预，他们的行为才产生了实质的影响。20 世纪 90 年代及以后，新闻报道对华盛顿精英意见的反映，与它在越南战争中的表现是一样的。[12]

媒介是全能的，社会生活中有关各种事物的信息都在媒介上出现过——这个宣称可能在媒介研究中占据显赫的位置，也正是这个假设使马歇尔·麦克卢汉既成为一个家喻户晓的名字，也成为一个夸大其词的笑话。人们可能轻易地宣称媒介根本不重要，它们顶多反映了其他社会力量，由于社会的问题而谴责媒介，就好比在“谴责一个使者”。最近一个南辕北辙的例子是比尔·克林顿的弹劾案，理由是他与实习生莫妮卡·莱温斯基之间的事情。一方面，政治学家约翰·佐莱尔观察到，舆论完全不受白宫丑闻影响——公众对克林顿的工作表现的认可完全没有下降，事实

上，支持率还有一点上升。另一方面，批评家反对媒介穷追不舍的跟踪报道，这只能将政治话语贬低到流言蜚语的层次。稍后，我将回到为什么新闻增加了公众人物私人生活细节的呈现以及效果如何的问题。莫妮卡·莱温斯基案只不过再次生动地提醒我们：在媒介研究的核心，仍然存在媒介究竟是否值得研究的尴尬问题。如果莫妮卡·莱温斯基的报道完全没有降低公众对比尔·克林顿的信心，那么，它究竟做了些什么？

这样的问题肯定不限于美国。据报道，阿根廷总统胡安·庇隆说："如果我们控制媒体，我们将倒退到 1955 年的水平；如果我们允许媒体反对我们，我们将达到 1973 年的水平。"[13]

16 难以确定媒介效果的一个原因在于，我们使用的是"媒介如何影响社会"这样过于简化的模式。我们问的是一些简化的问题，并且不能对媒介效果的不同问题进行区分处理。对许多人来说，媒介影响模式就是一个宣传模式。这个模式有一个独裁者，或一个马基雅维利式的出版人，或只想着宣传自己的理念或项目的新闻业精英，他们在字里行间做出暗示，重复着令人作呕的广告，并且公众摈弃自身最好的直觉而追随他们。根据这个模式，媒介是心理战的一个武器。它们可能不总是最佳武器，甚至连坦克都不如（坦克总是军事的最佳武器），但在合适的环境下（不论是怎样的环境），媒介的宣传将是有效的。

这个关于媒介权力的观点经常被称为"皮下注射"模式——媒介将其持有的观念注射到被动的、不能自卫的公众身上。这个模式的问题不是它断言媒介的权力，而是它使权力机制成为一种"灌输"。经过主流传播研究多年的发展，"灌输"模式已变得更加隐蔽，但没有发生根本的改变。多年来，在学者当中流行的一些媒介影响的观念，如"议程设置""领导权"和"铺垫效应"，都提炼了"灌输"的概念，而没有将它抛弃。

但媒介"灌输"与媒介文化、社会科学、大众反应或媒介暗示不尽相同。[14]为什么一半的美国公众相信有魔鬼，而在完全世俗化的美国主流媒体中，并没有对魔鬼的追踪？[15]事实上，宗教书籍像热蛋糕一样在出
17 售——但人们只能从宗教书店或在网上或其他非主流渠道搜寻这些著作，而它们不曾主导媒体的荧屏和新闻文化。这很好地表明，主流媒体对社会

的影响并不比教堂更重要。它也暗示，其他机构，比如家庭、学校、司法系统，或州政府、联邦管理机构（等媒介文化之外的机构），都可能对社会产生巨大的影响。

新闻媒体对于社会的主要作用在于，它日复一日地成为文化领域的行动者，即扮演着意义、符号与信息的生产者或信使的角色。它们没有向受众提供支票或挥动棍棒，没有表扬或批评，也没有许可或限制。最重要的是，它们没有像教师、父母、朋友、爱人、儿童、同事甚至超市员工那样直接向个人说话。如果你感到晕眩，或者你正心脏病发作，你的电视会注意到吗？不，但付款台的员工会注意。媒介只提供词语和图像，除了符号之外别无他物，没有爱与恨，没有支援，没有通知，没有注意，没有知觉。他们是文化的一部分，正如人类学家克利福德·格尔茨所观察到的：文化本身不是“一种权力，即可以对社会事件、行为、机构或过程进行归因的某种东西”，而是“一个语境，这个语境中的事物可被明白地描述”[16]。

这正是必须理解的东西。学校是一个社会机构，它的权威来自普通人的面对面的交往。电视新闻秀或报纸是一个文化机构，它提供信息、观念和态度，对采纳那些观念的人没有给予报酬，对那些不予采纳的人不曾给予惩罚。电视机从来不能惩罚一个儿童，但教师可以，父母可以，警官可以，一个小组同事可以。媒介权力是一种特殊的权力，这就是为什么弄明白新闻的效果竟如此困难。[17] 18

文化是构成行动的语言，而非产生行动的原因。文化如何影响行动？媒介学者都在关注这个问题。有的讨论是关于“话语结构”如何构成自我和社会的，以及主导意识形态的“领导权”如何通过广告、新闻报道或流行歌词来复制种族主义者、男性至上主义者、自由派或保守派的微妙的意识形态偏向。但这方面并没有一致的意见。事实上，20 世纪 80 年代和 20 世纪 90 年代的一整波学术浪潮都在关注个体对媒介信息重新进行诠释、抵抗或颠覆的非凡能力，不论这些受众可能在意识形态上如何恶毒，或编码如何微妙。这些研究很丰富，如儿童如何通过拙劣的模仿唱法，颠覆他们自己喜欢的卡通角色或流行文化偶像；一些浪漫小说将女性描绘成被统治的状态，而一些女性正是在贪婪地阅读那些小说的过程中，找到了女性独立的理据；或带着某种偏见的人如何片面地阅读带有种族性的情景喜剧，而宽容的人们从相同的笑话中产生意义相反的解读。[18]

完全摒弃旧式的因果关系的语言和“灌输”模式很困难。电视是否导致更暴力或更可怕的社会？黄色新闻业是否曾将美国推向西美战争？电视上战斗的血腥镜头是否使美国人反对越战？屈从于美军轰炸伊朗军事行动的媒体，是否促使公众建立起对第一次海湾战争的支持？在第二次海湾战
19 争中，媒介延迟刊登白宫声明，是否由此导致萨达姆·侯赛因以其大规模杀伤性武器向邻国甚至美国发动威胁？这些问题一再产生和不可避免。它们甚至成为公共政策的问题。儿童电视节目上的广告是否应当取缔？色情出版物是否应当禁止？性教育课堂是诱发了年轻人的性行为，还是帮助那些迟早有性行为的年轻人以后行事更安全？香烟盒上的警告标签是否起作用？

如果我们要判断公共政策是否重要，比如，要求香烟盒上有关于健康的警告，那么，这里的一些问题就有讨论的必要。但是，这些问题仍预设了一种媒介影响的“灌输”模式。如果学者们要研究一种关于媒介影响的文化模式，那么他们必须思考新闻影响受众的两种更广阔的途径：第一，新闻有助于建构一个情感的共同体；第二，新闻有助于建构一种公共的交谈。无论从哪方面说，大众媒介都没有将一种信念或行为移植到个体身上；相反，它们建立了一个意义之网，并因此形成一个与人们的一生相关的预设之网。我们可以对此进一步展开吗？可以，但破除我们对“灌输”模式的困惑还要费一些工夫。

与其说新闻是一个“原因”，不如说它是文化信息的一个载体，它包括三个不同的方面，每个方面都会产生一些作用。第一，是信息本身，信息传递给广大受众，可能会成为人类事务中的一个诱因。第二，是信息在公共媒体上的传播给了它一种合法性的光环。第三，是信息呈现时带有的倾向、框架或偏见。

20 几乎所有关于媒介权力的讨论都集中在第三点上，然而在一般环境下，这却可能是最次要的。但由于在思考媒体时，学者们和记者们大多聚焦于媒体偏向的问题，因此我在本章余下部分只讨论新闻影响的前两个方

面。在下一章中，我将处理新闻中的偏向或架构的问题。

信息作为起因

首先，未加工的信息，其本身的作用力是什么？信息传播具有看得见和可测量的后果。没有媒介提供的信息，就不会有模仿犯罪。所谓的罪犯是可以理解的，因为市民从电影《全美通缉令》中找到了他们的影子。[19]在总统做了遏制癌症扩散手术的新闻发布后，无数人去做癌症筛查。[20]人们在地方报纸上打出车库售卖或清仓甩卖的广告后，许多购买者向他们涌来。人们阅读报纸的商业版，并叫他们的经纪人买入或卖出股票。人们看到佛罗里达州飓风的新闻之后，改变出行计划。信息传输具有实实在在的后果。但媒介上的信息变化带来的"附加值"，往往只是很少的信息增量。没人记得赛斯纳飞机撞向白宫草坪的新闻报道是如何生成的，飞机坠毁的事实才是恒久的。

社会学家赫伯特·甘斯认为，新闻媒体"主要的角色是'信使'……
例如，如果他们报道失业增加的新闻，其产生的效果源于失业，而非源于 21
报道"[21]。他们是主要信源的信息传输者，这一角色甚于政治议程的自主安排者。

唐纳德·金德和仙托·艾英戈的实验研究显示了人们在实验环境下对信息的反应。随着电视上有关失业的报道数量的增加，观众认为失业成为一个正在上升的、全国性的紧迫问题。金德和艾英戈发现，基于特定话题的报道数量的小幅增长，电视对态度的影响具有统计意义上的显著性和相对持续的轨迹。[22]

这个发现既不令人惊讶，也不令人苦恼。人们从电视新闻中获得信息的提示，这是完全合理的。关于三里岛核电站部分泄漏的新闻报道刺激了1979年美国的反核运动。但这是一个媒介效果还是"三里岛效果"？艾英戈和金德的工作证明：人们从电视获知信息，报道的强度反映了国家精英所判断的议题的重要程度。

新闻作为放大器

媒介确实以一种更为复杂和不大好理解的方式，在它们操作的每个报道中加入了某些东西。媒介向公众提供新闻，同时为其赋予公共的合法性。它们将新闻置于公共论坛，使其被普通受众知晓和讨论。它们不仅向广大的群体传播了一个事件或公告的报道，而且将它放大了。这刺激了具有报道价值的话题的社会互动。在19世纪初，媒介的放大效果使美国的乡
22 下人将他们的地方社区与外面更广阔的世界联系起来。在19世纪末，放大效果促进了闹市区的百货商店和中央商业区的成长。百货商店的广告帮助报纸走向繁荣；同时，报纸上可以登载广告，这促使百货商店兴旺发达，并改变了城区的营销和住宅格局。

公共性放大效果与新的媒介一同成长，并且媒介的每次改变都使其信息抵达更多的受众。在18世纪70年代，汤姆·潘恩的小册子传播的范围超出了政治手册的传统受众的范围，因为他摈弃了精英使用的希腊文和拉丁文文献，而用平常的语言写作。在19世纪，大众化的通俗报刊向低发行量的精英报刊发起挑战，它创造了更寻常的语言和关于世界的更普通的看法。20世纪20年代的画报比传统报纸获得更多受众；广播和后来的电视的受众是平面媒体几乎没有触及过的。

通俗媒体首先放大了重要的主题。例如在英国，20世纪30—40年代，国营的BBC禁止讨论生育控制的话题。在20世纪50年代，面对商业广播电视网的竞争，并随着社会氛围的变化，生育控制、离婚和其他争议性话题成为BBC的主题。历史学者帕迪·斯坎内尔指出：竞争“除了给政治领导人带来焦虑外，还给BBC带来某些（新的）东西”[23]。这不仅关系到实质的内容，还关系到风格、一种特定的语调和态度、一种对体制权威的不敬，因为广播开始代表普通公众或公众的“知情权”说话。

公共的放大效果保证了新闻的重要性。当高中比赛不仅有校报的报
23 道，还有每日都市报的报道时，高中运动员的身高发育都会引起朋友和家人的关注。举一个更显著的例子，作家艾丽丝·沃克回忆她在南方民权运

动期间的成长："马丁·路德·金是我在电视屏幕上看到的第一张黑人的面孔……我把他看作我等待了许久的英雄。"这对她来说，"犹如重生"。[24]

这是放大效果，但还不仅如此；新闻还被注入了一种道德维度。电视、广播或平面媒体上生产的新闻，与政府官员或公司主管可能通过互联网或直邮传单向公众直接传递的信息是不同的。这种差异不仅在于新闻从业者有机会架构信息——实际上这是他们的职业义务，也在于报纸报道或电视播报将一个事件或声明转化为"新闻"的文化形式。一则新闻报道是一种特殊的公告。它与一则广告不同，人们可以推测广告自利的目的。它也不像一起公关事件那样，在形式上让人觉得可疑。新闻由人们熟悉的商业机构或国家机构发出公告，由新闻专业人士操办，指出某个事件是重要的。它向受众表明，这是一个值得关注的话题。版面或播发的位置和被提及的频率表明其值得关注的程度；而读者和观众带着不同程度的心智来理解其重要性。

在所有文化中，注意力都是被竞相追逐的稀缺资源。在这场争夺中，新闻有特殊的优势。（因为）新闻是一种语言，是其他各种欲以获取公众注意的各种希望和要求得以传播的载体。约翰·哈特利就此说道：新闻是现代性的主导文本系统（第一章引用过）。新闻通过编辑手段，控制其他希望获得公众注意的各种诉求，使其得到满足。对于不同的话题，它的重视程度不同。它形成了显著性的层级。毫无疑问，一家报纸一日的工作重心是编前会，他们在会上决定什么报道将放到第一版以及在版面上的什么位置。 24

这必然导致一个后果：媒介所组织的对象不仅是信息，而且包括受众。他们不仅将事件和报道的信源合法化，而且将读者和观众合法化。他们有一种公开的吸纳能力。你、我与美国总统、IBM 主席一样，读到相同的头版或看到相同的电视新闻；它促成了平等和平民的印象，维系了一种民主生活的希望，尽管它是一个幻象。[25]并且，即使很少人费心地阅读或观看新闻，能见度——公共的能见度——仍然是非常重要的。只要信息是公开的，政治行动者就不得不小心地行动，仿佛有人在公共场合注意着他。如果新闻媒体是政治精英的信息传输者，那么，他们就不是私人的信息传输者，这是新闻作为社会活动的一个根本要素。当代新闻业假定公众正在窃听；即使公众是缺席的，公众在场的假设也使一切变得不同。

在下一章，我将讨论来自新闻呈现的偏向或框架的媒介效果——不是信息本身，或周围的公共氛围，而是媒介塑造信息的特殊作用。几乎所有媒介研究都聚焦于此，却不得其解。架构的决定因素是道德、伦理与政治
25 的判断，无论是有意还是无意的。它们也有来自新闻机构内部的判断，而非新闻媒体与其报道的机构之间的关联。这些判断还与新闻机构、新闻从业者相关，而新闻业有各种不同的传统和观念。因此，很多东西是不确定的。架构最费力的地方在于它要求新闻从业者们解释和质疑道德和政治判断。说清楚这些问题需要另起一章——唯有与信息本身及新闻发生的公共氛围的作用联系起来，架构的作用才最终能被理解。

第三章　媒介偏向（媒介效果Ⅱ）

新闻不是反映现实的一面镜子。它是对世界的一种再现，而所有的再 26
现都是选择性的。这意味着必须有一些人来从事选择的工作；特定的人决定将什么呈现为新闻，以及如何把它呈现出来。《华盛顿邮报》专栏作家戴维·布劳德写道："选择读者读什么的过程，不仅包括客观的事实，还包括主观的判断、个人的价值观，以及成见。我们不承诺'刊载所有适宜刊载的新闻'，相反，我希望我们说（反复地说，直至明确为止）：放在你门阶上的报纸是有党派性的、仓促的和不完整的，它不可避免地带点缺陷和错误，以致歪曲了过去 24 小时里我们听到的一些事情；尽管我们尽最大的努力消除偏向的总量，但当你捡起报纸并在大约一小时内阅读和理解它时，这种偏向很可能就实现了。"[1]

布劳德强调新闻的选择性，这是正确的，但他认为新闻之所以歪曲，其主要因素在于从业者个人，这却是错误的；新闻歪曲并非由个人的新闻采集行为所致，而是源于社会机构的结构与常规。布劳德似乎暗示，只要
新闻从业者有更多的时间，他们就能够解决工作中多数的缺陷，但事实并 27
非这么简单。新闻中多数的主观性不是由个人气质所致，而是类型化和可预测的。新闻从业者并不任意地做出决策。准确地说，这是因为他们有一种压力，即必须每 24 小时或在数天内更快地成批生产产品，他们倚赖于

（他们以为）可靠的速记、工作的约定、常规和习惯，以及关于如何、为何和从何处采集新闻的假设。

许多媒介批评家假定存在一种完美的客观或公正的方式来再现出世界上的每个事件，却不考虑“一个事件由什么构成”以及“为什么是事件（而非某些潜在的过程）应成为新闻的重要主题”这样的根本问题。他们进一步假定，对公正的再现的背离，都可以解释为媒介的偏向。在这种情境中，“偏向”指记者、编辑或新闻机构的所有者明知事件的真相，却对新闻进行涂抹，以达到政治、经济或意识形态的目的。

新闻媒介中肯定存在有意图的政治偏向。事实上，它被很好地制度化了——言论专栏作家或社论版的目的正是诠释、分析和说服。更普遍的是，出版商、编辑和新闻主管制定了具有强烈政治含义的政策，尽管它不必然具有党派性。例如，部门主管选择是否刊登恐怖主义者（比如邮寄炸弹的恐怖分子）的信或传单，或是否播出来自本·拉登的录像带。他们选择透露或隐瞒会影响国家安全的信息，特别是在战争时期。他们可能会选择低调处理谋杀或自杀案件，因为担心这会引起人们的模仿；他们可能会选择限制对一起暴动的报道，因为担心它煽起其他地方的暴动。所有这些
28 都是新闻主管出于更高的社会与政治忠诚所做出的决策，而非出于狭隘的新闻专业主义。在某些时期，这种做法走得更远。在1969年春，《ABC晚间新闻》的执行制片人，要求他的通讯记者将越战报道的重点从交战转移到“美国部队事实上的撤军”。[2]简言之，他坚持改变报道战争的框架；他表达了特定的观点，要求在新闻报道中对战乱进行分类处理。

所有这些看法都承认，有意图的、意识形态驱动的或政治煽动的偏向并没有普遍地主导美国的新闻机构。真正主导的，是新闻机构对于公正、平衡、无党派偏向与克制的追求。而最显著的一个例外是在有线电视领域，福克斯新闻（FOX News）一贯有着保守党派人士的阵容，尤其包括他们节目里面积极保守的新闻评论员；而微软全国广播公司（MSNBC）节目则在若干年后开始服务于自由派人士，与服务于保守党的福克斯新闻形成对立局面。除此之外，其他地方的新闻机构还是在尽力追求着新闻的公正。于是，在社会科学中，偏向的观念已基本被“架构”（framing）取代。媒介中的框架（frame）是“一些心照不宣的理论——告诉我们什么存

在、发生了什么、什么重要，以此形成我们选择、强调和呈现的原则”。也有比这更精致的定义——比如，“认知、诠释和呈现当中稳固的模型，也是选择、强调和排除的常用规则，通过它们，符号处理者们组织话语，包括文字和图像的话语”[3]。我更偏爱第一个定义，因为对我来说，与那些更冗长的定义相比，“心照不宣的理论”这个短语更好地总结了新闻业中实际发生的事情。

架构是新闻研究中的核心概念。它将新闻分析从有意图的偏向的观念 29
中转移出来。我们承认新闻报道架构了现实，也就承认了架构是不可避免的。有关现实的每种叙述都必然呈现出一些东西和遮蔽一些东西；每种叙述都有意或无意地假定了世界如何运作、什么是重要的、什么是有意义的，以及应当怎么样。

媒介学者罗伯特·恩特曼和安德鲁·罗杰克在他们对美国新闻媒体中的非洲裔美国人形象的研究中提供了一个有用的例子。[4]例如，与警方的统计相比，地方电视新闻中黑人罪犯的比例更高（和黑人受害者比例更低）。这是否意味着电视新闻是有偏向的？是否应当更努力地重新进行更精确的警方统计？电视新闻上被指控的黑人数量是否应当与他们在所有罪犯中所占的比例相对应？那可能是一个糟糕的选择，因为它将再生产出针对黑人被捕率的偏向——警方拘捕了黑人，而后者的指代意义显然被夸大了。电视是否应当不带评价地向公众说明警方的惯例以及警方的统计导致的偏向？或许更重要的是，确保电视新闻中黑人罪犯出现的频率等同于黑人罪犯在黑人人口中的比例？比如说，5%的黑人有犯罪记录，那么电视新闻是否应当在报道1个黑人违法者的同时就展示19个守法的黑人市民？但在整体上，黑人是妥当的比较群体吗？如果10%的18岁至30岁的男性 30
黑人有犯罪记录，那么电视新闻是否每报道1次犯罪，就有责任展示9个没有犯罪记录的年轻男性黑人正在学习、工作或游戏？电视新闻借以做出这种判断的比较统计，应是全国性的还是地方性的？地方电视新闻主管应在何种基础上做出这些决策？

应当清楚地看到，“电视新闻试图反映的现实的哪个特征是‘正确’的”，但这个问题并没有一致看法。同样应当清楚，一个人越是试图描绘整个社会场景的现实，那种标准的新闻实践将越不可能达到。新闻往往更倾向于选择特例，而非正常范围内的规则、事件和行动。如果天气报告对晴天的关注和对飓风、水灾、热浪及寒潮的关注一样多，它可能更准确，但它不再是新闻。

值得注意的是，天气和股票市场每天都被报道，它们简直不需要每天都去强调。同样的话并不适用于黑人群体，或其他人口统计学意义上的群体，也许政府高官（尤其是总统）例外。如果总统去度假，去听一个音乐会，或感冒了，这都被作为新闻来报道。而我们其他任何人去夏威夷或流鼻涕，都不是新闻。

那么，考虑架构而非偏向，使我们得以开始讨论无意图甚至无意识
31 的，以及有意图的选择性再现。它使我们不总是将这种选择看作记者个人的欺骗、掩饰或成见；它使我们关注记者为何选择某种普遍的文化传统和常规及具体的新闻事务。通过讨论架构而非偏向，我们接受了这样一种可能性：即使是同一时间的同一家新闻机构，新闻也可以发出一种以上的声音。约翰·哈特利问道：“媒介通过编辑而讲述社会，这是可能的吗？编撰是社会的一种症候吗？”[5]编辑或架构使人类感兴趣的重要事情成为新闻——一个特殊的文化机构生产的一种特定的文化形式。

一些学者坚持强调媒介的一致性来源于媒介为资本主义利益服务的角色。在左派那里流行的观点是，从每件事情里都能看到资本家的自利。《时代》的每个封面、《60分钟》的每个片段以及《纽约时报》的每个头版都在支持资本主义体制。对于这些批评家来说，辩论或争论中的每个表面的符号都不过掩盖了一种更深层次的统一观点。

对于媒介学者诺曼·乔姆斯基与爱德华·S. 赫尔曼来说，整个事情再简单不过了：《纽约时报》和苏联宣传机关报《真理报》一样糟糕。国家不过是统治阶级的前线。[6]这是一个有误导和有害的立场，这里值得花一些时间来说说理由。第一，《纽约时报》与《真理报》所做的事情完全不同。《真理报》的记者理解他们的主要目标是支持苏联共产党所诠释的社会主义议程。实际上，即便《纽约时报》的记者可能是美国的爱国者，但
32 这也只是他们自发的观念，而非雇主的要求。他们日复一日的工作是报道新闻，而非阐明党派的路线。记者信奉公正和客观的报道；他们很少使用一个强烈的政治框架去诠释当天的事件。他们几乎总是服膺于职业伦理。

媒介所有者则服从于市场要求，或至少是他们感知的市场要求，特别是通过财政预算而限制新闻报道。但媒介所有者很少为了自己的政治观点或他们同意的任何正统的政治观点，而将新闻报道用作自己的临时讲台。（福克斯新闻、微软全国广播公司节目、评论杂志、许多政治博客、报纸社论等，则是另外一回事了。）

第二，美国有一个充满活力的“合法争议区”。不论是共和党人还是民主党人，都不质疑资本主义，也不怀疑经济增长是国家的一个最重要的目标。然而，党派之间的差异是真实存在的，并产生了相应后果。当代新闻媒体追求公正地再现双方的意见。试想，仅在过去十年里，对于军队中的同性恋、寻求堕胎的女性、需要福利的男性和女性、需要医疗的穷人、请求减税的业主、受迫于环境规制的厂商，共和党和民主党都有不同的政策。这些差异得到显著的报道。与两党都接受的生产资料归私人所有的事实相比，它们是微不足道的吗？或许是。但是，当你看到正在从军的同性恋男青年、寻求安全和合法堕胎的女性、由于“先天条件”而不能获得健康保险的人，你还能坚持那个看法吗？你能告诉他们，他们的想法是不恰当的吗？ 33

第三，美国新闻媒体中有多种声音。的确，美国媒体缺乏一个广阔的政治光谱。多数倾向自由民主的媒体缩减了对左派观点的呈现，这正是美国政治系统的普遍做法。但这些倾向远远达不到统一。如果说竞争减少了新闻报道的雷同，竞争压力还迫使新闻机构不能遗漏任何一个热点报道——至少，当事件已经臭名昭著时，是不能遗漏的。并且，一个热点报道不一定取悦权力。它可能会是“米莱大屠杀”、一个产品缺陷事故、一次泄油事故、“水门”事件、“伊朗门”事件，或是一起反垄断诉讼。在追逐丑闻方面，美国新闻界比其他西方新闻机构具有更大的干劲。[7]

第四，媒体不仅有义务谋取利润，而且有义务维持读者眼中的可信度。“一份报纸最有价值的资产是它的可信度”，《巴尔的摩太阳报》的编辑观察到。“如果人们认为我们没有报道一些新闻是由于某些人的介入，他们就会开始怀疑我们同样没有报道的其他东西。”[8]媒体不仅必须在整个读者群中保持可信度，而且还要在专家和经常持批评态度的组织当中保持可信度，特别是在华盛顿。只要那些小组织存在异议，媒体就有追求公正的压力。

尽管《纽约时报》不是《真理报》，左翼批评家的一些方向精准的枪
34 箭还是击中了目标。媒体肯定是普遍的国家主义者和深度的民族主义者。[9]乔姆斯基和赫尔曼对美国新闻界极端的批评观点，是以冷战时期的对外报道的分析为标准的，而在对外报道方面，媒介的客观性无疑是被削弱的。实际上，在冷战期间，客观性的弱化正是发生在乔姆斯基和赫尔曼所暗示的方向上——对共产主义政体吹毛求疵的报道和对非共产主义的威权政府过于宽容的报道。[10]新闻从业者乐于作为消息灵通人士并获得回报，这也是事实；公司媒体并不喜欢爱德华·R. 默罗、丹尼尔·索尔、比尔·默亚斯、悉尼·尚伯格、威廉·格雷德这样勇于挑战的记者。媒体往往只是追随和强化被普遍认同的看法，而不是挑战这些看法。[11]边缘的观点很少被报道，不是因为它们缺乏事实的准确性或难以让记者产生报道兴趣，而是因为它们缺少政府的支持。即使媒体的公司结构本身没有决定新闻内容，但它仍会倾向于将某些新闻或某些讲述新闻的方式边缘化。各种政治说服的批评家都对 CBS 新闻主持人丹·拉瑟所称的“新闻的卖弄”感到担心。[12]赫伯特·阿特休尔就此总结道：“在所有媒介系统中，新闻媒介都是那些政治和经济权力的操纵者的代理人”，“新闻媒体的内容总是反映那些媒介的赞助者的利益”。[13]这个观点是站不住的。

35 当然，媒介遭到右派和左派批评家的明确批评。右派的批评家没有指出偏向背后的媒介结构；左派的批评家轻而易举地指出了这个要害。在美国，几乎所有有影响的媒介机构都归营利的大公司所有和运作，它们都依赖于政府官员和其他体制内当权的社会机构的代表作为新闻来源。这个局面是无法改变的。然而，右派批评家提出一个值得认真思考的论点，他们认为，主要的全国性新闻机构的记者和编辑持有一种主导的自由民主的观念。新闻有一种自由民主的偏向，因为新闻的作者和编辑是从自由左派的圈子中招聘而来的。如果公司组织确实是右翼的，职位招聘的类型就会猛然转向另一种方式。

1969 年，理查德·尼克松总统的发言人帕特里克·布坎南和副总统斯皮罗·阿格纽的表现证明了这一点。这在罗伯特·利希特尔、琳达·利希特尔与斯坦利·罗斯曼主持的调查中也得到显示：全国知名新闻媒体中，

54%的记者认为自己是自由主义者，17%自称是保守主义者，剩下的则走“中间道路”。调查的方法论遭到尖锐的质疑，但它的结果与许多其他人日常的观察是一致的，包括 CBS 前通讯记者伯纳德·戈德堡最近的观察。[14]

与华盛顿和纽约的新闻精英相比，美国新闻从业者整体的政治观更接近于美国人总体的政治观。[15]然而，利希特尔夫妇和罗斯曼发现，放在全国新闻从业者的范围来看，自由主义的倾向也是非常微弱的。记者们在社
会问题上持自由主义的观点（53%认为通奸没有错），但对经济议题没有 36
兴趣（只有 13%认为政府应当拥有大公司）。甚至只有勉强过半（54%）的记者声称自己是自由主义者，换言之，他们完全接受资本主义的框架，尽管他们希望它戴上人性的面孔。

并且，对于“新闻从业者能否有效地使客观性的职业规范优先于其个人观念”的问题，右翼批评家从来不能提出令人满意的回应。尽管许多接受调查的全国新闻从业者可能有自由主义倾向，仔细的观察发现他们并没有高度政党化或政治化。新闻从业者将自身看作是职业人士，而非政党人士，并且他们相应地采取符合规范的行动。[16]对于那些善于观察的读者而言，他们不会惊讶的是——同样是《纽约时报》，曾在 2008 年一度公开支持艾略特·斯皮策在纽约州的竞选（包括在 2006 年支持他当选为美国纽约州州长），而在之后却曝光了斯皮策的性丑闻并迫使他最终辞职。读者也不会震惊的是——在 2010 年理查德·布卢门撒尔作为美国康涅狄格州民主党候选人角逐参议员席位期间，《泰晤士报》揭露他在公开声明中提到的“曾在越南服军役”为不实言论。（尽管接下来的丑闻扰乱了布卢门撒尔的竞选，但《泰晤士报》却公开支持布卢门撒尔，帮助其最终当选。）[17]

专业主义的一些要求可以对此做出部分的解释。这个重视“超然性”的领域可能也吸引了某种特定类型的人。《华盛顿邮报》记者，后来成为媒介改革家的保罗·泰勒，以优雅的文笔写下了新闻业对他的吸引力。他写道：调查性记者很快地变得愤怒。他们很快地看到“高度的同谋和卑鄙的动机”。[18]但多数记者有一个与普通人非常不同的思维框架。泰勒写道：
“我很少看到没有差别的事物，我的第一直觉是怀疑。我发现在印刷纸上 37
对某人做出严厉的判断是痛苦的，但我也发现赞扬某人同样是困难的。我深感不安，这是一种常见的职业病。”

泰勒这样的态度是否使他不适应每天高强度的新闻工作？或者，如他所暗示的，这赋予他一种现代新闻业的专业主义气质？“我以平衡为目标，这样更能接近于真相，它比起其他的指导（党派的、意识形态的、心理的指导等等）都要好得多。我仍经常犯错误，但我并不取笑自己被误导。是的，我在寻求真相。但我也在寻求庇护。我曾通过最严格的司法传唤——这可能解释了我为什么首先选择作为一个观察者，而非行动者。”[19]

如果存在个人的政治偏向，记者如何能通过严格的司法传唤。例如，政治分析家迈克尔·罗宾逊和玛格丽特·希恩对1980年总统竞选的电视与平面媒体报道的仔细研究发现，在绝大部分情形中，媒介是中立的。当媒介做出判断时，负面判断更多于正面判断，但对于共和党和民主党的负面评价分配得相当公平。某个人成为特定的党派成员，并不会使他更易受到媒介的批评。竞选的领先者更易招致批评，无论是党派的批评还是意识形态的批评。[20]

右派的批评暗示，媒体的市场竞争迫使新闻从业者追逐丑闻和采取卑
38 鄙的行径。记者们通过揭露丑闻会比正面报道获得更快的职业提升；他们以一种犀利的态度来写作，比起冷静而科学的超然写作，更能获得名声。因此，他们贬低体制的权威，他们的报道降低了我们主要机构的公信力，并且他们的自由主义意识形态弱化了美国人的价值观。当然，对于保守主义者来说，这是个危险的论点，因为它唤起了人们对自发市场的无政府主义倾向的关注。而保守主义者普遍地支持现有的市场。

在任何事件中，右派批评家都关注新闻的作者和发布的媒体。此外，新闻从业者的政治观点确实有一些区别。事实上，全国性的新闻从业者在经济上的日益富足，这方面所产生的影响可能更大于他们公开承认的政治观点的影响。在这种情形下，左派比右派有更多控诉的理由。记者威廉·格雷德哀叹过去劳工阶级出身、受社区学校教育的记者已被受“良好教育”的记者取代。[21]我们可以从苦涩的编辑室幽默里看到这个现象。《芝加哥论坛报》前财经记者默里奥·古茨纳指出：“新闻是在编辑室100英尺内发生的事情。”同样在《芝加哥论坛报》编辑室里流传的一个更讽刺的俏皮话是：“新闻是编辑从市郊开车上班时看到的事物。”[22]《华盛顿邮报》的媒介批评家霍华德·库尔茨把孤立的记者描写成“从市郊到城里上班，

并用电话和传真报道的人”。这些记者怎么可能报道贫困问题或其他城市内部的问题？“一个显然的事实是，报纸折射出白人、中产阶层的社会心态和价值观；到 20 世纪 90 年代初，那个社会已经对都市底层的棘手问题感到厌倦。”[23]

但这不仅仅是厌倦或困乏的问题。与其他人一样，新闻从业者更多地 39
考虑与他们一样的人，而非他们的社会圈子之外的人，这个时候，他们更有追踪议题的热情。有两个例子可以说明这一点。“佐伊·贝尔德问题”指 1992 年围绕比尔·克林顿提名贝尔德为检察总长时产生的争论，当时媒体以一种不为人注意的统一方式进行了报道。贝尔德和她的丈夫雇用了两名工人在家照看孩子。与同一情形的多数美国人一样，他们没有为家庭佣人支付法律要求的社会保障税；这个事实被揭露后，贝尔德也因此无缘成为美国执法机构的长官。几乎所有新闻报道都审查了这个事件中的法律、道德和政治问题——从贝尔德或类似情况下其他人的角度，而非照看孩子的工人的角度。

一个例外是西班牙语电视网——环球电视。它描述了佣人的概况，并从低薪和过度工作的移民家政工人的角度做了一个关于儿童看护的延伸报道。[24]环球电视的记者与其他记者一样忠诚于职业规范，在同样的学校受教育，接受同样的地域文化，然而，他们不认识律师贝尔德，也不认识她雇用的拉丁裔的家政工人。主流媒体中形成的共识，不是来自新闻常规或所有权的格局，而是来自美国社会和主流新闻业中广泛存在的阶级与种族偏向。

或者可以引用《旧金山纪事报》专职从事艾滋病报道的已故记者兰
迪·席尔兹的评论。在 1987 年，当他关于艾滋病的书《乐团继续演奏》出 40
版时，他在一次访谈中说道：“任何好记者都可以做这个报道，但我想，之所以我去做而其他人不做，是由于我是同性恋。它正发生在我关心和我爱的人身上。”[25]席尔兹的评论是简洁的，但在多数对新闻业的分析中，这一观点显然仍被普遍地忽略。在同等条件下，一位女记者比起一位男记者，更可能将强奸看作一个有报道价值的议题。在平等情况下，一位美籍非洲裔记者比起一位白人记者，更可能发现非洲裔美国人社区中有报道价值的议题。

幸运的是，对我们所有人来说，同情心属于人类的能力范围，并且好的新闻经常能够唤起同情心。这对写报道的人而言尤其重要，当新闻的作者和读者都来自少数族群、妇女和直接感知贫穷与不幸的人群时，新闻中再现的社会世界将会扩大并发生改变。

以“架构”替代“偏向”作为研究重心，揭示出新闻制作中的决策与市场环境、组织性质以及新闻职业的预设之间密切相关，它们比个人的偏向更为重要。政治偏向的批评者通常假定：新闻从业者应不带偏向地讲述事实。但对于强调架构的批评者来说，专业主义既是疾病，也是药方。

不论专业主义本身是问题，还是解决办法，它都是当代美国新闻界的一个标志。这并不是说，新闻从业者具备着像医疗、法律那种“传统”职
41 业所包含的全部特征。新闻从业者无须持证上岗；无须具备特定的正式学历；无须通过考试；无须掌握理论或抽象的知识体系；无须像医生和律师那样对自身职业实践中的伦理规范进行监督；亦无法控制自己的就业情况。正如下一章将要展示的，从历史的视角来看，新闻业从19世纪的党派性向20世纪的商业-专业主义的转变引人注目。我们将1995年任意一份主要的都市报纸和1895年的一份报纸相比较，就会立即发现：今天的新闻更多地由职业伦理所塑造，并且与一份真正的政治报纸相比，今天的新闻比较少地反映政党的期待或担忧。记者不再如过去那样对出版商亦步亦趋。反政治、反政党视角的专业主义是当代新闻界的一个本质特征。但从“专业”的新闻观点来看，新闻界追求的是什么？

从20世纪70年代初开始，社会学家和政治科学家主导的研究通常建立在新闻编辑室实践的民族志观察的基础上，它们表明，媒介偏向不是源于有意图的意识形态曲解，而是源于在组织常规的约束和压力下形成的职业行为；不论媒介所有者或记者个人的看法如何，新闻机构和新闻常规都会产生偏向。从这种观点来看，客观性的追求本身是一个失真的源头。[26]有五种失真经常被提及：新闻通常被认为是（1）以事件为中心、以行动为中心和以人物为中心；（2）负面的；（3）超然的；（4）技术的；（5）官方的。

42 首先，新闻倾向于以事件为中心、以行动为中心和以人物为中心。新闻聚焦于那些看得见的、通常包含着冲突甚至暴力冲突的事件。[27]明尼苏

达州共和党众议员比尔·弗伦泽尔抱怨："媒体认为它只报道事件。国会不是一个事件，它是一个过程。或者是媒体不理解这一点，或者是它假定公众不理解这一点。"[28]新闻倾向于以戏剧性事件的方式将复杂的社会过程简单化，它将一组复杂的现象转变为敌对者（通常是好人和坏人）之间的道德故事。一般来说，身份明确的个人会被人格化，并代表更大的、更难以把握的社会力量。新闻媒体对艾滋病的报道之所以迟缓，其中一个原因就在于艾滋病是"一种扩散缓慢的疾病"，而非意外的水灾、火灾或地震那样的戏剧性事件。[29]

我们并非一定要将新闻的事件性看作是一种失败——没有深入挖掘社会的动力和社会过程。它可以被视为一种成绩，一种凭自身的权力达到的社会成就，一种我们今天已经习以为常、视而不见的事物。在 20 世纪 20 年代，当英国的乡下人第一次体验到广播时，广播引起了人们的关注，因为它将遥远的公共生活带到了他们的乡村。"我生活在一个无趣、单调的乡村，我远离了真实的城市生活，也就远离了真实的国家。"1923 年，一位村民写道："我只能乘坐公共汽车，只有低档次的娱乐活动；而有教养、懂音乐、有社会地位的第一等级的人，都乘坐特别的交通工具去旅行。在这样一种氛围中，我的生活变得生锈和缺乏趣味。在这种单调的日子里，收音机走进了生活，我的小世界就此被改变了。"[30]广播将事件带进这个世界。英国学者帕迪·斯坎内尔写道："过去公共生活远在山外，现在触手可及。新闻事件进入没有事件的地方，使那里的生活具有了新的肌理和质地。"[31]以事件为中心是新闻的一个典型特征，不论其效果是接近真理还是走向谬误。 43

其次，新闻倾向于报道坏消息。林登·B. 约翰逊总统曾向《时代》的出版人和编辑亨利·卢斯抱怨过这一点。他一边向卢斯挥动当期的《时代》，一边喊道："多亏了《选举权法案》，这周有 20 万黑人在南方注册。医疗保险将要覆盖 30 万老人。10 万年轻的失业孩子得到了街道的工作。这些事情你们都报道了吗？没有。这里面是些什么东西？"（据助手记载，约翰逊接下来的评论不堪入耳。）卢斯回应道："总统先生，好消息不是新闻。坏消息才是新闻。"[32]

当事情进展良好时，它似乎较难成为一个新闻报道的理由。新闻的直觉是由正在发生的坏事情所触发的。以色列媒介学者泰玛·利贝斯写道：“西方新闻业是一个社会预警系统，它暴露例外、越轨、失序、不和，而非惯例、模范、秩序与和谐。”[33]罗宾逊和希恩发现，1980年总统竞选的电视新闻报道在大部分时间里对候选人的评价是中立或模糊的。但有五分之一的报道可被判断为“正面”或“负面”，其中，在70%的时间里，报道是负面的（通讯社新闻更加不偏不倚）。[34]在1992年对三个主要的总统竞选人的电视报道中，几乎每件事情都是负面报道多于正面报道，这不是
44 因为新闻从业者是敌对的或虚无主义的，而是因为他们是专业的。[35]新闻倾向于强调冲突、纠纷和斗争。在新闻惯例中，任何报道都有两面性。即使在比较平静的情形下，新闻也会强化冲突的显现。记者试图看透政治，而非观察政治。当他们不再被其报道的政客们迷惑时，政治领导人只剩下最糟糕的刻板印象——他们除了追逐政治利益之外没有别的动机。

我们在本书导论中看到，即使犯罪数量没有增长，新闻也可以描绘出犯罪高潮。媒体不大可能突出市民的和谐，即使它们是存在的。社会学家克里斯托夫·杰克斯观察到：1985年非洲裔美国人在美国被谋杀的概率与1950年的概率是一样的，尽管1985年有相当多的美国犯罪增加的警报。“当犯罪减少时，比如在20世纪80年代初，编辑们假定减少只是临时的，并给予它非常少的播出时间。当犯罪增加时，比如在20世纪80年代末，记者们和编辑们都将它看作是一个凶兆的来临，并让它大量地上镜。”[36]

再次，新闻倾向于超然。新闻从业者越来越多地对政治生活采取一种保持距离甚至讽刺的立场。事实上，出于他们的职业原则和新闻编辑室里愤世嫉俗的文化，他们乐于这样去做。显然，这不适用于承认派别的体育报道，或依赖于记者和读者的同情心的人情味特写，或带有道德愤慨的调查性报道。但是，比如在竞选新闻中，客观性是指导原则，并经常被虔诚
45 地实践着。罗宾逊和希恩发现，记者们小心翼翼地避免主观色彩、偏向或判断。他们告诉CBS记者苏珊·斯宾塞，他们对CBS关于参议员爱德华·肯尼迪1980年参加总统竞选的全部报道的分析发现，CBS不曾冒险揣测肯尼迪对某些议题的立场。她回应道：“好。”[37]美国从业者通常会对他们超然的技巧感到自豪。

复次，这与美国新闻业的第四个倾向相关——强调战略和战术，侧重

政治技术和机制，而非政策结果和意识形态。新闻从业者聚焦于政治的技术，这使他们更为专业，因为他们可以远离“利益、观点和价值的冲突，这些对于政治生活都是危险的”[38]。时政记者倾向于成为政治谋士而非政策谋士，他们谙熟战略战术的分析，而非着迷于政府应当如何经营国家的问题。他们的重点是竞选的战略和战术，以及候选人获胜的前景，而非候选人的政策甚至领导能力。在20世纪80年代的总统竞选中，新闻从业者对候选人的才能、领导能力或理念的详尽评估只占了不到5%的报道。但是，记者们在超过四分之一的报道里自由地评估候选人获胜的可能性。[39]

新闻从业者相应地选择他们信赖的专家。全国性电视新闻从业者挑选的专家，满足了媒介学者珍妮特·斯蒂尔所称的媒体的“操作性偏向”。例如，在报道对外政策时，新闻从业者需要的是那些认识或能接近重要的外交人员的专家、那些可以对即将到来的政策选择做出权威解释的专家， 46
以及那些愿意预测事件将如何展开的专家。他们倚靠前任公共官员、退休的军事领导者、以小范围的技术性方法架构议题的智库政策专家，以及以道德方式提出议题的主要宗教的发言人；他们需要的不是对国家或即将到来的冲突进行根本性研究的学者和以战略形式提出议题的宗教发言人。[40]一个关于美国主要报纸对国家安全的报道的研究发现，在678个样本中，仅有1个报道引用了宗教的消息来源。[41]

新闻专业主义属于当代政治文化中的一部分，它倾向于以事件为中心、负面、超然、具有策略性，而这些特质可以采取数种形式。比如，罗纳德·里根总统曾计划在加利福尼亚州度假之后飞回华盛顿，但因为经过的路易斯安那州水灾蔓延，行程不得不停顿下来。在那里，他从一个受灾的小镇发出简要的广播谈话，鼓励地方市民抗灾，并允诺联邦的支援。美联社的一张照片与《纽约时报》的报道展示了总统用铁铲填沙包的情形。《洛杉矶时报》的标题是：“里根亲临洪灾区帮助受害者”。《纽约时报》的报道直接而中立。《洛杉矶时报》以同样的方式开始，但在第六段指出，这不过是“里根的参谋一直费心寻觅的典型事件”。它是总统“在一个非常适合上镜的环境下表达对受难者的关心”的机会，并且对于“白宫的战略家”来说，这是一个将注意力从“总统与富人朋友们在棕榈泉市度假”的新闻转移出来的“时机”。《洛杉矶时报》的这一做法明显偏离了“只报

道事实”的路径，但这正是时政记者要采用的战略性和政治性框架，他们
47 凭借自身对政治手段和政治动机的近距离观察而获得报道的合法性。[42]

这种对政治动机的关注显然破坏了原本塑造的里根的仁慈形象。《纽约时报》没有像《洛杉矶时报》那样给读者提供策略性与政治性语境，它是否玩忽职守？或者是《洛杉矶时报》过度愤世嫉俗了？在1983年初经济衰退的情形下，这位演艺总统正为民意指数而努力，他是否在真诚地帮助社群的同时也帮助了他自己？或许《洛杉矶时报》在过于自信的政治专家意见的立场上走得太远了，但它作为《纽约时报》过于顺从的客观性报道的一种合法的替代方式，已为人们所接受。这就是今天时政报道操作的一般可能范围。记者们和编辑们在两条道路之间寻找他们感到合适的定位：一边是速记式的客观性，另一边是断言式的专业主义。

最后，新闻中的第五个倾向是官方性，媒体依赖于合法的公共消息来源，通常是高层的政府部门和少量可靠的专家。新闻从业者报道的新闻几乎等同于消息来源的产品；事实上，多数分析家同意，在记者与消息来源的共舞中，消息来源一般是走在前列的。这是否与专业主义产生负面新闻的观察相矛盾？不。我们可以区分来自官方消息来源的常规新闻（它们在多数时间里占据多数报纸）与那些更偶然的新闻——事故、丑闻、其他泄露的官方消息或记者的讽刺。在任何事件中，官方既是新闻的主题，也是它的消息来源，尽管新闻经常将它们卷入负面报道中。[43]

48 官方属性使新闻成为“国家主义者”，它促成了这样一种倾向：媒体报道国家的声音而非市民的声音，并屈服于政府意义上的国家安全，然而，这可能是狭隘或自利的。它既寻求爱国，也寻求真相，当二者冲突时，它追求爱国而非真相。这对于日本帝国主义来说是真实存在的——日本新闻通讯社的座右铭是“通过新闻业实现爱国主义”，这在美国也同样是真实存在的。当和平主义者奥斯沃尔德·加里森·维拉德在《纽约邮报》上发表了第一次世界大战期间协约国的秘密协定文本时，很少有其他报纸刊登这个报道，《纽约时报》还责备了维拉德的行为。在第二次世界大战期间，新闻界没有报道有关纳粹对犹太人的大屠杀正在增加的具体而权威的证据。这有几个原因，但有一点是肯定的，伦敦和华盛顿的媒体都接受了政府部门的保证：对犹太人的关注，偏离了赢得战争的最高

目标。[44]

在 2010 年，《纽约时报》与法国《世界报》、西班牙《国家报》、英国《卫报》、德国《明镜》合作，公开了从美国国务院的大量电报中得来的消息。在线机构维基解密在未取得授权的情况下获取了电报内容，并在发布于自己网站之前将这些内容分享给了上述新闻机构。奥巴马政府，包括国务卿希拉里，迅速谴责文件泄露的行为，为外交保密的必要性辩护，并警告泄密将带来的风险。这个故事仍在上演，维基解密及类似的其他组织将如何影响新闻业的实践仍有待关注。

新闻倾向于以事件为中心，具有负面性、超然性、技术性和官方色
彩：从这个观点来看，新闻界的问题是专业主义，而非它的缺席。专业主 49
义形成了具有自身特征的视角，并且可以认为，它强化了政治作为观赏性活动的观点。在一种冷静而专业的凝视中，它教导读者：看透政策公告和修辞性的卖点，并聚焦于政治交易的战略和战术。竞选新闻的“潜在读者”是政治超市中的消费者，他们投入时间、兴趣和注意力来到“边比较边采购”的商店，阅读每个包装上的配料单，检查单价标识上的商店信息，阅读广告信息，同时明白了打折是一种宣传手段。然后，这个想象的政治消费者将对一个候选人或其他候选人建立一个合理的理性偏好排序。麻烦在于，他或她没有任何将偏好转化为一次投票的动机。认真的新闻读者或观众将回到家里待着，将从当代竞选报道里学到的教训诠释为“一种病态”。

然而，这只是大体的思索。虽然有一些支持这个观点的证据，但我们并不真正清楚时政报道的“犬儒主义”逆流如何影响它的受众，以及它在多大程度上形成一种广大受众共享的犬儒文化。[45]更一般地来看，关于新闻对其受众的影响，我们还能说些什么？

首先，即使新闻与受众之间存在一种明显的因果关系，重要的也是甄别其间的起因是什么。如果起因是官方来源的信息，而媒介主要是中立的信息传输者，那么，媒介效果事实上是存在的，但它掩盖了真正具有影响力的信息来源。媒介的角色就顶多是一个“信使”。

考虑一下社会学家托德·吉特林的著作《全世界在观看》（*The Whole* 50
World Is Watching），它出色地解释了媒介对社会运动的影响。吉特林对新

左派和反越战运动中最大的学生组织“学生争取民主社会组织”（Students for a Democratic Society，SDS）的研究，被普遍认为是媒介框架或偏向影响社会力量的重要例证。但这个结论事实上是模棱两可的。一方面，吉特林表明，早期SDS激进主义的新闻报道有力地促进了该组织的迅猛发展。信息的力量是这样的：媒体简单地传播了SDS存在的新闻后，SDS总部的电话被打爆。但这不是吉特林研究或评论的重点。吉特林的重点是框架。他认为，后来关于SDS的报道将学生们的努力“琐碎化”和“边缘化”，并导致这个资源相对匮乏的运动走向崩溃。反越战的传统自由派财力更雄厚，并采取了更“合法”的斗争，SDS在其冲击下失去了对反战运动的控制。吉特林可能正确地看到了媒介框架促成了SDS的分化，但没有实在的证据。我们更容易看到，早期的引人同情的报道对SDS造成的伤害，可能比后期边缘化的报道对其造成的伤害更大：早期的报道是SDS的广告，它带来许多新成员。这些成员取代了老卫士，并将SDS从一个左派组织转化为一场规模巨大的学生运动的一个合作中心。新的成员更易发作、更不耐烦，并且较缺乏政治理性。领导权的更迭导致组织的破裂。或许正是SDS
51 新成员的作用（而非后来高调的新闻报道），导致该组织的内讧。

这个解读与吉特林提供的信息是一致的。他要表明，媒介在向普通公众传播信息时施加了影响，即一个新的全国性组织正为反越战而采取直接的行动。但吉特林聚焦于架构的分析而非信息的效果，他指出媒体报道SDS的抗争的方式是琐碎和边缘的。如果我是正确的话，媒介负面框架对SDS的伤害，小于它以直接的方式报道其存在、导致没有经验的新成员蜂拥而入所造成的伤害。左翼群体具有分裂倾向，经常产生内部争论，这是后来发生的事情。

另一个例子是在2000年的总统选举中，拉尔夫·纳德作为绿党候选人参加角逐。绿党从来没有出过一个当选的总统。它从没有一个候选人进入众议院或参议院，也没有一个州长或州的候选人，更不用说全国范围的候选人了。因此，新闻媒体有很好的理由选择非常少量地报道或不报道纳德。另外，拉尔夫·纳德可被认为是美国过去半个世纪里最有影响力的公共人物之一、一个消费者运动的先驱、一个公司权势集团的坚定批评者、一个不知疲倦和富有创造性的同性恋十字军战士。以纳德为首的绿党在左派中获得了同情，使绿党在44个州获得选票，并在全国获得5%的投票。对此，新闻界应该如何做出反应？

纳德抱怨在选举期间和选举之后，媒体都有组织地忽视他。“不论我们的竞选活动如何尝试或如何努力，媒体都囿于文化习惯，报道‘赛马 52
式’新闻或阿尔·戈尔和乔治·W. 布什的政治策略，而非政治议题。”[46]纳德观察到，《华盛顿邮报》可以用750字的篇幅报道戈尔一家的度假，却不能派一个记者穿过街道，报道纳德的一个关于社会保障的记者招待会。在竞选初期，当纳德获得报道时，记者“一贯地将它视为一个偶尔的特写报道——关于一个边缘候选人踪迹的生动叙述”[47]，而非一则关于竞选议题或事件的硬新闻。在竞选走向尾声时，可以清楚地看到结果将非常接近，纳德的投票者也变成“赛马式”报道的一部分，记者们反复问纳德：他会不会是坚持把票投给乔治·W. 布什的“拆台者”？

这里是否存在偏向？纳德肯定认为有偏见：“有价值的民主都不应该如此普遍地依赖商业媒体。并且，严肃的民主竞选不应被媒体破坏或过度报道。”[48]但与此同时，右派阵营中一位全国著名人物帕特里克·布坎南代表改革党（以商人罗斯·佩罗特为领袖）在1992年赢得将近20%的选票。布坎南并不比纳德获得更多的报道。记者们和编辑们没有直接流露出一种保守的政治偏向。他们没有将政治意识形态付诸实践，而是实践了吉特林所称的一种“心照不宣的理论”。譬如，他们认为：“我们的工作不是去决定竞选议题或推动整个理念光谱的政治对话，而是为公众提供关于候选人的公正的报告，那些候选人都有一个成为总统的正当机会。纳德可能说对 53
了，像阿尔·戈尔和乔治·W. 布什这样的主要政党的候选人不同意的东西太少，并埋葬了太多事关公共生活的议题，但谁来说话呢？报道那些议题不是媒体的工作，至少不是新闻专栏的工作。我们的政治制度让戈尔和布什成为2000年的候选人；我们的任务是报道它，而非代表纳德或布坎南或我们自己，选择关于何为真正的议题，并去改变它。”

这个“心照不宣的理论”是正确的吗？谁知道呢？关键在于它是一个理论，是关于记者责任的数种观点中的一个，并且是由传统、常规和心照不宣的假设所规定的。记者们做出了一个选择，即使对他们来说，它是一个明显的非政治的选择，它可能是一个完全真诚的选择，但这无关紧要。

如果新闻界接受一个关于报道和总统政治不同的理论，如果记者们相信他们的职责是获取重要的议题，并且深度报道主要候选人的活动事件和演讲，那他们就可能以不同的方式报道纳德，或将关于纳德的报道作为提出更广阔议题的途径。

架构存在吗？是的，当然存在。它伤害了纳德或布坎南吗？貌似是。程度如何？没有人知道。

新闻媒体当中还有其他系统性的偏向。媒介一般对传统意见、科学、上等阶层和高收入群体的偏向，要多于对异议、宗教和穷人的偏向。他们偏向于社会学家赫伯特·甘斯所描述的美国新闻业的核心价值观：民族优
54 越感、利他主义的民主、负责任的资本主义、小城镇的田园风格、个人主义和温和主义。[49]这些不被质疑和经常不被注意的背景假设，决定了美国的新闻被采集和架构的方式。

还有一种种族偏向，即属于多数群体的新闻从业者针对非多数群体的偏向。《华盛顿邮报》记者和全国黑人新闻从业者协会的前任主席范妮莎·威廉姆斯问道：为什么一个中产白人被杀比一个底层黑人被杀会产生更多新闻报道？她回答：“因为决定什么值得报道的记者，更容易辨认与他们长得相似和生活相似的受害者，并且当坏事情发生在他们身上时，记者们感到完全地吃惊或愤怒。报道反映了那种恐惧和愤怒。”[50]

50年前，种族偏向是直接、公开、明显、不加矫饰的。在过去半个世纪里，它已经变得更为复杂。事实可能比威廉姆斯指出的程度更严重。毕竟，新闻的一个关键特征是异常性。即使大都市日报的一半员工是非洲裔美国人，事实上，谋杀是非洲裔美国人死亡的一个相对寻常的原因，而对白人来说却是相对少见的，这就可以说明新闻报道的不一致性，而根本无须考虑种族倾向的因素。黑人记者和白人记者都认识到，越异常的事故越有报道价值。现在，为什么谋杀在黑人当中比在白人当中更常见呢？这是一个关键问题，并且它肯定与几个世纪的种族主义相关，但作为普通新闻报道的一部分，很少有新闻从业者探索这样的问题。[51]

55 罗伯特·恩特曼认为，地方电视新闻强化了他所称的“现代种族主义”——一种普遍的反黑人的情感和对黑人政治要求的抵抗，并与一种认为种族主义已被消除的普遍看法结合起来。他对芝加哥地方电视新闻的研

究发现，黑人经常作为所谓的罪犯而出现。他也表明，国家部门的黑人候选人在电视上被描绘的方式强化了种族主义。黑人候选人被媒体呈现为沉迷于私人利益，而白人候选人更频繁地被描绘为以公共利益为导向。报道强调黑人候选人愤怒的修辞以及白人候选人的镇定理性（这听起来不大像芝加哥政治的任何方面）。为什么会有这种对比？恩特曼推测，这种描绘的来源有两方面。首先，处于劣势的一方，由于他的附属地位而被迫采取一种喧哗的、戏剧的，甚至粗野的风格。这与白人记者合法的公共行为传统形成对照。处于劣势的一方被迫攻击，而处于优势者可以显得欣慰和满足。其次，这也是因为非洲裔美国人的文化比中产白人的文化更倾向于一种情绪化的语言风格。非洲裔美国人政客通常也对他们的核心选民表现出愤慨，这可能会诱发将黑人召集起来，提升对白人的猜疑。这些都暗示了：美国种族主义具有复杂的结构和文化差异，并非仅仅由于新闻媒体的串谋，导致黑人政客的负面形象。[52]

信息效果、氛围效果和架构效果不能被完全地归类。从我们的目的来说，它们是存在的，并且有时它们在世界上产生一些现实的差异（一种值 56
得学者们和批评家们关注的差异），这就足够了。似乎有理由认为，新闻媒体一贯的负面主义和对危险、压力与冲突的时刻关注，改变和加强了公众对风险的感知和恐惧。这样的观点是有意义的：新闻媒体向民众传播信息，使民众认同和巩固共同体；媒体精心安排公共交谈，并在政治系统中扮演重要的专业角色，包括拍摄候选人、小心地为政府官员传播和保留信息，从而塑造公共政策。

同时，若认为媒体在总体上使人们变得更保守或更自由，这个观点是不大合理的。若认为媒体普遍地阻碍或推动社会变革，这个观点亦是不合理的。媒体并非常规地赋予政府机构正当性或去除其正当性。重要的是，我们要记住新闻的影响是在文化方面。新闻可以将某些信息和对于信息的态度传递给可能的受众，但它不能对认真关注信息的受众给予回报或惩罚。这并不是说新闻是无关紧要的。新闻对于人类事务具有一种微妙的文化影响，但并非是一种公然控制社会的力量。

第四章　新闻业的历史

57 对现在的解释往往依存于历史之中。我们之所以是现在的样子，是因为我们过去的样子。因此，新闻社会学不能与新闻业的历史分离开来。

新闻是人类一直探索的某种事物吗？人们是否在所有时间和地点都想知道新奇的东西，特别是某种引起轰动的新奇事物——血腥、性，以及富人和名人的过失与放荡？新闻界宣称其服务于普遍与永久的渴望，它要成为世界的叙事者、日常生活和普通人中的游吟诗人。[1]

对新闻的渴求是人性的基础——这个想法或许有点意义，但我并不认为很重要。这个命题能帮助我们理解什么呢？并且，这样的提问忽视了更重要的问题：关于新闻业的竞争风格和原则的差异、新闻机构的替代性制度结构，或不同的新闻政治控制系统之间的差异。为什么一些国家比另一些国家在政府审查新闻方面做得更多？为什么一些国家的新闻传统鼓励记
58 者撰写文学性的文章，另一些则偏好以事实为中心的报道？即使在同一个城市里，为什么煽情的报道在一些报纸上被放到头版，而另一些报纸则不然？为什么一些国家被商业电视主导，另一些则由公共电视主导？这些差异有什么不同？为什么一则报道比另一则报道更有趣？为什么体育记者可以自由地支持家乡的球队，时政记者却不能同样自由地为自己家乡成长起来的候选人喝彩？对于我们的公共生活来说，给予政治家更多空间来陈述

他们的观点而不加干扰，或对新闻进行快速编辑并只让政治家做简单的发言，哪种做法更好？事实上，假定“存在对新闻普遍与永久的渴望”的观点（“哦，如果真是这样的话”，报纸的业务经理是要叹气了）回答不了上述任何问题。

本章将从一个广阔的视角来观察新闻业的历史场景，并适当地超越美国的范围。长久以来，媒介史是历史专业的一个冷门，但近年来其重要性正在上升。在某种程度上，这是因为新闻传播的急遽转型。20 世纪 60 年代电视新闻的发展、欧洲公共广播公司日益激烈的商业竞争、有线和卫星广播技术的采用，以及数字媒体和互联网的爆炸式发展，都让人们建立起一种共识，即大众媒体带来的信息、习惯和社会关系，正不断地引导着日常生活的方向。

有两部社会理论著作强调了媒介的重要性，使人们对媒介史产生新的兴趣。在 1962 年以德语出版，直到 1989 年才以英语出版的《公共领域的结构转型》（*The Structural Transformation of the Public Sphere*）一书中，德国社会学家和哲学家尤尔根·哈贝马斯描绘了在 18 世纪的世界历史语境中出现的报纸。报纸成为“公共领域的重要机构”[2]。当然，在哈贝马斯之前，已有关于出版自由的富有价值的著作，以及关于“第四权力”作为政治生活中的一个要素的论著。然而，哈贝马斯将报刊置于一个广阔的社会理论的框架中，从而发展了这个传统。 59

对于哈贝马斯来说，产生于 18 世纪末西欧部分地区的“资产阶级公共领域”包括一个社会空间和一套参与规范，它们促使和鼓励私人讨论公共议题，而没有政府的审查或监视。在这个领域中，人们可以平等地交谈。论辩的价值标尺是个体理性，而非社会地位。报纸、小册子、咖啡厅和沙龙等重要机构使公共领域成为可能。在这个自由的社交空间中诞生的事物，逐渐承担了特殊的政治功能。在 18 世纪，伦敦的新闻记者不允许在下议院的走廊里做笔记。直到 1834 年，记者们才有了安置的地方。

不幸的是，如哈贝马斯所述，由于资本的力量将一个自由的领域转变为一种牟利的机会，在 19 世纪中后期，扩张中的公共领域开始瓦解。尽管资本主义最初曾是粉碎封建主义的一个主要力量，报刊这种启蒙的手段开始转变为一个煽情的市场——资本主义把公共生活“再封建化”了。少量

60 营利的私人新闻机构采取权力集中的方式，使文化的权威集中化，并取缔了表达自由。最初的报刊“源于公众对其理性的运用”。到19世纪末，报纸已成为“一种消费对象的文化媒介”。报纸曾一度等同于编辑笔下洋溢的文字，现在它们成了出版商的工具，他们期待其任命的编辑“按照被告知的方式，为营利公司的私人利益而工作”[3]。

这个论辩的具体细节被反复地挑战，今天已很少有学者接受哈贝马斯最初提出的观点。哈贝马斯最初以一种“例外主义”的方式来呈现他的工作。正如社会学家马克斯·韦伯思索为什么理性资本主义在西方而非其他地方产生一样，哈贝马斯探究的是：为什么是一个资产阶级秩序而非其他东西，在教会和王权的控制之外催生了一个理性的、有关政治的公共话语领域。哈贝马斯的历史观点遭到辩驳，“公共领域”的范畴却成为一个可资借鉴的公共生活的规范模式。这个概念激发了学者对于各个国家和时期的公共生活的研究。

历史学家本尼迪克特·安德森的《想象的共同体：民族主义的起源与散布》(*Imagined Communities*: *Reflections on the Origin and Spread of Nationalism*)是另一部让跨学科学者对于现代媒介角色产生理论兴趣的著作。这部内容丰富、引人启发的论著以不到150页的篇幅涵盖了500年的世界历史。[4]安德森提出，所有民族，以及事实上所有大于小乡村的社区（并且可能包括小乡村）都是“想象的共同体”——它存在于人们的头脑中，帮助人们确定方向感和彼此的联系。在安德森的解释中，欧洲民族国
61 家的民族意识的涌现，是通过资本主义、印刷术和“人类命定的语言多样性”而产生的。安德森相信报纸和小说是民族的想象共同体的工具。他也强调了知识分子的作用，他们以本地语言形成语法、词典、历史和高雅文学。一种民族的观念需要精英和大众活动来共同创造。

安德森强调普通读者读报的仪式性，他引用哲学家黑格尔的评论：报纸是现代人晨间祈祷的代用品。安德森把读者称为“圣餐礼的参与者”，他们都知道“他所奉行的仪式在同一时间正被数以千计（或数以百万计）他确信存在的其他人同样进行着，虽然他完全不认识那些人”[5]。直到19世纪末，报纸发行量才开始增多。多样的通常是政党取向的报纸，不仅从不同的角度呈现相同的新闻，而且报道了不同的新闻事件。安德森的论点

是引人注目的，它使我们关注一种“超乎寻常的大众仪式”，包括表现出民族性和民族意识的大众表演艺术。

在“共同体”（安德森的焦点）和“公共”（哈贝马斯的关切点）之间有着根本的不同。“共同体”趋向于暗示一种共同的情感认同，而“公共”意味着一组公共交谈的规范。“共同体”表示一种建立在互动（即使它是中介的或想象的互动）基础上的团体感；“公共”暗示着围绕一个共同的政治话题的公民互动，即使团体是缺席的。安德森所检视的是社会的成员 62
身份，而哈贝马斯观照的是对于国家的批评和自由机构的形成。安德森的“想象的共同体”与自由主义无关，相反，他关心的是民族意识；而哈贝马斯的“公共领域”的成就与局限都与自由主义密切相关。

安德森的著作拓展了一个广阔的视角，它甚至比哈贝马斯的启发更大，它不是将新闻看作理性的公共话语的素材，而是认为新闻为公众建构了自我、共同体和民族的特殊的图像。它暗示研究者应将新闻与其他关于人类想象的文艺归为一类，而不仅沿着民主理论的脉络来研究。

尽管哈贝马斯启发了许多当代学者，他的框架在新闻史中的运用却受到两方面的约束。第一，它强调资产阶级的社会的共同性，却忽略了它们之间的显著差异，而媒介学者正越来越关注这种差异性。第二，他所强调的19世纪媒体的商业化只涉及两种发展趋势中的一种，因为新闻业在商业化进程中成为公司的同时，它也作为一个职业领域而变得专业化。在过去两个世纪里，新闻已成为专业化的创作，并通过商业化的方式，在世界许多地方传播其产品。在19世纪30年代的美国、19世纪50年代的英国和19世纪80年代及90年代的日本，从政党或政府的报刊向商业报刊的转变急剧加速。由于报刊将自身与政党和政治运动分离开来，它更多地由商业 63
逻辑来驱动，以及更多地根据自治的行业规范而展开实践，尽管这些规范和机构在不同国家之间是不同的。在欧洲许多地方，政党保留了（比美国更强的）对报纸的控制；在中国、苏联和东欧，商业化在过去20年里才开始起飞。比起英美媒体，法语新闻业较少具有调查、报道和揭丑的导向，尽管在法国、拉美和其他地方，过去十年里调查性新闻正与“信息娱乐”一起成长。[6]在过去半个世纪里，报纸阅读率在美国和加拿大相对较低，并且正在下降；在欧洲，报纸阅读率已蔚为大观。在日本和斯堪的纳维亚国家，报纸的人均发行量比美国、加拿大、法国或比利时多出大约三倍。英国有一批繁荣的小报，而美国、意大利、法国和荷兰则没有。[7]

由于上述差异，像“公共领域”和“再封建化”（或“想象的共同体”）这样的总体性概念，都不足以解释媒介史的局部领域。哈贝马斯的研究在规范和经验方面吸引了对商业化这个核心议题的关注。什么是商业化？其后果是什么？利益驱动带来可怕的后果，但它只是使人们走向风险、专制以及道德灾难的强大力量之一。那么，商业化的代价和益处是什么？它在不同国家传统之间发生了怎样的变异？

64 同样的问题应当指向与商业化并行的发展趋势：专业化。这个过程包括：新闻业分化为一个具有自身规范和传统的独特职业，它依赖于特定的时空背景，在某种程度上独立于政党和出版商。这个过程如何在不同国家之间发生变异？它的来源是什么？它的后果如何？

当代新闻的主要机构和文化特征形成的历史相对简短——最多400年。时事报道的有偿写作和定期出版的历史大约250年，在多数地方只有大约150年。在当代民主政治形成后（大约两个世纪前），这个职业群体才具备一种规范的承诺，即通过时政新闻向公民传播信息，从而使民主得以运作。新闻从业者应当努力以非党派和专业的方式进行新闻写作，这个理念只经历了一个世纪的发展。所有这些当代新闻业的特征在不同国家的传统中具有不同的形态。本章将聚焦于美国的新闻史，并对其他国家历史上相关的差异点做出评论。接下来的讨论将关注两个主要趋势——商业化和专业化，它们深深地影响了美国人的新闻经验。

新闻的出现

在殖民地时期的美国，印刷业者首先是商人，而非新闻从业者。他们
65 为了赚钱而销售文具、印刷婚礼告示，还会跑邮局，甚至在印刷店里销售巧克力、茶、灯花、甘蔗酒、海狸绒帽、专利药品和乐器；他们几乎发明了报纸。他们的报纸是四页的周刊，最初的设计是为他们的印刷业务做广告。过了一段时间，他们的内容趋向于一种共同的模式——当地广告、临

时的小段的当地小道消息和大块的直接取自伦敦报纸的欧洲政治和经济消息；很少有其他殖民地的时政新闻，几乎没有本地时政新闻。印刷业者将自己理解为小商人，而非有学识的专业人士。他们首先不是将他们的报纸想象成政治的工具或新闻采集的专业机构。早期的报纸都没有采集新闻，他们只印刷那些到达他们那里的消息。

在美国新闻业的最初的半个世纪里（大约从 17 世纪 90 年代到 18 世纪 60 年代），几乎没有迹象表明，报纸会成为政治话语的一个核心论坛。殖民地的印刷业者避开了争议，宣扬自身的中立性，并且主要印刷外国新闻，这使它免受当地读者和官方的抱怨。外国新闻的比重占据压倒性优势。比如，本杰明·富兰克林的《宾夕法尼亚公报》，从 1728 年到 1765 年的 1 900 个样本里，只有 34 个涉及费城或宾夕法尼亚州的政治。[8]

换言之，普通的殖民地报纸远离政治。当它确实报道了政治时，它尽可能地远离本地政治。有的报纸攻击王室总督或殖民地议会，它的所有者 66
会受到以煽动诽谤为罪名的指控。18 世纪的美国人对于自由报刊有一种非常独特的理解，并强烈地意识到政府是一种危险的存在。这个共和国的缔造者从历史中认识到，政府是易怒的和无常的。如果社会习俗不能使人们顺从，政治秩序会很快地崩溃。

1765 年之后，由于与英国的冲突白热化，政治议题进入了报刊，印刷业的“公正”被抛弃。对于印刷业者来说，保持中立将比成为党派人士更麻烦；几乎每个人都感到被迫采取立场的压力。印刷店变成政治活动的“闹区”。在 17 世纪末 18 世纪初，殖民地政治已相对私人化。当一个小册子即兴讨论一个政治议题时，它只是向一个殖民地议会表达个人的看法，而不代表所有人。在 18 世纪 40 年代的纽约城、费城和波士顿，小册子作者开始非常活跃地进行政治运动，小册子出版物稍后达到了它的顶峰，特别是托马斯·潘恩在 1776 年出版的《常识》。一般的小册子大约几千年里再版一次或两次，而《常识》销售了大约 150 000 本，并在沿海各地的报纸上再版。潘恩与同时代的小册子作家一样向广大受众发言，但他拓展了这种实践并使其臻于完美，他放弃了像熟读《圣经》的人那样引经据典，而采用一种不太正式的语言。

在同一时期，美国报纸开始了它作为政党和派系的喉舌的漫长历程。

67 爱国者们不能容忍支持英国的报刊，新建立的州在18世纪70年代和80年代通过并执行了有关通敌和妨碍治安的法规。1787—1788年，在各州就是否承认宪法进行辩论时，联邦党人（支持一个强大的全国政府）主导了报刊，并将敌对的反联邦党人排挤出公共辩论。在宾夕法尼亚州，主要的报纸没有报道反联邦党人的集会演说。当费城、纽约城和波士顿的少数报纸试图报道双方观点时，联邦党人停止订阅这些报纸，迫使这些报人终止了追求公平的努力。[9]

一些开国元勋相信，当他们为了独立而与一个君主国斗争时，坦率的政治批评具有很好的正当理由。但他们觉得，对于一个经正当选举产生的共和政府，公开的批评可以合法地缩减。比如独立斗争中著名的煽动家塞缪尔·亚当斯，在共和政府建立后，他马上改变了对政治行动的看法。这个伟大的、倡导公开交谈、通信委员会、坦率的报刊和市民自愿结社的人，现在反对任何政府日常渠道之外的公众结社和公众批评。[10]正如一位同时代的人士所观察到的：当人们无权时，作家对人们的误导是无害的，但“误导拥有全部权力的人民的判断，必定产生最大可能的危害”[11]。1798年的《惩治煽动叛乱法案》禁止人们批评政府，规定印刷“任何错误的、诽谤性的、怀恶意的……反对联邦政府的写作”是一种刑事犯罪。根
68 据这个法案，每四个敌对报纸的编辑中就有一人遭到指控。但这超出了许多美国人每天能容忍的程度。尽管联邦党人也搞宣传，但是托马斯·杰弗逊赢得了1800年的总统选举，《惩治煽动叛乱法案》由此被终止，对政党倾向的批评开始勉强被接受。在这时，著名的1791年《第一修正案》才宣布“国会不得制定法律剥夺言论自由或出版自由”，由此开始产生一个法律传统，并与其表述中广泛的保护范围相一致。至此，我们可以认为，《第一修正案》重点保护联邦权利，更甚于保护个体或媒介的权利。被禁止剥夺言论或出版自由的是联邦国会，而非各州政府。

在新国家的第一个十年里，社论的声音是报纸的标志。政党或派系频繁地创办具有强烈党派性的报纸，以此作为自己的武器，如亚历山大·汉密尔顿在与杰弗逊竞选总统落败后，于1801年创办了《纽约晚邮报》，借以重组联邦党人的权力。杰弗逊因在1787年称他“宁要没有政府的报纸，也不要没有报纸的政府”而闻名。作为总统，他是联邦党报刊谩骂的目

标。因此毫不奇怪，在任总统期间，他在1807年给一个朋友的信中刻薄地写道："从未浏览报纸的人，比读报的人要耳目聪明，因为无知的人比脑子充塞着错假信息的人更接近真理。"[12]编辑们像攻击政客们一样充满敌意地相互攻击，有时把敌对演变为街头对殴和决斗。新闻报道是偶然的、无 69
组织的，并明显附属于编辑的党派性。政客们反对其他党派的报纸，但仍支持整个新闻界。1792年和1794年的《邮政法案》规定了报纸的优惠邮寄费用，因而，从共和国的第一天起，报纸就是法律的受益者；它可以利用优惠规定，改善或扩大报纸业务。

政党、营利和新闻的优先性

在19世纪20年代，纽约的几家报纸开始派出船只，以便更快地获取伦敦的新闻。这个尝试是报纸报道工作转变的一个标志。但最晚到1833年，全国最大的报纸仍然只有4 500份的发行量——这是一般城市报纸发行量的两倍多。那个时候，报纸在邮局和印刷店里至少是可以辨识出来的，但不容易区分它服务于哪个政党、派系、教堂或其他组织。新闻业还不是一个清晰的职业。只有少数报纸雇用记者。"通讯记者"仅仅是编辑的朋友或熟人，他们的写作是一种没有报酬的业余爱好。

但与杰克逊时期美国的其他机构一样，报纸即将经历一场民主革命。从1833年的《纽约太阳报》开始，有了一种新的报纸品种，它追求的是商业上的成功和大众的广泛阅读。在1833年和1835年的纽约城、波士顿、巴尔的摩和费城，冒险的企业家开始发行"便士报"：每份报纸卖一便士， 70
而非六分硬币。新的报纸在大街上由"报童"叫卖，而非靠订阅或者在报馆出售。便士报富有闯劲地挖掘地方新闻，派出记者报道法庭甚至"社会"的新闻。他们也积极地征求广告，并参与到抢发最新新闻的激烈竞争当中。他们的商业自信使便士报成为新技术的最早应用者。1835年，《纽约太阳报》每日销售量达到两万份，成为全国第一家畅销的报纸。另一家便士报《巴尔的摩太阳报》最早使用电报，并鼓励公众接受它。在1846年美国与墨西哥的战争中，纽约城和费城的便士报最早和最充分地使用了电报。追逐新闻和发行量的便士报迅速采用可行的新技术，它们给美国新闻业带来了报道范围更广和更喧嚣的新闻，并致力于运用新闻来营利，而非推动政治进程或服务于政客。[13]

在美国内战前，便士报处于新闻业创新的前沿，但当时发行最广的报纸仍是乡村的周报和其他非日报的地方报纸。这些报纸往往是它们所在小镇和地区的经济发展的支持者，但它们将马上面对富有闯劲的城市报纸的竞争。霍勒斯·格里利像当时许多其他新闻从业者一样，从一个小镇的周报开始了他的职业生涯。他从佛蒙特州迁移到费城，再到已成为新闻业圣
71 地的纽约城。在那里，他先发行了一本文学杂志，在 1840 年运作了辉格党的竞选报纸，并于 1841 年创办了自己的便士报《纽约论坛报》。《纽约论坛报》成为 19 世纪中叶最有影响力的报纸之一。尽管它从来不能与詹姆斯·戈登·贝内特的便士报《纽约先驱报》匹敌，但它的周末版创造了较大的发行量，发行范围超出了纽约城。它在整个纽约州、新英格兰和西部的乡村地区广为人知。

美国社会的多元主义在报刊中得到反映。德语报刊在战争前兴盛一时，当时德裔美国人代表了全国四分之一的、在外国出生的公民。在 1828 年，切罗基族人的《凤凰》开始成为第一家土著美国人的报纸。非洲裔美国人的报刊始于 1827 年纽约城的《自由之刊》。1847 年，弗雷德里克·道格拉斯在纽约州罗切斯特市创办了《北极星》。非洲裔美国人运作的报纸在内战前参与报道了废奴运动，威廉·劳埃德·格雷森和 1831 年在波士顿首次出版的《解放者》做出了显著的贡献。废奴主义者的报刊在这场社会运动中发挥了非常重要的作用。

在传统日报中，新闻采集成为报纸的核心功能。迟至 1846 年，只有巴尔的摩和华盛顿特区的报纸有特派通讯记者报道国会。直到 19 世纪 50 年代政治升温，这种情况才发生改观，超过 50 家报纸雇用了华盛顿的通讯记者。通讯记者们通常为六家或更多报纸写作，并担任国会委员会的书记或
72 他们报道的演讲稿的撰写人，从而挣得更多的薪金。他们经常与国会成员一样住在公寓里，而公寓倾向于按党派路线分界。[14]新闻业与政治几乎没有区分。尽管有便士报的自豪、独立性和商业头脑，在 19 世纪大部分时间里，报刊一般理所当然地得到不同党派的财政支持，在努力报道新闻的同

时努力成为政党的信徒。赞助报纸的不仅有政党，还有政党的派系，有时还有政客个人。

但在 19 世纪末，政党与报纸的联系开始弱化。内战之后，报纸迅速扩张为大型的营利产业。到 1870 年，纽约城每家主要的日报至少有一百名雇员。广告成为一个更核心的收入来源，而新的广告商，特别是城市中的百货公司，开始成为报纸广告收入的一个主要来源。

新闻的竞争变得激烈起来。读者的竞争也是如此，报纸需要以新的活动和花招来促进发行量，并追求新的受众，特别是女性受众。报纸采取大众喜欢的风格，如更简单的语言、更大的标题、更丰富的插图，有助于将读者范围拓展到移民和其他书面英语知识有限的人。到 1880 年，纽约城有 50 万在外国出生的公民；十年后，40%的人口是在外国出生的。经济变迁使新的大众新闻业成为可能，赢利的前景使它令人向往；在出版商眼中，城市中流动的人口成为必须争取的读者对象。

最有名的面向大众发行的日报是约瑟夫·普利策的《纽约世界报》和 73
威廉·伦道夫·赫斯特的《纽约新闻报》。普利策在 19 世纪 80 年代进入纽约新闻业后，成为深受大众欢迎的报业的先行者。赫斯特在 1895 年加入这个行业，他迅速将连环画版面、煽情新闻报道和一种自我鞭策的改革精神引入衰败中的《纽约新闻报》。当他与普利策为争夺全城最大发行量而较量时，有几十万人阅读赫斯特的报纸。赫斯特推动了美国与西班牙的战争，并派出记者到古巴报道那里的危机，相对谨慎的普利策跟随其后。西美战争是煽情新闻到达高潮的标志。并且，一般认为黄色新闻业“导致”战争，这使赫斯特乐于接受战争策动者的赞誉。而其他主要的报纸，包括最有影响力的精英报纸，则反对美国的介入。

煽情主义对于美元的拉动力帮助报纸告别了政党报刊。因此，它也推动了全盘质疑政党价值的改革运动。在 19 世纪 70 年代和 80 年代，自由派改革者开始批评政党忠诚的观念，这个运动先在共和党后在民主党中展开。他们推出政治竞选的新形式，敦促一种“教育”的竞选，而非“参与”或“奇观”的竞选。他们要求从游行运动转变为小册子的传播方式，并督促选民在候选人、政党和政策之间做出理性选择，而非向一个政党的标签展示情感的忠诚。报纸开始更愿意采取一种独立的立场。到 19 世纪

90 年代，在反政党改革得到最广泛推进的北方，四分之一的日报宣称其独立于任何政党。[15]

74 最迟到 19 世纪 90 年代，一份标准的共和党报纸在报道总统竞选时，不再仅仅哀叹和嘲笑民主党的候选人，尽管它还会有点怠慢地提及他们。在民意调查前的日子，党派集合的规模标志着选举可能的结果。共和党人的集会在共和党的报纸中被描述成"魔头聚会"，而民主党人的集会根本不被他们报道。而民主党的报纸，情况正好相反。党派性深深地植根于 19 世纪的美国新闻业，及至 20 世纪，客观性也远非一个已然确立的实践或理想。

还有几个因素，很快将"客观性"推到前沿。首先，反政党改革松动了政党对报刊的控制。其次，记者开始欣赏一种独立于政党的、属于自己的文化。他们发展了自己的神话（他们着迷于自身与城市下层社会的亲密关系）、自己的俱乐部和酒吧，以及自己的专业实践。记者的地位、收入和团队精神在 19 世纪末大为高涨。大众为活跃的记者及其功绩喝彩——伊丽莎白·科克伦（化名娜丽·布莱）80 天环游世界，亨利·莫顿·斯坦利在非洲找到陷于困境中的探险家戴维·利文斯敦，俊朗的理查德·哈丁·戴维斯关于战争和足球的报道——他们为这些领域增添了魅力。

此外，采访报道推动了新闻业内部实践、习惯和纪律的发展，让新闻业成为一种有自身范式的独立职业。在 1865 年，采访还不为人知，到 1900 年已被广泛地实践。到第一次世界大战，它已成为美国新闻业的支
75 柱，尽管它在欧洲仍然罕见。这种新的实践方式在美国新闻从业者中迅速扩散，而且并无意识形态的缘由。它毫不费力地契合了已经以事实和新闻为中心的新闻业，那时的新闻业已经不是首先服务于政治评论或让文学灵感先入为主。

不断壮大的新闻从业者的共同体，一方面催生了社会凝聚力和职业自豪感，另一方面促成了内部的社会控制。到 20 世纪 20 年代，随着这一范式的深入，一种自觉的新闻专业主义理念和客观性规范逐步确立起来。[16] 新闻从业者开始明确表述新闻的职业行规。1925 年，美联社总经理肯特·库珀宣布了他的信条："新闻从业者要勤奋而明智地呈现事实，他的报道永远不能是单调和乏味的。"[17] 在 1922 年至 1923 年，报纸编辑们建立了第

一个全国范围的职业协会——美国报纸编辑协会。在协会成立时达成的协定中，他们采纳了一个被称为“新闻业的行为准则”的伦理章程，包括“真实、真相、准确”的原则和“不偏不倚”的原则，后者包括“新闻报道应当不掺杂任何意见和偏见”的宣言。[18]

这种公正信条的新表述与新闻采集的全面发展是相关的。客观性原则使编辑能够让地位低的记者接受检查，尽管他们对国外的通讯记者的控制较少。客观性意识形态是一种行业的规训。那个时候，科学成为上帝，效率被人们重视，越来越多卓越的精英将党派性评价为19世纪的残余，在这种氛围下，客观性像是一个踌躇满志的职业群体的一种自然的、进步的意识形态。[19]

新闻从业者努力将自身与科学、效率和进步主义改革的声望联系起 76
来，同时，他们也努力将自身与突然包围他们的公共关系专家和宣传家区别开来。记者们拒绝政党，只为了探索他们新发现的独立性，这种独立性正被政府、商业、政客和其他人雇请的信息佣人包围。在20世纪初，商业和政府机构越来越试图将表扬他们的报道安置于报刊中。公共关系这个新的职业产生了，并得到总统伍德罗·威尔逊的推动，他试图运用公共关系将第一次世界大战“推销”给美国公众。那场战争刺激了红十字会、救世军和青年男子基督教协会为认购战争债券而进行大众公关活动。一位新闻业的批评家注意到：到1920年，华盛顿有将近一千家模仿战争经验的“宣传机构”。新闻从业者当中流传一组数字：50%或60%的报道是由报刊的代理商所策划的，即便令人尊敬的《纽约时报》也是如此。在纽约哥伦比亚大学新建的普利策新闻学院培养的供过于求的毕业生中，从事公关业的人多于从事报业的人。1929年，哲学家约翰·杜威写道：宣传机构“可能是我们当今社会生活中最显著的符号”[20]。自此，泛新闻业诞生了。

新闻从业者看到，在宣传的年代里，可塑造和操纵的信息变成了什么样子。遭到泛新闻工作者的突然攻击后，他们感到需要消除等级观念，并显示他们集体的正义感。这时，客观性作为一种职业理念，已得到充分的表达，成为职业规划或职业使命的一部分。客观性远远不止是避免诽谤起 77
诉的技巧，或有助于编辑监视下属的约束手段，它最终成为一种道德守则，并被写入新闻院系采用的教科书和职业协会的伦理守则。它是攸关职业荣誉的一个守则，以及同时给予专业人士指导和保护的一组规则。

在新闻从业者宣称“客观性”作为他们的理念的时候，他们也认识到“客观性”的局限。在 20 世纪 30 年代，流行一种所谓“解释新闻学”。当时主要的新闻从业者和新闻教育者坚持认为，世界正变得越来越复杂，它不但需要被报道，还需要被解释。在这个年代，政治专栏作家如沃尔特·李普曼、戴维·劳伦斯、弗兰克·肯特和马克·沙利文获得了成功。新闻从业者坚持认为，他们的任务不只是帮助读者知悉新闻，而且还要帮助他们理解新闻。他们理所当然地认为，这种理解与政党或党派意见无关。

一个更广的视角

一些影响着美国新闻规范和实践的社会条件，在其他地方是缺乏的或很少被提及的。新闻从业者的最大愿望是将自身与公关从业者区分开来，而在欧洲是缺乏这种观念的，因为公共关系在美国比在欧洲发展得更为广泛和更有影响力。并且，美国政治生活中的反政党倾向在进步年代里被强
78 化，最终成为一场政治运动的结果。而在欧洲，一定程度的官僚自主性、合法性以及以政治为职业的理念，被视为理所当然，因此，欧洲公务人员缺少理由采纳美国改革者的理念。新闻与政党脱离的理念与美国政治改革的背景相吻合，而在欧洲，不存在旗鼓相当的稳定的政治力量。

从另一个角度来看，也可能是由于“客观性”作为一种专业价值，在美国新闻业中占据着某种心理空间，而在欧洲，这个心理空间已被一种新闻从业者的自我理解占据，即他们是具有较高文学素养的创作者和世界主义的政治思想者。美国人有一种卑贱的劳工的自我形象，他们处于一个需要提升的世界，而欧洲的新闻从业者并不共享这种看法。对欧洲人来说，如果有什么需要提升的话，是文学素养，而非职业理念。

媒介史学家让·查拉比甚至观察到，新闻业是一种“英美人的发明”。在 19 世纪中叶，英国和美国的新闻业变得以信息和事实为中心，而法国新闻业并不是这样。直至 19 世纪末，当英国和美国主要的报纸雇用一些外国通讯记者时，法国报刊上多数外国新闻直接取自伦敦的报纸。法国人很少

考虑在事实和评论之间划出界限。法国和其他欧洲大陆国家的新闻业不曾经历英美新闻业“独特的话语革命”，因此直到美国人完成话语革命许多年后，欧洲人才发展出一种客观性的导向——并且，即使在那时也是不大 79
充分的。[21]

这些简短的回忆将我们带回到大约50年前。到20世纪50年代，至少在美国新闻机构的上层，新闻从业者成为了坚定的职业人士，而非政党人士。在欧洲，专业主义的胜利既没有那么早，也没有那么复杂，那里的记者们具有更自觉的政治性和意识形态。然而，在美国，出版人日趋抛下编辑人员，专事于自己的工作。《华盛顿邮报》出版人凯瑟琳·格雷厄姆回忆总统林登·约翰逊和他的继任者理查德·尼克松如何假定是她亲自决定了《华盛顿邮报》的记者写什么，这对她无疑是一种侮辱。当助手向约翰逊解释格雷厄姆不曾指使《华盛顿邮报》职员写作那些令他讨厌的报道时，约翰逊回应道：“好吧，老天作证，如果我拥有一份该死的报纸，我会让周围的人做我想做的事情。”格雷厄姆观察到：“这是政客们对于出版人的一种典型的态度——每个政客都可能相信出版人会坐在办公室里，命令记者们什么时候写什么东西。”[22]但格雷厄姆没有这么做，其他有自尊心的出版人也没有这么做。美国新闻业的天才创造即在于：它独立于商业机构，而以新闻职业的自主性来运作。

从第二次世界大战到20世纪60年代，在这个新闻专业主义首次全面开花的时期，新闻从业者似乎立刻就变得“独立、公平、具有公共精神，为每个人——从全世界的权力走廊，到普通的市民和消费者——所信任和爱戴”[23]。潇洒的市政记者的形象被白宫通讯记者直通高层的形象替代， 80
那时的记者甚至会给一个心怀大志的参议员或总统候选人提供一个临时的政治建议。[24]

然而，事实并非如同这个形象所暗示的那么清楚。出版人仍会积极地指使或审查记者，并且记者和他们的消息来源之间的交换仍然不受限制，这时，旧日的残余依然存在。女性、黑人及其他体制外人士的新闻继续被忽略。在20世纪50年代，自由派批评“一党报刊”，揭发那些听从于总统候选人的多数报纸在1952年和1956年支持共和党人德怀特·艾森豪威尔多于民主党人阿德莱·斯蒂文森。并且，共和党人和民主党人都集结在冷战的对外政策共识背后，社会学家丹尼尔·贝尔有理由断定美国社会存在一种“意识形态的终结”，因为一度被认为是政治性的问题，现在是用技术性的措施进行处理。[25]

随着20世纪60年代初民权运动和市内暴动的爆发，这个带着自满的共识的世界开始发生变化。它完全地被改变是因为国家陷入了一场目标不明的战争，并代表了越南一个臭名昭著的腐败政府，而普通美国人几乎无法在地图上找到这个国家。对于新闻业来说，习惯性地顺从于政府部门特别是对外政策，已经不是专业主义的做法，而是在职业上的懒惰、天真或更糟糕的东西。在华盛顿和西贡——（当时）越南首都及美国的战争军事
81 指挥中心，记者们越来越意识到，战场和国家部门的官员、白宫和五角大楼——他们的战争新闻的主要消息来源——例行公事地向他们说谎。记者们将这些人为新闻界提供的每日军事简报取绰号为“五点钟荒唐事”。在华盛顿，新闻从业者对误导他们的官员（及本身被来自西贡军事权威的过分乐观的报告误导的官员）越来越不信任。这些新闻从业者不断地接近底层的官员，这些官员在密谈中对战争产生质疑。他们观察到，警钟正在敲响，反战斗争的关注点正从大学校园转移到紧张的国会听证。与此同时，反战运动分子正积极地发展他们狂暴、好斗、无礼、创新的“另类”媒介，以此作为对抗政治的有力工具。

新闻业从来就不只是一副面孔。新闻机构一度与政府进行常规的合作，后来它逐渐看到“国家安全”是政府的一种委婉的说法，言下之意是“离我远一点，因为我会为公开感到尴尬，不知道它是否关系到国家的防卫”。在两个戏剧性的时刻，政府与新闻界撕破了脸皮。在1971年，《纽约时报》开始发布《五角大楼文件》——一段国防部授意研究的越南战争的秘史。当尼克松政府要求停止继续出版时，媒体巧妙地将接力棒从一家传到另一家。《华盛顿邮报》《波士顿环球报》和《芝加哥论坛报》承担了发布《五角大楼文件》的职责，直到它们也被法院命令停下来。当尘埃落定时，美国最高法院发现，报纸的行为属于它们的权力范围。新闻界立即成为反战运动拥护者和《第一修正案》积极分子中的英雄。

82 第二个戏剧性时刻当然就是水门事件。这一回，《华盛顿邮报》冲在前线，有时还处于孤立无援的境地。《华盛顿邮报》记者受到不许报道幕

后故事的压力。为什么在1972年总统竞选最激烈的时刻，与白宫官员有着隐蔽联系的窃贼会闯入民主党全国委员会总部？最后，一个接一个的白宫高层官员被逮捕入狱，而尼克松总统在两年里一直否认他认识窃贼或掩盖事实，他最终在耻辱中辞职。而他在椭圆形办公室里的谈话录音带清晰地显示，他从一开始就在掩盖真相。[26]

“越南战争”“五角大楼文件案”“水门事件”深刻震动了新闻业，并完全改变了这个领域。《华盛顿邮报》社论版主编梅格·格林菲尔德回忆：“20世纪40年代和50年代鼎盛的一代新闻从业者，更多地受惠于政府的消息来源，他们更愿意保守秘密，并且更多地参与实际的政策制定——在这些方面，他们比今天人们向往的70年代的一批记者做得更好。”[27]第二次世界大战和冷战期间，新闻从业者和他们对政府的报道分享着某种共同的目的；越战之后，它不再是那副面孔；甚至在2001年“9·11”之后，它又是另一副面孔了。

第五章　最近的记忆：从水门事件到互联网

83 历史一直在发展，媒介也一直在变化。如果说新闻社会学的一个主要的努力是解释新闻为什么是这个样子，那么，一个同时的努力是寻求理解它们何以发生这样的变化。我们对新闻的解释不能排除新闻所发生的变化。

在水门事件的发生到互联网将书写文本从报纸解放出来的这几十年间，新闻的制作与消费都发生了彻底的变革，新闻发生了重大的变化。对变化的批评主要有两个主题。第一，当观察家审视媒介在政治中的角色时，他们看到时政报道越来越多，且具有危险的批判性，甚至是愤世嫉俗的，并会鼓动受众一起愤世嫉俗。第二，许多批评家将新闻产品视为“软新闻”或“信息娱乐”——一种娱乐价值大于新闻价值的混合品。有时它被称为“小报化”，即市场价值观对新闻专业主义的入侵。

这两种批评都有其价值。媒介学者托马斯·帕特森将“软新闻”定义为那些与政策议题没有显著关联的故事。他记录了软新闻的发展趋势：从
84 1980 年所占报道比重的 35%，增长至 1998 年的 50%，这个数字所依据的样本来自两个电视网络、两份新闻杂志、三家主要的全国性报纸和 26 家地方日报的逾 5 000 个新闻报道。帕特森发现，在这二十年间，煽情主义、人情味报道、犯罪和灾难新闻的数量有所上升。[1]

另外，帕特森还跟踪了那些被认为是“愤世嫉俗”的新闻的变化。1980 年，有 25％的关于美国总统候选人的新闻报道是负面的；2000 年，负面报道的比重达到了 60％。从吉米·卡特开始，每位总统不得不接收关于自己日益增多的负面报道。与此同时，民众对于政府和政客诚实度的信任不断降低。帕特森发现了一种关系：“负面新闻削弱了美国人对政治的依恋感。”[2]

这些趋势是真实而重要的。但现在的状况是：这是否应招致批评和关注？或它们能否被理解为一种改良的新闻业的开端？“愤世嫉俗”能否被解读为勇敢的批评？“软新闻”的趋势能否不被看作屈服于市场力量，而是从狭隘、严格的新闻定义扩展到更广的重要议题？我们能否从媒介的批评家转变为媒介的分析者？让我们先保留判断，在将它们视为垃圾之前，应该先努力理解它们。

愤世嫉俗和信息娱乐的趋向

关于新闻的焦虑源于这样一个判断：一个曾经由专业主义和负责的新闻价值观所指导的系统，正被一个娱乐复合体腐蚀。由于在这个时代，新闻媒体对我们的自我管理变得越来越重要了，所以上述趋势让人越来越担忧。随着政党的弱化，新闻媒体填补了它留下的空间；政客不再那么仰赖已有的司法秩序和常规，而是越来越依靠宣传作为其实现目标的最佳路径。我将在第八章讨论这些问题，因为这些话题将我们引入制度内部的关系变化。这里最好聚焦在新闻报道本身的变化。 85

政治学家托马斯·帕特森在其著作《失序》中为时政报道中愤世嫉俗情绪的增长提供了一个有力的证明。[3]他认为，新闻界发展了一种“反政治的偏向”。他的三个观点特别能说明问题。首先，他发现 1960 年至 1992 年的新闻周刊越来越多地报道负面新闻，而非正面新闻。在 1960 年，涉及总统候选人约翰·肯尼迪和理查德·尼克松的评价中，75％是肯定的；在 1992 年涉及比尔·克林顿和乔治·布什的评价中，只有 40％是肯定的。[4]

其次，新闻从业者带给人们这样的印象：政客们将为了获选而允诺一切。他们忽视了政治学研究的发现：政治家们普遍为履行他们的竞选誓言而努力工作。这种有偏见的报道本身并不新鲜：政治学家和作家爱德华·杰伊·爱泼斯坦在1968年和1969年与广播电视网的新闻从业者进行访谈时发现，他们几乎都蔑视政客，并且他们毫无例外地将某个候选官员的任何行为都最终归因于赢得选举的动机。[5]但帕特森的资料表明，这个潜在的假设越来越影响到新闻的写法。

帕特森的第三个观点是：在新闻从业者看来，政治生涯的导向是一种
86 “政治游戏”，甚于政策制定。记者们头脑中有一种“游戏基模”，它将注意力指向冲突和少数个人，而非个人身上可能反映的社会条件和更广大的利益。以2001年6月15日《纽约时报》的头条新闻作为一个简单的例子。它报道参议院通过了一个法案，该法案要求每年对公立学校学生的成绩进行一次测试。由于这看似是教育政策的一个重要创新，而重要的问题是：年度测试将有助于学生，还是伤害学生，抑或是没有什么影响？然而，在一篇总共32段的文章中，直到最后4段才对此问题给予注意。相反，记者的关注点在第一句话中就很清楚：“今天，在布什总统压倒性的获胜中，参议院通过了一个法案，要求学校进行年度测试，并对不能改进的不及格学校进行处罚。”[6]

记者们强调游戏而非政策含义，这个趋势愈演愈烈。例如，帕特森发现，新闻记者从报道候选人的言辞，转换到报道他们背后的策略活动（经常不大提及演说本身）。帕特森发现：从1960年到1992年，在《纽约时报》时政报道中，强调“游戏”（而非“政策”）的框架或基模的比重有累进的上升趋势。[7]

新闻业陷入了娱乐产业的汪洋，这是一个老生常谈的问题，它可以追溯到19世纪30年代人们对便士报的煽情手法的控诉，以及自19世纪90年代以来，人们对营利的大众报纸的一贯指责。早年的电视新闻是如此有
87 限和低调，因而没有引起这种攻击。但是，在20世纪70年代，当地方电视台发现新闻可以被廉价地制作出来并吸引大量受众时，娱乐导向的新闻编排开始出现。1998年，美国热心记者委员会的一个研究发现：从1977年至1997年，在电视、报纸和杂志的复合议题的报道中，对政策议题的关注正在下降，而对生活方式、娱乐和丑闻的关注正在上升。即使政治仍然

是新闻议题，其方式正越来越“特写化和以人物为中心”[8]。如今，人们在电视新闻节目和八卦节目之间摇摆。八卦节目的电视制作技巧已被主流的新闻节目吸收。

25 年前，早期的“软新闻”和批评性新闻之所以得以发展，在某种程度上不是由于巨大的市场力量，而是出于竞选报道的体裁创新，这可以追溯到西奥多·泰迪·怀特。怀特是一个老练的新闻记者，他写了一本关于1960 年总统选举的畅销书。《1960 年总统的产生》把读者带到竞选的场景背后，并揭示了候选人、竞选助手、政党官员和顾问的策略。[9]读者看到，政治的处理对象，不仅是政策，而且包含某种自我意识；不仅是某个时代的修辞，而且是竞选机器日复一日的单调琐碎的事情。编辑们把怀特的书交给他们的记者，作为竞选报道的一个文字模版。[10]

怀特为自己影响了这个趋势而感到悔恨。1972 年，他报道了乔治·麦高文倒霉的白宫竞选。他告诉另一位记者：“我们都坐在那里看他忙着发表糟糕的演说。他想与弗雷德·达顿回房间重温副总统的名单……我们所有人都在观察他，一边发疯似的记下所有的细节。我想我发明了一种报道的方法，但现在我真的后悔了。如果你这样写，我真的感到遗憾。谁在乎一个人吃早餐时喝的牛奶和花费呢?”[11]但候选人对床和早餐的选择都成为时政报道恒久的内容，并开辟了新的广大领域，不仅有琐事，还有丑闻。 88

时政报道成为丑闻报道，而公共人物的私人生活被公开化成为一种趋势。在莫妮卡·莱温斯基之前，关于民主党总统候选人及科罗拉多州参议员盖瑞·哈特和他婚外情的报道是这个趋势的顶峰。这不是第一个涉及总统或总统职位觊觎者的性丑闻：其他涉及的总统还有托马斯·杰弗逊、安德鲁·杰克逊和格罗弗·克利夫兰。然而，当代的“防洪闸门”是由 1969 年参议员爱德华·泰德·肯尼迪开启的。他在马萨诸塞州马撒葡萄园的查帕奎迪克岛驾车时掉下桥，他安然无恙，车上乘坐的一位年轻的竞选助手玛丽·乔·柯佩奇妮却淹死了。肯尼迪离开了现场，在数小时内没有报告这个事故；事后，他一直不能对这件事情给出完整的解释。这次事故给这位参议员带来了人格上的非议，成为他竞选总统的一块绊脚石。1973 年和1974 年被揭露的水门事件，包含了理查德·尼克松总统和他最亲密的参谋

89 和竞选助手的各种耻辱的行为——除了性丑闻。然后，国会情报局又追查出另一组丑闻。1975 年的调查找到证据，揭露了约翰·F. 肯尼迪的白宫性越轨行为，其中包括他与朱迪思·坎贝尔的丑闻（后者同时带出一个有组织犯罪的大财团老板山姆·杰安卡纳）。《华盛顿邮报》在末版刊登了肯尼迪的报道，其他报刊并没有转载，直到时政专栏作家威廉·萨菲尔发表了《一个男人虚构的奋斗》。[12]萨菲尔受到这个“好故事”的刺激，他开始用数年的努力揭发民主党人的行为，这些行为与共和党人理查德·尼克松的丑闻同样肮脏。萨菲尔在成为《纽约时报》专栏作家之前，还当过尼克松的演讲稿撰写人。

1987 年总统初选之前，突然闯入的关于哈特的报道绝非一个孤立事件，然而，它有一种未经加工的、毫无遮掩的特质，这是过去的性丑闻所没有的，它提出了一个不断被讨论的问题：除哈特之外，报刊上的揭丑者本身是不是真正的丑闻。《迈阿密先驱报》的一个记者为揭秘哈特晚上与一位年轻模特多娜·赖斯的幽会，就应当监视哈特在华盛顿的宅邸吗？哈特玩女人的传闻构成了记者侵犯他的隐私的充足理由吗？

尽管哈特的事端被监视和公开，他在接下来的几天里继续追逐总统职位。然而，他的竞选开始失势。在新罕布什尔州，即《华盛顿邮报》记者报道哈特竞选的地方，保罗·泰勒在新闻发布会上提出一个令人震惊的问题。泰勒仔细考虑了《迈阿密先驱报》的揭秘，还有哈特随后向美国新闻出版人协会发布的演讲，这个演讲谈及他的公共行为与私人行为的高道德
90 标准。带着这些思考，泰勒来到达特茅斯学院校园里的汉诺威酒店的休闲室，150 名新闻记者正在这里围着哈特提问。当哈特点到泰勒时，泰勒问道：“你说你没有做任何不道德的事情，你敢说你不曾在上周或其他时间里与多娜·赖斯发生过性关系？”哈特回答：“是的。”泰勒继续逼问：“你认为通奸是不道德的吗？”哈特回应：“是的。”泰勒问道：“你曾经犯过通奸的错误吗？”哈特回避了这个问题，但在这之前，他已暗示，我们总统竞选制度的公正性正处于危险之中，这比他的婚姻面临的危险更严重。[13]

但那个问题最终破坏了哈特的总统竞选，并使新闻业陷于一种自我批评的混乱状态。这是一个戏剧化和剧痛的时刻，泰勒回忆道：“哈特站在

离我不到六英尺①的地方，我们之间没有讲台、指挥台或舞台。我们的声音不停地被打断，我们的音量不超过密谈。”[14]对泰勒来说，他在新闻界的论辩中捍卫了他的问题，尽管如此，这却是一个造成深深的麻烦的时刻。“我是一个生于20世纪60年代的平和待人的孩子，却试图迫使一位总统候选人说出他如何度过他的私人时间。”[15]他不知道他（与《迈阿密先驱报》）会在新闻界释放出这样一波剧变。新闻媒体不再是在（私人生活的）圈外，而是在圈内。

新闻娱乐化的批评者抱怨19世纪的“煽情主义”、世纪之交的“黄色新闻潮”和20世纪20年代的“八卦新闻”或“爵士新闻业”。到20世纪 91
90年代，新闻业出现了一整套新的形式，如信息娱乐和小报化。尽管这种语言源于美国，但不到几年，它就传遍世界各地。在英国，这种形式集中于平面媒体，而非广播电视；在德国，这种庸俗化的方式主要用于电视。[16]德国的小报产生较晚，并且都是温和的。正如德国《明星》周刊所写的：“如果（一个议员）在一个暧昧的场合被发现与一位女士在一起，人们会取笑他，但不会在报纸上刊登。我们和英国完全不同。”[17]

最有名的小报传统是在美国和英国，尽管它们的形式非常不同。英国小报始于一个世纪前，后人通常强化了这个传统。在20世纪20年代，小报或“画报”首次被引入美国，但很快就失去吸引力，大量受众流失到了广播。在英国，更高尚的BBC并不能与小报竞争。美国超市小报与英国大众报纸不同，它不去报道任何传统新闻，而专门闲谈名人（通常是电影和流行音乐的名人，较少政界名人），并充当健康新闻和“外星人”（UFO）目击报道的内行。

如果愤世嫉俗和信息娱乐化的趋势只是发生在美国的故事，那么我们需要一个专门针对美国的解释；但如果这个趋势更为普遍，那么我们就需要观察超越国家的因素。在过去两代人里，全世界的报道风格变得更为非正式、更私密、更具批评性、更加愤世嫉俗地保持超然和疏远。瑞典的证 92
据显示，在过去30年里，新闻报道对政客们的批评更多了。约尔根·韦斯特斯达尔和福克·约翰逊研究了广播电视新闻，包括较少受到市场的直接

① 1英尺相当于0.3048米。——编者注

影响的公共广播电视，发现在20世纪40年代、50年代，最迟到60年代，只有不到1%的新闻样本包含批评意见。直到1972年，情况戏剧化地扭转了，1980年时已有25%的新闻具有批判性。[18]瑞典学者提醒我们不要将早期新闻业过度浪漫化——传统新闻业“并不能成为这样一个典范：媒介的角色降至为一个扩音器，放大了社会中主导角色的声音”[19]。英国电视采访从一种顺从于政客的方式，转变为一种更为挑衅的批评风格，它要求政客们在众目睽睽之下立即回答问题。[20]日本广播电视的变化，源于作为民营频道的《朝日新闻》挑战了国营的日本广播协会（NHK）的主导地位。1985年，《朝日新闻》以流行的无线电配置启动了“新闻电视台”，新闻主播是大师级人物久米宏。久米宏会先念出那些节目记者事先写好的新闻脚本，但接下来，他用自己的观点作为回应。他说：“我不是个新闻广播员，我是个电视观众的代表。”政治学家艾利斯·克劳斯指出：久米宏“对于社会和政府的愤世嫉俗和批评姿态”对更年轻、更都市化和更疏离的一代人产生了吸引力。[21]他对待政治的方式比旧式官僚保守主义者“更为愤世嫉俗和民粹主义”，但在“建构真实的政治选择方面，他几乎没有建树”。
93 挪威最为大众化的报纸《世界之路报》采用了小报新闻的情节剧框架，“政客们变得有人情味，而选民们成为消费者”。[22]同时，拉美新闻业产生了一种新的攻击性的调查报道。在巴西、阿根廷和秘鲁，政府丑闻不仅产生于旧式党派新闻业，而且产生于新式娱乐新闻业，后者采用了通俗的叙述以及一种类似于拉美肥皂剧的、聚焦于个性和道德化的风格。或许这促成了人们对政治秩序的公共问责，但它也可能源于文化悲观主义，并强化了文化悲观主义。[23]

荷兰媒介学者利斯贝特·范佐恩所称的新闻的“私密化”在这里起着作用。[24]这也是现代女性主义意识的一部分。保罗·泰勒当众向盖瑞·哈特提出“通奸”的问题，促成了这种观察。范佐恩引用《纽约客》的苏珊娜·莱萨德的话：“公共意识中渗入了一种女性的敏感，男人与女人的调情变得众目睽睽，这种变化或许毫无吸引力，或许令人难以接受，甚至可能让候选人在情感和心理上产生忧虑。”[25]

许多因素导致时政新闻的敏感性的变化，包括经济变迁（有线电视的采用）、文化变迁（工作场所中种族和性别日益多样化）和政治变迁（对

水门事件和妇女运动的回应）。在美国，在莫妮卡·莱温斯基丑闻期间饱
和的报道中，这几个因素共同发挥作用。莫妮卡门丑闻被专门的起诉办公 94
室揭发，这个办公室根据1978年的《政府伦理法案》创立，曾是水门事件中的主要法律机构。莫妮卡的故事炒作也是由于媒体过度效法了水门事件，正如民谚所说："有烟必有火。"主要的新闻媒体都表现了这种精神。多年来，《纽约时报》无情地推动着白水事件的报道，断言克林顿总统和夫人希拉里故意参与阿肯色州一起房地产欺诈交易。《华盛顿邮报》和《纽约时报》反复地撰写社论，支持"莫妮卡门"丑闻引发的弹劾调查。最终，"莫妮卡门"丑闻的决定因素在于，过去被普遍接受的公共与私人之间的区分，现在已被模糊了，而这种区分曾被广泛地接受。这个转向是各种其他因素作用的结果，其中首要的因素是女性主义议题成功地进入了政治场景。在20世纪70年代初，女性主义标榜"个人即政治"。确实是这样！从"卧室政治"到洗碗或育儿的政治，再到存在于雇佣和升迁的性别歧视、性骚扰、强奸和公共安全，以及许多其他事务，女性的努力证实了原本看上去完全私人化的事务实际上具有政治和公共政策的重要维度。

"莫妮卡门"丑闻形成的条件还包括：政府伦理被严格的制度化，并且出台了根治政府腐败的新举措；存在攻击性的调查新闻业；过去被视为私人生活的部分领域，如今被认为具有公共的维度和公共的含义。换言
之，人们认为，这三个变化可能推动了公共生活的发展，但实质上这导致 95
了现代媒介文化中最肮脏的一个片段。在这里，我们将制造出什么？

今天我们有一种丑闻的政治，因为民主和媒体把政治丑闻置于我们面前。政治，特别是污秽和游说的民主政治，一直被认为是不体面和不庄重的。因此，它放下了美利坚合众国缔造者的基本尊严来乞求选民。在18世纪，严肃的办公人员"代表"了政府，而非为政府"跑腿"，当然，这样一位绅士会考虑将政治机构作为业余的临时工作。在殖民地时期，多数选举是没有竞争的；地方精英口头决定谁来办事，并得到自由选民的普遍同意。候选人不需要在大众面前展示诚意，或对他们做出允诺，或让他们检察这些允诺。

在19世纪，民主的躯体变得庞大起来，它站在以大众为基础的政党的肩上，热情地与政党携手成长，同时还存在嘲笑和怀疑政客们的反潮流。

对政治的不信任是美国政治文化中一个重要的成分，并成为从世纪之交的进步主义运动到一个世纪后的竞选筹款等改革运动背后的驱动力。[26]

为何丑闻在当代新闻媒体中如此显著？英国社会学家约翰·汤普森提供了迄今为止最具思想性和最全面的分析，特别指出了一些错误的理解方式。丑闻仅仅是令人羞耻的、最终重申社会道德标准的集体仪式吗？这个涂尔干式的观点把握了丑闻的一个特征，但按照汤普森的观察，这还不是
96 全部：丑闻主要在精英政治圈中产生回响，普通的公众所接触到的仅仅是远程的娱乐。如果这些丑闻重申了什么，那就是政治上的愤世嫉俗，而非道德价值观。[27]

丑闻是否将公共话语琐碎化？它是否将大众的注意力集中于意外事件，而非真正有价值的经济和政治议题？这个观点一般来说也是超前的。第一种观点（即涂尔干式的观点）认为，丑闻对社会是至关重要的，甚至是重聚道德的必要机制；然而，第二种观点认为，丑闻扮演的角色仅仅是娱乐，或更糟糕的是，它的主要作用是使公共生活道德败坏和堕落。这种“丑闻作为娱乐”的观点符合某些丑闻的情形，特别是性丑闻，但不符合其他情况，如金融管理不善、竞选筹款或腐败等丑闻。

汤普森替代性地提出他所称的“丑闻的社会理论”，它简单地将丑闻看作是“名誉和信任处于危急关头时的象征权力斗争”。[28]这不是一个戏剧性的观点，而是任何人都能提出的最合理的要求。汤普森的理论暗示：名誉和信任是复杂的社会资源，对它们的争夺是微妙的。这些丑闻报道已被媒体玷污，如同媒体认为名誉受损的那些人；这发生在莫妮卡门的特别检察官肯尼斯·斯塔尔身上，也表现在对国会的共和党人群体的评估上。媒体可以从丑闻报道中获益，但当受众发现报道无说服力时，如白水事件和“莫妮卡门”丑闻最终的结果，这对媒体也会造成损失。而克林顿在用法
97 律手段隐藏他的不贞时，他也有损失。副总统阿尔·戈尔后来不愿用克林顿作为竞选伙伴，或把克林顿的成绩作为他参加 2000 年竞选的主要推力，这同样也造成了损失。即使在丑闻被埋葬之后，腐烂的气息依然留存。

代议制民主是建立在对权力和当权者的不信任之上的一个政治系统。但民主政治中的政治家倚赖于他们的名誉和公众的信任。即使是在民主社会，公众也渴望领导人有一种“克里斯玛”式的吸引力；即使在一个表面

看来愤世嫉俗和祛魅的年代，人民也需要看到人格化的、代表集体意愿的典范。因此，民主如同其他政府形式一样容易受到领导人的缺点和腐败的伤害，甚至更严重，因为民主政治中的新闻界经常是攻击性的，并且民主政治中的领导人不被理解为遥远的上帝，而是我们自身的加强版。

今日传媒虽有百般缺失，美国人现在比起以前，还要有更多的、更可靠的信息。水门事件后20年，人们今日所得的国家和世界事务的信息，其仔细编采、具有良知、分析健全而扼要简洁呈现的程度，是过去从来没有过的。地方新闻从来不会像现在这么好。另外，全国新闻也在品质上有了提升。精英们可以近距离使用特别丰富的信息。现在，24%的大学毕业生“有时”收听美国国家公共电台（National Public Radio，NPR）；在1970年之前还没有NPR。现在，28%的大学毕业生“有时”观看有线卫星公共事务网（Cable-Satellite Public Affairs Network，C-SPAN），它可对国会进行直播；而C-SPAN是1979年才诞生的。现在，大约三分之二的大学毕业生“有时”观看美国有线电视新闻网（Cable News Network，CNN）； 98
它直到1980年才出现。现在，一半的大学毕业生“有时”阅读《华尔街日报》《纽约时报》《今日美国》；《纽约时报》直到20世纪70年代才在全国发行，而《今日美国》在1982年才开始出版。[29]新闻变得更愤世嫉俗、更娱乐化，同时更全面和可靠。新闻业的三个潜在趋势有助于解释这些发展：专业的干预主义的发展，新闻报道的叙述方式或主题的连贯性得到强化，以及越来越多机构之间的新闻共识。

第四章已经讨论了过去一个世纪里新闻专业主义的成长。大致在19世纪末，新闻组织与政党的关系弱化。随着越来越多新闻机构由公司来运作，而非由自利的资本主义冒险家来运作，直接利用媒体推动个人、派系或政党的政治利益的做法减少了。记者和编辑面对出版物的所有者和自己的消息来源时，拥有更多的权威性：他们越来越不可能像上一代人那样顺从于官方权威。20世纪40年代和50年代的专业主义是自满的，即使新闻圈内人深知官员在说谎，他们也十分自如地将高层政府官员告诉他们的内容完全地报道出来。越南战争改变了这一点。水门事件成为新闻从业者不信任政府的一个最明显的象征。对于新闻记者来说，一直有一种和政府官员回到朋友关系的缓和趋向。到20世纪70年代末，主要的新闻从业者有

99 一种意识，即像水门事件那样疯狂的新闻已变得过于批判性、过于愤世嫉俗和过于以丑闻为乐趣。在罗纳德·里根总统时期，媒体渴望与政府度过一段“蜜月”，但许多新闻记者感到被里根的“拍照机会”操纵，也包括被他的继任者乔治·布什与民主党候选人迈克尔·杜卡基斯竞争时的愤世嫉俗和过度的爱国主义操纵。这种感情强化了一种关于新闻业的机会和陷阱并存的自我意识。

不论新闻记者是被操纵对象或是操纵者（当然他们二者都是），他们都为其专业主义以及报道选题与报道方式的独立性而感到骄傲。他们对自己的权威性具有信心，这方面的一个标志是电视新闻中插播时间的缩减。在1968年，在全国电视新闻网对选举的报道中，一个候选人说话不被镜头打断的平均时长是43秒；到1988年，这个时长是9秒。这个趋势普遍被理解为电视新闻变得越来越糟糕、越来越琐碎。然而，那不符合传播学者丹尼尔·哈林对插播所做的原创性研究的结论。[30]他的结论很简单：电视新闻已变得更加“中介化”，即新闻从业者通过越来越频繁的干预来提供一个紧凑而生动的故事。这对于电视新闻的总体品质意味着什么？哈林发现，1968年至1988年，“赛马式”报道在增多。这种越来越多的“游戏”或“策略”导向的做法已遭到一些人的批评。在这个意义上，哈林肯定了人们的担忧。但他也发现“议题”的报道在增多，这表明电视新闻确实在
100 做媒介批评家认为它应该做的事情。这两种报道怎么可能同时在增多？答案是电视新闻从业者提供了一种“更加结构化和主题化的”报道。[31]新闻中消耗的动作少了，沉默少了，快速的编辑多了。

广播电视新闻在更短的插播里展示了自身的专业性，平面媒体的专业性则炮制出更长的报道。最近一项研究揭示了这样的趋势，该研究选取了十份报纸，抽取1964年和1999年的报道进行比较。研究发现：1964年只有一个头版的报道长达20英寸①，1999年则有三个；在1964年，有35个头版的报道少于5英寸长，1999年则只有13个。在1999年的报纸里，地方、全国和国际的新闻只占全部新闻的24%，与1964年的35%形成对比，但新闻的版面总量在这个时期翻了一番，使今天日报的新闻总量显著大于

---

① 1英寸相当于0.025 4米。——编者注

20世纪60年代初。[32]

当新闻从业者相信他们被合法地授权、可依据自己的最佳判断架构新闻时，他们能够生产出主题连贯的新闻叙事。媒介批评家保罗·韦弗观察到，电视新闻比报纸新闻更倾向于“讲故事”。韦弗写道：电视和报纸新闻都是“在本质上对当前事件的戏剧化叙述”[33]。但与报纸的报道相比，电视新闻有更严密的结构，而报纸仍采用倒金字塔结构，其新闻叙述以一种“抽泣”而非“一记猛击”来结尾。报纸的报道没有结束事情的目的；事实上，开头段或“导语”可被读作微型报道，之后，报道的其他部分的呈现方式非常松散，或仅有部分连贯的次序。报纸的设计暗示了报道是不必读完的，而电视报道最终的总目标是使观众始终与之合拍，这样才能实 *101*
现它的意义。报纸会限制自身对一个事件的报道，使它免受任何外在赋予意义或分析的影响。相反，电视报道“不可避免地……在一个事件的里里外外凝视其他的东西——过程、心境、趋势、条件、反讽、关系，或其他适于这个环境的主题”[34]。

在一个宏大叙事遭到质疑的年代，不再有冷战来提供一种不在场的叙述框架，戏剧化的电视新闻报道已经不能令人满足了。因此，新闻机构加班工作，将其要刊印的内容整合进连贯的分析框架。通常，这意味着给新闻赋予历史的视角。在没有全知叙述的地方，我们至少还对历时的连贯性存有信心。新闻机构以历史的方式架构时事的做法正越来越多，而非越来越少。[35]

到20世纪90年代，新闻机构比从前更加关注其他同行。一个人在一个出版物上读到的报道经常与另一个出版物上的报道相似，过去并不是这样。一个世纪前，同城竞争的报纸的特征是，它的头版报道在对手的末版也找不到。新闻业对于准备当天的真实图片，一点也不着急。而到20世纪90年代，不论是印刷业还是电视业的新闻机构总是在相互监视。在海湾战争期间，CNN频道总在日报的新闻编辑室里播放着；新闻编辑室打开CNN频道，跟踪它的新闻报道，“从此CNN频道就一直开着，它改变了报人的意识”[36]。到2000年，新闻杂志和报纸在网站上提供下一期的预览，其他新闻机构的记者和编辑可以尽快地查看。报纸还在有线新闻电视 *102*
台上为第二天的报道做广告。这些做法使新闻机构之间的内容雷同。

这种实践的一个后果是，新闻记者不仅知道其他媒体正在做什么——这是“CNN效应”——而且他们假定受众也知道。媒介分析家汤姆·罗森斯蒂尔认为这个假设并不那么正确。大多数美国人不是“时时刻刻在看任何新闻”[37]。假设的后果是，记者们更执著地以更大的力量、更多样的“姿态”和更明显的解读来写新闻，因为他们假设受众已经从电视上知道基本的报道了。文艺和电影批评家在很长的时间里谈论互文性。现在新闻的互文性已是事实，而不是由于在战争中记者们意外地来到同一家宾馆，或权力中心意外地让他们走进首都的同一家酒吧。新闻是广泛传播的、完全合乎逻辑的互文。

在一定程度上，这个情形是电视主导新闻系统的结果。韦弗暗示，由于电视新闻业坚持主题的连贯性，它“相信美国存在一个统一连贯的全国议程，这个议程可以被任何理性的、有意识的个人同样地感知”[38]。这个观念被全国的新闻传播机构（通过《纽约时报》的新闻服务、CNN、《今日美国》、NPR和其他机构）以及自肯尼迪政府以来华盛顿新闻与日俱增的重要性强化。越南战争产生了前所未有的现代新闻。各种因素促成了首都在新闻议程设置中的优先性，包括：联邦政府在日常生活中的角色的发
103 展、全国电视新闻记者声誉的提高、星载遥感电视信号的技术能力的改进，以及媒体公司化的发展。越来越多的报纸由非当地人所有和运作，他们与地方权力结构关联较少，并对地方的人脉有较少的情感依附。所有这些情况不仅使新闻全国化，而且增大了愤世嫉俗的可能性。当新闻是地方性的时候，它通常是私人的、友好的、欢快的、漫谈式的和自在的。它很少探究地方权力结构或地方文化的前提——宗教、伦理或其他。全国性新闻拉开了新闻从业者和受众的距离，无论情况是更好还是更坏。

机构之间的新闻一致性与机构内部的新闻一致性相匹配。在每个新闻机构里，报道都寻求一种新的全面性和文化的包容性。如果你走进50年前的一间新闻编辑室，你很可能看不到任何少数族群，你遇到的唯一的女性可能正在写社会版。1962年，第一位非白人电视新闻网记者马尔文·古迪被ABC雇用。古迪（他生于1908年）与同时代的每个非洲裔美国人新闻记者一样，从黑人报刊开始他的职业生涯，他服务的报纸是知名的《匹兹堡信使报》。随着黑人记者开始在主流报刊找到工作，并且黑人报纸的数

量和发行量开始下降，主流媒体报道了更广阔的社会，并且不那么眼光狭隘地报道少数族群。但出于同样的原因，一家报纸开始变得与另一家很相像。

这是第一次，新闻编辑室的多样化看起来基本确保了雇佣的平等机会。不是每个人都承认这“会”改变或“应当”改变新闻的性质。新闻业中的杰出女性一直否认社会性别“会”影响新闻的判断，更不用说“应 104
该”影响新闻的判断。她们会以不同于男同事的方式看待新闻，这个看法看似是对她们的专业性的冒犯。但这是错误的。主流媒体凭良心（虽然已经晚了）雇用女性、美国黑人和其他少数族群的人，并推动他们去报道那些群体的新闻和社会意见。尽管新闻编辑室的多样化是缓慢、混乱和不完整的，但现在有了一种被承认的规范，即女性和少数族群特别关注的报道是大家都感兴趣的、正当的新闻报道。[39]

小　结

我的关于新闻产品日益民族化、一致性、互文性的论述，与人们从许多媒介分析家那里听到的关于数字时代的观点是背道而驰的。今天，我们更加关注媒介内容的“碎片化”。[40]这一关注点与两大发展趋势密不可分。第一，有线电视的出现，特别是1996年成立的由意识形态驱动的福克斯（FOX）新闻频道，让许多人产生了困扰。自由派批评家指出福克斯中具有极端保守倾向的新闻评论员阵容，调查也表明，福克斯的观众比其他人更容易被误导，他们会更容易相信那些符合保守主义议程的新闻内容——“不，美国没有在萨达姆·侯赛因的伊拉克境内发现大规模杀伤性武器”，对福克斯的观众来说，他们比其他人更难识别出这段话的意涵。[41]但是，人们都是听进他们愿意听的、了解他们愿意了解的，这已是老生常谈了。更有可能的是，福克斯吸引了保守派，而非福克斯创造了保守派。我们仍需思考：随着有线电视的发达，人们栖居在各自认知的温床中，保守主义（福克斯新闻节目）的观众或自由主义（微软全国广播公司节目）的观众越来越强化自身观点并隔绝那些与预想不符的观点，难道这不应该担心吗？

105 如果前面的情况是对的，网上不也充斥着无数的思想狭隘、孤立隔绝的新闻来源吗？

对于这个问题，我不擅自下定论，但在这里提供两个启发我的论述：内容碎片化的问题没有许多批评家认为的那么严重；自由派关于福克斯新闻频道的担忧是一场“道德恐慌”，就是说，产生的焦虑的象征性焦点的根源其实在别的地方。其一，尽管福克斯新闻（FOX News）迅速崛起，美国广播公司（ABC）、哥伦比亚广播公司（CBS）与全国广播公司（NBC）的受众规模在缩减，但后者在夜间新闻的受众数量上仍比福克斯新闻的受众数量多。这些广播公司并不像福克斯新闻那样，全天候地播放与新闻相关的节目。因此，我们很难知道如何对比24小时全天候的有线新闻频道和广播电视网之间的吸引力和影响力。

其二，尽管人们可以从线上获取想象中的观点（还有许多人们从没想过的观点），但大多数人上网获取新闻时，都会登录那些拥有良好的专业名声的主流新闻机构的网站。在2010年，人们访问最多的在线新闻网站依次是：雅虎（Yahoo）、美国有线电视新闻网（CNN）、谷歌（Google）、微软网络服务（MSN）、地方新闻网站、福克斯（FOX）、美国在线（AOL）、微软全国广播公司（MSNBC）、纽约时报网站和网络服务提供商。[42]福克斯在线上非常突出，但绝不是压倒性的。人们看似追求更新和更快速的新闻，而非意识形态的强化，但是让人意外的是，他们最终的选择很普通。当美国人登录网站时，他们只会花大约一分钟的时间浏览一下头条新闻，但这至少暗示了，他们没有敞开自己来接收可能使自己区别于邻居的“灌输”。

106 将观察变化的学术行为与道德家的记录行为区分开来，是较为困难的。后一种活动主导着许多媒介研究。社会学帮助我们确认，在我们的时代，新闻报道的一个重大变化是报道更具批判性，而非恭恭敬敬的专业主义。从1970年开始，这个趋势在美国及世界的其他地方发展得更为迅猛了。我们因此会变得更糟糕吗？在这个问题上，还没达成共识。在过去几十年间不断强化的另一个变化是，新闻变得更加以受众为中心。批评家将这一变化视作基于商业动机的堕落，然而这仅仅评价了其中一部分。新闻变得更为深入、更具调查性、更少恭敬姿态、更具批判性、更应和了女性和少数族群的兴趣，并将关注重心从政治和经济移至科学、医疗、教育、家庭、性别、宗教和曾被主流媒体忽略的其他话题上。这些变化使我们变得更糟糕吗？20 世纪 50 年代和 60 年代被视为神圣的新闻业，难道不是正如《华盛顿邮报》社论版的资深编辑梅格·格林菲尔德所说的“是轻信的、顺从的”吗？[43]

到现在为止，我还很少论述互联网的内容。互联网瓦解了广告支撑新闻媒介运作的标准商业模式，导致了在新闻生产的几乎每个时期里都出现的文化危机。这促使我们重新思考：新闻业是什么？它意味着什么？记者是谁？新闻是什么？编辑是谁？在编辑什么？报道、聚合、评论之间有什么区别？直截了当、讽刺挖苦、尖锐刻薄之间有什么区别？随着数字革命形塑了新闻的制作与接收（还模糊了这两者间的界限），所有这些问题都还有待讨论，我们将在第十二章继续探讨。

第二部分

新闻制作的构成

第六章　新闻的市场

我们来考虑一下下面的难题：在什么情况下，一份营利的报纸只想要 109
较少的读者？回答是：它失去的读者的平均收入比它维系的读者的平均收入更少时。报纸的大部分收入——通常在 80%左右——不是来自订阅，而是来自广告。广告商被报纸受众的质量吸引，而非仅仅为发行的数量所吸引。“质量”意味着“财富”，拥有较高平均收入读者群的报纸，对上层的广告商更有吸引力。

因此，在 20 世纪 80 年代初，当低文化层次的《纽约每日新闻》为生存而挣扎时，高文化层次的《纽约时报》非常希望它能存活。如果《纽约每日新闻》垮台，它的一些读者肯定会转而阅读《纽约时报》，但在多数情况下，他们比《纽约时报》的传统读者收入低，也很少具备《纽约时报》所需的“人口学特征”。这将流失《纽约时报》的上层读者，并使广告商的效益下滑。广告商会发现，他们付了钱，广告却没有送达他们想要的读者。一些广告商精英会开始忧虑“广告环境”。高档的博威特连锁店
在促销时表达了这样的关切：如果《纽约每日新闻》的读者开始转而阅读 110
《纽约时报》，那么，博威特的广告可能与折扣零售商和砍价的广告紧挨着登载在《纽约时报》上。[1]

《纽约每日新闻》熬过了它的危机，并出版至今。但这个故事解释了

美国报纸在过去半个世纪里发生的事情。当《费城问询者报》在 20 世纪 80 年代和 90 年代不断失去读者时，广告商并没有抱怨，因为剩下的读者的“人口学特征”比以前更好：富裕的近郊读者在增加，贫困区的读者在疏离。许多新闻业内外的观察者都同意，新闻报道形成这样的趋向：关于“福利发放被延误”的报道少了，关于“哪里有最好的卡布奇诺咖啡”的报道多了。[2]

营利动机是商业报刊的核心，它以不可思议的方式在运作。并且，金钱并不是新式商业的唯一动机，这在那些相信金钱能使世界运转的人听来，可能觉得奇怪。尤金·迈耶是《华盛顿邮报》的资深出版人，在他掌控报纸所有权的前 20 年里，报纸每年亏损 100 万美元，甚至更多。在迈耶成长的时代，许多出版人之所以争取报纸所有权，仍是为了利用报纸的政治平台，而非为了赚钱。迈耶不需要用《华盛顿邮报》来赚钱，因为他已经有钱了。他通过运作报纸来发言。近年来，这种动机越来越罕见，但它绝对没有过时。营利动机是商业报纸的核心，但这不意味着市场逻辑支配着新闻的输出。[3]

我们怎样理解这种复杂性？我们能够承认营利的重要性和营利的动机
111 吗？这种追求与新闻机构的其他要求相互冲突吗？追逐利益需要采取各种策略和途径，这与好的新闻业能够兼容吗？营利在今天比半个世纪前更重要了，它有没有可能不成为新闻机构唯一的上帝？

在新闻研究中，探寻这样的问题是困难的，因为意识形态使问题变得如此富有争议。一个阵营的人将所有支持媒体资本所有权的观点都视为向贪婪饥渴的所有者投降，他们认为那些所有者为了牟利将以各种方式售卖新闻。另一个阵营的人将反对私人所有权的观点等同于邀请政府控制及审查，认为这终将导致美国人自由的衰落。我将在随后的章节中再次强调，这两种观点都没有考虑到私人所有权的诸多方面，或民主政府介入媒体导致的许多变化。这两种观点都没有认识到新闻机构有多么复杂，以及媒介除营利动机之外还受到多少约束。因此，这两种观点都不可靠，或者说都没有阐释明白。它们都回避了经济如何影响新闻判断、影响程度如何以及需要何种条件等核心问题。我们有理由担心，国家和市场都威胁到新闻自由，但这不意味着资本主义必然成为言论自由的敌人。如果我们要理解新闻媒体，那么，我们应该做的是检视各种新闻机构将编辑决策与商业压力分离的方式。我们可以观察经济约束的不同来源（例如，广告商的需求、受众的需求和投资者的需求之间的差异）及各种后果。我们可以探究不同的媒体如何在新闻判断和资产平衡表之间明确定位。 112

市场审查的议题比国家审查的议题更紧急，其理由在于：使新闻判断免受商业考虑影响的保护措施正越来越少。在美国，特别是在实力雄厚、雄心勃勃并且财务管理良好的媒介组织，商业部门具有不干涉新闻编辑部的传统。社会学家赫伯特·甘斯在20世纪70年代对《时代》周刊、《新闻周刊》和CBS与NBC广播电视网的新闻进行了研究，他发现新闻记者并没有选择新闻以吸引能从中获取利润的受众的压力："在我研究的新闻媒体当中……编辑部门和商业部门相互独立运作。"[4]商业部门有时希望影响新闻决策，但其一般无力这么做。

在甘斯这项研究之后的年代里，家族所有权越来越多地让位于公开交易的公司所有权；相应地，更多的报纸由较少或没有新闻业经验的经理人所管理。记者戴维·哈伯斯坦观察到："所有权的一代已被管理层的一代所取代。"[5]所有权未必决定新闻控制；事实上，在许多公有的报业公司里，股份由两家或者更多的部门来发行，拥有最多投票权的股份受到报纸创办家族的约束。由普通股民选举产生的主管的数量通常受到限制，因而家族成员持有多数投票权。在一定程度上，公有的新闻机构与华尔街投资商所关注的盈亏线脱钩。即便如此，这些家族主管与其他公司主管一样要听命于华尔街，并受华尔街分析师和投资商的影响。[6] 113

伴随着家族所有权转向公开交易公司，地方所有权也向连锁所有权或团体所有权转变。这个趋势可追溯到20世纪初，但近几十年呈加速态势。少数大公司拥有数百家全国发行的报纸。过去的十年对许多新闻机构而言都是面临严重经济危机的一段时期，即使是一些规模巨大、实力强大的媒体巨头也都消失了，大鱼被鲸鱼吞噬了。在2007年，由澳大利亚传媒大亨鲁伯特·默多克（由于美国对电视台持有者身份的法律要求，默多克在1985年加入美国国籍）运营的新闻集团买下了道琼斯公司，同时成了《华尔街日报》和其他小规模报纸的所有者。另外，新闻集团旗下还拥有《纽约邮报》，以及更重要的，由福克斯电视台在1996年建立的福克斯新闻频道。2007年，芝加哥论坛报业公司吞并了美国时代明镜公司——《洛杉矶时报》《新闻日报》《巴尔的摩太阳报》《哈特福德新闻报》和其他报纸的发行者。芝加哥论坛报业公司随后很快被商人山姆·泽尔买下，并于2008年宣告破产（报纸还继续在运营）。麦克莱奇公司收购了里德公司，承接了其在全国报纸市场中4%的份额。这一份额与芝加哥论坛报业公司所占的比重相似，仅仅比甘尼特公司9%的份额低一点（根据2007年的数据）。[7]

114 相比于其他许多产业，报纸产业还算不上高度集中化。报纸显然不仅与其他报纸竞争，还要与电视、广播和网络上的新闻来源竞争。因此，新闻媒体所有权集中的长期影响还不是很清晰，这并不让人震惊。尽管从表面看来，接收十来家公司操控的大量信息确实比较麻烦。另外，如媒介学者戴维·蒂莫斯发现的那样，相比于独立所有权，对于连锁所有权下新闻内容的影响的研究还不是很确切。[8]或者说，如法学教授埃德温·贝克指出的那样，“如此不冷不热，既不能推动任何对于连锁所有权的强力批评，又无法推动任何重大的政策介入”[9]。相比于独立报纸，连锁所有权设定了逐利的僵化机制，新闻产品受到了严重的损害。但同时，连锁所有权为报纸提供了更好的人力物力；保护报纸免受来自地方政治、商业和广告商的压力；维持重要的资本增长。[10]

也许比报业的全国性集中更为重要的，是地方报纸垄断权的出现。在1920年，570个美国城市——占全国城市数量的45%——拥有两家或更多的报纸。到1960年，这样的城市缩减到239个（占全国的16%）；到2000年，这样的城市仅仅只有4/9（占全国的3%）了。随着互联网日益提供新的广告竞争形式，以及新的吸引读者的竞争形式和机会，在绝大多数的人口中心，许多日报成了当地的垄断者。[11]媒介的公司化也使非新闻业出身的商业经理被聘用。1995年，马克·威尔斯成为当时《洛杉矶时报》的母
115 公司时代明镜公司的总裁，而他此前的商业经验只是在包装食品领域。威尔斯公然推倒了商业与新闻之间的“防火墙”——“如果必要的话，用一支火箭炮来打倒它”[12]。作为最有名的总裁，他赞同当时已经普遍化的一个趋势：编辑与广告发行主任一起谋划市场策略和发展项目，乃至进行全盘的安排，这么做是为了挖掘它们的经济潜力，而非新闻价值。

新闻从业者忧虑地观察着威尔斯的举动，思量着他们珍视的“防火墙”将发生什么。1999年，他们看到结果了。《洛杉矶时报》制作了一个特刊，庆祝一个商业区的体育场所斯台普斯中心开张。它表面上是新闻，实际上是斯台普斯公司付费的广告增刊。[13]这种管理腐化的现象令人感到不安，因为这关系到新闻业的职业价值观。同时，人们对斯台普斯增刊的回应表明，尊重新闻价值、认为新闻价值高于商业价值的人是不会视而不见的。抗议是猛烈的。管理层陷入深深的困窘之中，遭到新闻从业者愤怒的抗议，抗议者包括《洛杉矶时报》新闻编辑室里的许多人，还有更广大的公众。这个事件没过多久，钱德勒家族将报纸卖给另一家媒介公司——芝加哥论坛报业公司。

这个事件表明，新闻从业者要按照自己的最佳判断制作新闻，而这个要求显然会受到商业动机的干扰。当然，商业并不总是胜利的，但只要新闻从业者在报道新闻，他们就要考虑媒介机构的权力范围。新闻从业者始终警觉地保护这种权力，不然，他们会在恐惧中失去这种权力。媒介批评 116
家斯蒂文·布瑞尔曾问CBS晚间新闻主播丹·拉瑟：为什么1998年7月辛普森在加利福尼亚州布伦特伍德的家被毁坏的报道时间，长于中国特大洪灾的报道时间？拉瑟回应道：“忧虑。强烈的忧虑感正在全国每个新闻编辑室里徘徊。我们普遍担心——如果我们报道了中国的洪灾，我们反而会失去更多的读者、听众和观众。”[14]经济利益确实是重要的——但如果仅仅根据利益来行事，这将摧毁新闻从业者的精神，这种精神的力量比利益的驱动力更大。新闻的精神力量偶尔会获胜，这不是因为美德战胜了贪婪，而是新闻从业者建立了一种新闻编辑室的文化，以及整个机构的运作离不开新闻编辑室。

如果说新闻从业者站在抵御商业化的第一线，受众的监督则是第二条防线。曾经有人质疑，为什么《时代》周刊封面有那么多好莱坞的明星？或许事实并非如此。人们在报摊上买一期杂志是因为它的封面内容，但新闻杂志95%的读者采用订阅的方式。商业部门之所以采用报摊的形式进行销售，是因为每份报刊可产生更多的利润，但新闻部门很少考虑这一点。报摊的创历史纪录的销售来自水门事件和有关性的报道，但有关性的封面平时很少被采用。2000年，政治话题占据了20期《时代》周刊的封面，科学和医疗话题有 4 期，社会问题和社会趋势的话题有 11 期，技术和媒体的话题有 5 期。在那年总共出版的 52 期周刊中，只有 6 期聚焦于娱乐和体
117 育人物或相关话题。《时代》的封面与 40 年前没有太大的变化。从 1960 年到 2000 年，非政治议题并没有增加，而外交话题发生了变化，这可能与冷战结束后人们的期望有关。[15]

由于多数报纸读者是订户，所以报纸发行量每天波动并不大，并且大多数新闻决策并不会以这样或那样的方式影响发行。当然，在一家报纸独大的垄断市场尤其如此，这就是今天多数美国城市的状况。读者可以从报纸转换到广播或电视，但多数人不会为了表达对某家报纸的不满，而改为阅读另一些与之竞争的报纸。在世界上许多地方，同一个城市或地区有数家报纸，而读者通常只忠诚于一家报纸，因为它有独特的政治倾向。尽管一个生活在伦敦、巴黎或东京的人，可以选择摒弃某家报纸而去买另一家报纸，但是，政治倾向性决定了报纸与报纸之间并非可以完全相互替代。

读者的忠诚给报纸带来巨大的好处。它意味着，即使多数新闻从业者以为某些新闻重要，读者却不那么感兴趣，新闻从业者的选择也不会导致读者取消订阅。通过这种方式，读者的相对惰性成为新闻从业者的一份巨大的资产。事实上，与它提供了过多或过少的外事报道，或对总统活动的报道太有批判性或太过顺从相比，一家报纸停刊了最受欢迎的漫画，更有可能招来读者的反叛、抗议或取消订阅。读者通过各种方式与一家报纸捆
118 绑起来——超市的优惠券、分类广告、纵横填字谜、体育，或婚礼公告。这些栏目给读者提供的切实的愉悦越多，新闻栏目迎合读者兴致的苦恼就越少。

然而，这个逻辑对于电视并不那么有效。电视不具有杂志或报纸那样与受众具有长期合约（订阅）的优势。因此，电视新闻不得不以其他方式赢得忠诚。电视新闻提供的暗含长期合约的最佳方案是，鼓励观众建立一种对新闻主播的情感归属。这种归属感使观众维系于某家电视台，而非另一家电视台；这种归属感也在公共危机或危险的时刻赋予电视新闻主播一种特殊的权力和责任：受众信任主播，不仅仅因为他专业，更是因为人们感觉自己已经认识他了。

广告商的压力是另一个潜在约束新闻判断的来源。在 2001 年对 118 名

电视新闻编导的调查中，53%的人承认广告商强迫他们进行正面报道或撤掉负面报道。[16]其他调查的证据也表明，广告商经常成功地直接影响新闻，尽管一些新闻编导坚称，他们没有屈服于广告商的压力；即使广告商以撤出赞助为威胁，管理层仍支持一个坚守原则的新闻部。[17]

这里就有一个悖论：利益诉求使新闻操作易受广告商的影响，但媒体营利能力越强，就越能抵抗这种商业压力。如果商业新闻机构不能赢利， 119
它们将倒闭，或在一个难以获得资金支持新闻采写的情形下蹒跚而行。在广告商或其他强大的地方利益面前，财源有限的小型电视台或报纸显得倍加脆弱。这样的电视台或报纸会回避可能引起诽谤起诉或其他法律行动的新闻报道，因为它无力聘请律师。那么，利益不仅是新闻机构腐败的一个潜在来源，而且也是新闻机构用来抵制腐败的一种潜在力量。

一方面，在独立而自由的调查传统的名义下，新闻从业者从道义上具有抵抗公司主管的力量；另一方面，新闻机构可以巩固它们与受众的长期联系，如果财政充足的话，新闻媒体可以不理会想要干涉的广告商。新闻媒体还有使自身免受市场审查的第四种途径：它们可以教导受众从可靠的深度新闻报道、分析和评论中得到好处和乐趣。这是最漫长、最缓慢却最持久的抵御商业诱惑的策略。这种观念暗示新闻从业者对受众采取一种精英式的态度："我们知道什么对你是最好的。"然而，有时候，受众会反过来教导新闻从业者，即要求新闻从业者保持对一群变动的受众和一个变动的社会世界的接触，无论如何，这对于好的报道来说是必要的。

这些使新闻免受商业压力的策略都不能完全奏效。私有媒体追逐利益，并且精打细算。即便冒着新闻质量受影响的风险，它们还是会尽力地降低成本。它们会缩减编辑人员的规模，或关闭海外办事处。它们很不情愿地派一位记者进行调查性报道，因为这要耗去数周或数月的时间。一位电视主管承认，地方电视新闻更关注犯罪话题的原因在于，犯罪新闻是 120
"电视新闻报道中最简单、最快捷、最廉价、最有效的"[18]。几乎每次派出记者做犯罪报道，新闻主管都可以确信它将变成一则广播电视新闻；"委派任务与传回报道之间的比率是一比一"。警方将划出犯罪的现场，因此记者会有机会获得好的影像。NBC新闻总裁劳伦斯·格罗斯曼看不起地方电视新闻，他写道："记者到达犯罪现场，风吹过你的头发，其他事情都会自行解决。”[19]

资本家的所有权在更大程度上限制着新闻。出版人爱德华·W. 斯克里普斯敏锐地观察到，资产所有者并没有被利益驱动严重腐蚀，但财富将一个人与其他人隔离开来，这种隔离的腐蚀更为厉害。“这种隔离导致人类的同情心不断地缩减。”[20]富人的人格被财富修饰，以至于富人不能亲近差异太大的穷人。一位资本家与其他资本家联合起来，并且他或她发现这种联合是人类的本能。“资产阶级迅速地集结起来，并固化为一种社会地位；已成为资本家的新闻从业者不可避免地疏远了更广大的社群。”

20 世纪初，斯克里普斯在出版面向工人阶层读者的廉价报纸时认识到，读者为报纸写作和编辑所支付的费用甚至不及新闻纸本身的成本。正如早先所指出的，报纸生产的多数费用是由广告商支付的。斯克里普斯就
121 此推论：你不能不劳而获。“报纸读者要雇用属于自己的新闻服务者，并且不接受资产阶级与广告商的赞助，这样才能确保一份对他们来说可靠和友好的报纸。”[21]那是一种解决办法：因为利益对资本主义的媒体运营至关重要——他们当然要这么做。美国有一段漫长的激进新闻业的历史，包括社会主义者的日报和周报，更不用说数以百计的少数族群出版物——它们很少批评资本主义，但肯定挑战了大多数新闻媒体以为理所当然的主流价值观。互联网使持不同政见的新闻业存在的可能性空前提高，但这些异见不一定有受众。有一些媒体得到捐助，而非广告（多数时政杂志如《国家》《新共和》和《国家评论》都是如此），从而摆脱了市场的约束。这其中有一些非常重要的表达渠道，但最终它们还是在走进主流，而没有走出新路。

一些学者认为，公司所有权与商业组织好像必然连累公共传播的民主承诺，但从全球来看，最糟糕的方案是商业组织的缺席或完全被国家主宰。在拉丁美洲，政府部门从国家控制的媒体那里获得的好处比从公众那里获得的好处更多；在近年来拉美大陆的民主化浪潮中，政策制定者“介于威权与民主政体之间，对大众媒体实施强大的控制、审查和操纵，这种国家主义模式深受质疑”[22]。韩国自 1987 年开始政治民主化以来，其新闻业比 20 世纪 80 年代初军人政权下的状况更为自由。在军人政权时期，700
122 名反政府的新闻从业者被开除，安全机构不断地监视媒体，文化部可以任

意取消出版物的注册，并经常发布记者应当如何报道新闻事件的专门方针。[23]尽管在韩国新的媒介体制中，过往的文化期待还是根深蒂固，比如由右翼的家族和企业运营的报纸与政治权势和国家官僚主义紧密结盟，报纸最终成为保守体制的一部分。[24]

在美国，与国家控制相比，市场约束会给多样的公共表达和辩论造成 123
更大的威胁。我们会震惊地发现，主流报刊或广播电视是激进思想的温床。在所有政治与经济体制中，新闻都“符合”并“强化”了“政治精英对政治形势的定义”。[25]这个普遍化的命题似乎是不可验证的。研究言论自由的最大兴趣在于：发现普遍化命题的限度，并具体说明怎样的媒体结构和文化特征容许新闻向持不同政见者开放并展开真诚的辩论。

在任何社会和任何时候，批评或激进的思想都是少数。谁会想到那些 124
体制内的媒体会扮演这样的角色？然而，这样的事情确实发生了。例如，为什么 2000 年休斯敦的一家地方电视台揭露出交通事故背后的异常数字(后来发现事故原因是福特“探险者”汽车所有者使用的火石牌和桥石牌轮胎具有缺陷)？为什么没有相应的政府机构进行管制，没有大学或激进学者提出批评，也没有美国公共广播公司（PBS）出面表态？如果介入的新闻机构是《纽约时报》或《华尔街日报》，人们或许可以做出解释——新闻业精英要维持其严肃报道的名誉，从而获取既得利益。但最终进行报道的是一家地方电视台，它们的新闻平时是否被媒介学者普遍轻视了？可见，尽管一般认为新闻受到市场的压力，这个领域还是会发生出人意料的事情。[26]

“谁做出功劳，功劳就记在谁的名下。”从长远来看，新闻媒体的商业化有助于庇护新闻生产，使其免受政府控制，并将其从政党支配下解放出来。正是新闻的商品化，鼓励新闻从业者发展专业主义。当新闻作为商品出售时，它脱离了国家宣传和政党纲领，并且新闻从业者可在新闻机构执行新闻采写的专业标准。利益因素甚至比政党的政治权力更为有效。它可以将报纸推向广大的公众，并使新闻写作激起广泛的民主诉求，而非仅仅
代表精英主义者的诉求。从这一点来看，我们就有理由支持商业媒体。在 125
历史上，商业力量曾鼓励了好新闻（即大众化和批判性的新闻业），即使它们本来没有这样的意图。在 19 世纪，取悦受众的商业驱动力有助于新闻

与广大民众建立联系，并使它摆脱了那种只为政治圈内人代言的官腔。

营利动机是塑造美国新闻的重头戏，并且是世界各地新闻数量增长的一个主要因素。但营利并不是唯一的重要原因，也不是决定性的原因。经济逻辑并没有带来新闻组织内部和外部政治、文化环境的自主变化。并且，美元的作用被隐约放大了。由市场驱动的媒体潜藏着巨大的危险。菲律宾的一位新闻从业者曾经暗示："国家的暴政可能比市场的暴政更好。作为新闻从业者，我们知道如何应对国家——颠覆它。但是，你知道怎么应对市场吗？"[27]

你将如何应对市场？你可以跟随着一些人的指引，倡导新闻的价值观，反对公司经营对新闻的侵犯；建立正规的经济结构，降低对华尔街的依赖；赢得广大受众的忠诚，即使偶尔让部分受众感到无聊或被冒犯，却不至于流失受众。你开始获得充足的利润，并且营利来源充分多样化的程度足以抵御来自任何特殊的广告商或广告商团体的压力。你以出色的报道教导公众认识新闻业的价值，并允许公众反过来教导和改变你自己。这些策略单独或结合来实施，都不会终结美元对新闻的威胁，但近年的证据已表明，它们有助于抑制这种威胁。

126 在21世纪的第一个十年，美国的新闻机构非常赚钱。然而，如本书第十二章将要讨论的，在这一时期，广告市场发生剧变，让媒体尤其是报纸变得步履蹒跚。个别报纸关停了，主要报纸对它们的编辑部进行裁员，其中一些报纸裁员的比重达到50%，甚至更多。由于旧有的将受众卖给广告商的模式彻底被摧毁了，新闻产业正在探索一个全新的商业模式。至于原因，毋庸讳言，是互联网上出现了直接面向消费者的广告投放，以及像易趣、克雷格网站这样仅仅存在于线上的商务，数以百万的人发现，比起地方报纸上分类的广告栏，克雷格网站便捷并有效多了。

第七章　新闻的来源

信源是媒体权力的秘密。这种权力大多不是由新闻机构本身来运作 127
的，而是由信源来操作的。政治学家里昂·西格尔指出："新闻不是发生的事情，而是某人认为已发生或将发生的事情。"[1]我们要理解新闻，就必须理解"某人"是谁、信源是谁，以及新闻从业者如何应对他们。"新闻是新闻从业者和信源之间交换的产物。"加拿大的一项重要新闻研究的作者们写道。"新闻呈现了谁是被授权的认识者，以及什么是经授权版本的现实。"[2]

多数被授权的认识者是政府官员。新闻机构受到有限的时间和金钱的约束，并且这两方面都被新闻产品每天的截稿期限控制着——这来自每天都需要发布新闻产品以及频繁在线更新的要求。新闻出版的周期意味着新闻机构对于触手可及的、可靠的信息流的渴望。相应地，政府机构和政治家也渴望满足新闻机构的需求。他们经常以一种易于媒体消化的方式来生产信息。巴西的一位编辑评论道："我们都受到专业的教导，根据那些观
点，政府是信息的主要来源，它发生的每件事情都有重要性……这是最低 128
限度的新闻法则。以政府为基础的新闻实践，比以社会为重点的新闻实践更快捷和更容易。"[3]一些媒介研究认为，新闻生产的起点是新闻编辑室而非权力的殿堂，这种看法被批评为"过于以媒介为中心"，并且确实如

此。[4]完整地观察一则新闻故事的发展的研究非常少——这样的研究要以新闻来源（而非新闻记者）为起点。

政府信源不仅满足媒体的饥渴，还影响了学院或大学的信息传播。学院或大学坚持认为：管理机构的公共信息办公室特别努力地呈现负面新闻（剽窃丑闻、科学实验室里有毒废弃物的处理问题、校园强奸或谋杀）中最好的一面。它们也给新闻媒体提供正面的新闻稿（一位教员获得诺贝尔奖、大一新生班的测试分数高于往年、女子排球队参加全国锦标赛）。当好事情发生时，大学为了自己的利益而挂上它的名字。大学不是象牙塔，它们必须在意见市场上展开竞争，从而吸引学生就读，使有天赋的教员得到满足，留下有可能跳槽的优秀员工；还要赢得慈善家的赞助，给赞助研究的基金会和政府办公处的主管留下好印象，甚至取悦那些决定课题分配
129 的市政官员。对于这些努力，新闻的作用很重要，这些信息有利于社区的运作。同样地，私营公司、医院、专业协会（如美国社会学协会）、志愿者协会和其他组织，都在寻求一种令人称道的公众形象。政府的公关单位、大公司和主要的非营利组织通常都配备了具有新闻专业经验的职员。

各种类型的组织试图通过公共信息部门以及与记者、编辑的良好关系，维护组织的媒体形象。尽管如此，政府还是占据了主导地位。这不仅指美国的联邦、州和地方的政府，一些外国政府也聘请发言人和借助公关公司在美国新闻媒体上塑造自己国家的形象。赫尔曼·科恩是美国国务院的一位资深官员，曾任驻塞内加尔和冈比亚的大使以及负责非洲事务的国务秘书。离开政府部门后，他开展了一项业务：将各种客户（包括一些非洲国家的客户）介绍给美国国会和美国公众。他的客户来自加蓬、突尼斯、科特迪瓦、莫桑比克和利比里亚。还有一些华盛顿州的人士将游说和公关结合起来，他们曾为一些独裁者做代理，如伊拉克的萨达姆·侯赛因和尼古拉·齐奥塞斯库。只要有钱，不论多么暴虐的人，都可以买通华盛顿的公关。[5]

在政府信源中，常规的信源最重要。媒体的多数新闻是政府策划的常规性预定事件，如新闻稿、公共演讲、立法听证会或商讨会、记者招待
130 会、新闻背景吹风会。“你的时间总被总统新闻发布、竞选、高峰会议等大量预期的信息占满，”20 世纪 70 年代《洛杉矶时报》华盛顿办事处主管

罗伯特·多诺万说道，“几乎总是有事情在发生，它们剥夺了深入挖掘新闻的时间。”[6]在20世纪50年代和60年代，《纽约时报》和《华盛顿邮报》上几乎60%的对外新闻和全国新闻完全依赖政府主导的活动。只有26%的内容富有“进取心”——记者主动进行采访或搜寻信息，而非等它自动上门。[7]

对此，我们丝毫不用觉得奇怪或震惊。事实上，这直接遵循了媒体每日工作的组织方式。记者沿着特定的“路线”——最高法院、白宫或警察局——他们在这些线上与信源保持经常的电话联系或面对面的联系。他们维系的信源的级别越高越好，因为他们要的是能完全合法地为机构代言的信源。记者们可能从某个市长的打字员那里知道的东西比从新闻秘书那里得到的东西还要多，但打字员不能代替市长说话，而新闻秘书却可以。记者们不仅需要采访信源，而且需要权威的信源。

当然，这种需要赋予高层政府官员极大的权力。接近高层政府官员是一种稀缺资源，并且高层政府官员通过允许或拒绝新闻记者的接近，对新闻记者形成了控制。高层政府官员对主要新闻媒体记者的偏爱，甚于不那么出名或不大容易预料的出版物的记者。由此，他们帮助体制内的主要机构维持新闻采集的优势，并巩固了新闻从业者的等级差异。[8]事实上，加 131
拿大学者理查德·埃里克松、帕特丽夏·巴拉内克和珍妮·陈甚至说过，信源“像‘记者’一样发挥作用”，信源在他们的机构内做一切必要的工作，为媒介机构提供可资利用的新闻素材。“然后，新闻机构的记者像‘编辑’一样发挥作用，决定这些素材的哪些方面与其他信源提供的素材（出于新闻话语的目的，它们已被裁剪过）一起被采用。”[9]在讨论信源与新闻机构的社会角色时，这是一种非常规的表述方式，但很有意义。信源努力使他们的“爆料”尽可能地像新闻。他们必须像记者那样思考，因此，正如我先前暗示过的，不难发现，他们是泛新闻工作者。

在一些国家，记者和官员之间的关系甚至更为常规化。最著名的例子是日本的记者俱乐部。这些记者俱乐部可以追溯到20世纪初，它们由新闻机构来维持，并赋予其成员资格。它们是来自不同媒体的记者组成的正式协会，这些媒体被分派到一个特定的部门，并被特许接近部长和其他高层官员——但被高度控制。由于许多俱乐部与政府机构相联系，新闻往往采用官方模式。俱乐部记者的这种联系，使日常的各个新闻版面产生了雷同；记者们患上一种恐惧症，生怕自己写的内容与其他记者写的东西不同。[10]

另一个极端是荷兰的涉外记者："他们不像美国记者那样去敲外交部
132 的门。他们的大部分工作是在家阅读和思考，或给他们认识的官员打电话，灵感来了就写作，没有灵感就不写。由于他们的产出是个人化的，因此显然是主观的，他们缺乏竞争精神的基础；而正是这种竞争精神驱动着美国对外新闻，并产生了何为'新闻'的一致判断。"[11]事实上，那些美国通讯记者的独立性是如此惊人，以至于他们一般互不相识，并普遍忽视或漠视名义上的同行的工作风格。

在美国，像日本记者俱乐部那样的新闻团体的发展趋势被贴上了嘲讽性的"包裹新闻"的标签：那里的记者遵循相同的路线或报道相同的故事，或倾向于强调相同的角度，并采取相同的观点。当新闻从业者做白宫报道或总统报道时，在文字上拉帮结派，"包裹新闻"便产生了。在这些情形中，一个单一而重要的信源将新闻界捆到一起，并要求他们不断给予关注。这个特殊的事实产生了一种新的关系——不是记者与信源的关系，而是记者与记者团体中其他人的关系。记者们结交的团体成为一组伙伴，甚至成为同志，他们一起分享一种持久而强烈的情感体验。西奥多·泰迪·怀特在一本关于 1960 年总统竞选的开创性的书中，对此进行了很好的描述："这群追踪候选人的通讯记者的谈话不是简单的闲话；闲话只是其表面形式。它是一种共识——这是整星期都在路上的疲惫男人从情感出发做出的判断，这里结成的兄弟之情，只有他们自己能理解。这种同行的情谊
133 影响到他们的写作，并增添其色彩；这种情感高于个人抵制成见的意志，或个人对事实的敬畏之心。因为如今他们已经只信任彼此了。"[12]

对政府官员的依赖，不能保证获取令人赞许的新闻。社会学家西尔维奥·魏斯波德写道："官方承认错误是官方新闻的另一种形式，由此，错误以另一种形式变成了新闻记者探究的主题。"[13]不经政府合作而揭露政府的丑闻是困难的。记者们可能获得政府失误的谣言、线索、漏洞或近乎确凿的消息，但若没有一个身居高位的人物在报道中现身确认，记者按其常规，是不能刊登这条新闻的。政府官员出于各种原因而与新闻界合作，而

且不总是为了政府的利益。政府官员可能向媒体泄露一点政府管理的信息，但也可能通过传达令人尴尬的信息，来试图削弱政府里的竞争对手。他们对媒体的运用，可能不是为了与公众交流，而是为了与一个资深官员交流；或者当直接接近总统过于困难时，他们通过媒体与总统的职员交流。[14]无论是哪种情况，信源都通过媒体得到自己的好处。在拉美新闻业，一个圈内人会运用媒体散布另一个圈内人的丑闻，这个做法甚至有了一个名称："告发"。从记者的角度来看，这是应急的做法；从信源的角度来看，这是一种腹语术，他们通过操纵新闻来获取利益。[15]

毫无疑问，媒体对政府官员的依赖是它招致亲政府或国家主义偏向的批评的一个重要原因。曾在越战期间担任《华盛顿邮报》社论版编辑的菲 134
利普·盖林写道："谈到让人敬畏的权力和责任，我们的新闻采编人员显然是圆滑的。"[16]他在越战期间观察到，媒体向公众提供的内容，"在很大程度上取决于公开的或预先安排的、完全受控的官方简报，这样，官方可以有意并且有效地影响公众"。他认为："坦率地说，在越战期间，媒体从政府那里得到的东西就是垃圾。"

在美国新闻业中，操纵每天都在发生。一位记者参加了2000年在洛杉矶举行的民主党全国会议，同时应邀参加肯尼迪家族的一个私人聚会。在聚会上，她周围的人都是来自政界和好莱坞的名人。她发现，不被他们征服是困难的，这"太有诱惑了"。她回忆道："在现场的媒体和参加聚会的精英人士之间行走，真是太困难了。我边走边看，想着如何写作。同时，我一边喝酒，一边想成为一个圈内人。"[17]《芝加哥论坛报》华盛顿办事处的主管詹姆斯·沃伦把记者在闲谈中流露的微妙的腐化做派写了出来，这让记者同行很不高兴。他回忆道："起初，我写下他们在比尔·克林顿和希拉里·克林顿每年举办的圣诞晚会上对白宫职员的谄媚，记者们忠实地站在队列里，二三十分钟后才走到队列的前面，见到总统和第一夫人，然后转过身，让人拍下光彩夺目的照片；大约十天之后，照片送到他们家，最合适作镶嵌相框用。照相之后，他们在免费餐桌边，跟许多常规报道的对象闲聊。"[18]

当全国和国际政策制定带来的利益巨大，并且决策者在华盛顿身居高位时，接近权力的诱惑是非常大的。"许多记者在接近关键的政策制定者 135

后为之倾倒”，那些人给记者透露一点东西，便成就了他们的职业辉煌。[19]同样地，信源可以向某人封闭，当竞争对手得到自己没有的内部情报时，记者们的老板就会焦头烂额。

记者-信源关系的诱惑是真实存在的；面对诱惑，需要保护新闻工作的贞节，这个努力促成了精心制定的职业规范和伦理守则。这个守则主要集中于信源给予记者的礼物，通常是进餐和交通费用。一般的守则规定记者不能接受任何礼物。例如，在 ABC 电视集团，雇员不能接受信源提供的交通、饮食或其他安排，因为这些安排有意地让“客观的负有责任的新闻人”做出妥协或使记者的工作表面化。[20] ABC 也意识到其政策在一些特殊的情境中难以执行，如拒绝一顿工作餐，这是尴尬和愚蠢的，“但规则明言：不接受任何可能使 ABC 或个人的独立性和公正性做出妥协或让步的赞助”。在 ABC，伦理原则之外的常识是得到承认的。于是，情况变得更加复杂，由此产生的利益不是一顿晚餐或一对袖扣，而是大量的收入。例如，一些新闻从业者通过演讲获得大量收入。在 20 世纪 90 年代美国明星新闻从业者中，有偿讲座成为非常合算的时髦行为。当 ABC 新闻主播
136 特德·科佩尔的讲座费达到 50 000 美元时，他最终拒绝了有偿演讲。但其他人仍在大笔地捞钱。哪些人的有偿演讲是可接受的？一些新闻机构决定，如果新闻从业者为之演讲的机构不在记者专门报道的领域内，这是可以接受的。那么，《60 分钟》的莱斯莉·斯塔尔就可以在国会就医疗改革辩论期间为一家保险公司主持项目，并收取大量费用，因为她不是 CBS 里报道医疗的记者。ABC 的库奇·罗伯茨可以在美日贸易纷争期间为丰田汽车商做演讲，并收取 35 000 美元，尽管她从事贸易的时事报道，但不在汽车贸易的领域内。至 1995 年，三大电视网已经禁止这种活动，但许多新闻机构的新闻从业者仍然自由地为特殊利益团体做有偿演讲。[21]

一个特殊的案例发生在 2001 年，CBS 新闻主播丹·拉瑟在得克萨斯州奥斯汀市为民主党的筹资活动做演讲。邀请者是他的女儿，她是得克萨斯州的一位商业主管，活跃于民主党的政坛。据报道，拉瑟不知道这个事件是一起筹资活动，事后，他为此举而道歉：“在参加这个活动的决策上，我犯了尴尬而遗憾的错误。我承认这是一个严重的失误。”[22]拉瑟显然背离了 CBS 的伦理守则，但这是一次严重的违规事故吗？这是有争议的。曾任

《纽约时报》记者，现任哈佛大学琼·肖恩斯坦媒介、政治与公共政策研究中心主任的亚历克斯·琼斯认为，这只能给予“轻微的责备”，“他做这件事是为了他的女儿，为了她的方便……这是给她加油，我们需要认真对待的是其他值得担忧的事情”。[23]

在许多国家，付费是为了向新闻从业者购买影响力。一个著名的案例 137
是墨西哥新闻界的“付费新闻”体制。在墨西哥，政府和其他信源付费给刊登其信息的记者。这种做法已经制度化，以至于墨西哥报纸给记者们很低的薪水，而指望他们通过付费新闻为自己和报纸带来收入。事实上，一个记者自己具有从付费新闻获取收益的能力是晋升的主要依据；在政府机构，记者通常可以期待更多付费新闻的收入。[24]在世界各地，这种方式和其他方式的行贿被称为“红包新闻”。这是新兴民主国家的一个非常普遍的问题。

在美国，信源对记者施加的主要作用不是钱或变相的赞助，相反，它是一种取悦——一种新闻从业者觉得其他凡人没有的纯粹的愉悦。[25]这是
人类关系中一件重要的事情。新闻从业者操纵着信源，信源也操纵着新闻 138
从业者。记者J. 安东尼·卢卡斯评论道：“以我的经验，特别从长期来看，记者与信源的关系充满了合作与操纵，夹杂着感情与不信任，带着恳谈的渴望与逃避的渴望。”[26]在华盛顿、各州首府，甚至其他国家的首都，新闻业的精英和政界精英天然地纠缠在一起，麻烦之处不在于他们相互操纵，而是他们生活在同一个社会世界中。例如，在法国，《世界报》副主编托马斯·费伦齐抱怨新闻从业者和政客们——他们是左翼或右翼并不重要——属于同一个“微观世界”。“他们年轻时，上相同的学校，然后生活在相同的地区，去相同的假日休闲场所，如此等等。”费伦齐警告：“这里确实存在对民主的威胁——由于新闻从业者和政客们如此紧密地联系在一起，对于媒体应当报道哪些利益群体以及忽视哪些利益群体，记者和政客的眼光是狭隘的。”[27]

在1980年的一个著名案例中，专栏作家与电视评论员乔治·威尔帮助总统候选人罗纳德·里根准备与总统吉姆·卡特进行的电视辩论。[28]这次协助没有引起公众关注，直到三年后，《华尔街日报》发表了一个头版报道，题为《新闻人应当积极参与政党政治吗?》。一些新闻从业者斥责威

尔，《纽约每日新闻》在一段时间里撤销了他的专栏；另一些新闻从业者为他辩护。威尔当然为自己辩护：他承诺不会再做类似的事情，“因为它让如此多的人感到焦虑”。威尔仍作为专栏作家而写作，与一个普通的时
139 政记者相比，他得到了更多的特许。他很高兴有机会看到政治机器背后的情景。《华盛顿邮报》的理查德·哈伍德也为威尔辩护，他提醒读者们：“每个人都这样做。”他指出：“如果你在一间屋子里让华盛顿所有的时政记者坐下，然后告诉他们，那些从来没有给一个政客提过建议的人站起来，恐怕没有人胆敢站起来……在这个镇上抓一个抄写员，你就会发现他是一个竞选管理人员。对于候选人来说，最有诱惑和最不可抗拒的事情，就是向媒体求助——‘你认为我应该做什么’。”哈伍德在《华盛顿邮报》的同事戴维·布劳德恭维地回答了候选人的这个问题：很简单，“你想知道我怎么想？买份报纸吧。它只要花 25 美分。你还将看到所有的球赛比分和连环漫画——但候选人们不把我的建议当回事。这可是有价值的”[29]。

人们不断用新的语言来描述记者对信源的依赖。自第一次世界大战以来，人们批评政府处理媒体的方式是“通过媒体而统治”，但批评的语言发生了变化。20 世纪 50 年代人们批评的是“新闻管理”，特别是总统德怀特·艾森豪威尔得力的媒体顾问詹姆斯·哈格蒂精明的操纵。1968 年，作家乔·麦金尼斯的《总统的销售》对尼克松总统竞选时的图像管理进行了有力的分析。在 20 世纪 80 年代初，里根当选总统后，产生了“拍照时机”这个新词，即里根的工作人员会创造情境，让总统配合新闻摄影师为他拍摄。在 20 世纪 90 年代，“化妆”一语进入华盛顿新闻业（它的首次使用可
140 能是 20 世纪 70 年代后期）。[30]在 20 世纪 90 年代，人们在批评总统和总统候选人的建议者时，将这些人称为“媒体政治化妆师”。他们是一些竞选助手，可与电视及平面媒体采访者直接交谈，把当天的新闻“化妆”成一个赞许（或不那么损害）他们的候选人的导向。从最好的角度传递故事：在这个意义上，每个人都在化妆；从学生时期开始，一个学生会解释为什么他或她的家庭作业晚交。“化妆”一语被发明后，历史学者罗伯特·达恩顿反思自己作为《纽约时报》记者的经验。达恩顿写下政府发言人和公关人员是如何试图影响记者报道的角度和口吻的。他强调，“（他们之间）长期接触形成熟悉的友善”，这比直接操纵起到了更好的作用。“在同一领

域内工作大约一年之后，记者们不知不觉地倾向于采纳他们所报道的人的观点。"[31]不过，在今天，"化妆"似乎比过去更常见了。无论如何，竞选期间的传播有更集中的策划，并且更依赖于职业专家。德国学者弗兰克·埃塞尔和他的同事写道："因此，选举越来越成为媒介的事务，而非政党的事务。"[32]在美国和英国，这个判断尤其正确，"媒体政治化妆师"一语在美国诞生后几年也抵达了英国。在德国，尽管竞选正变得更专业，但是国家对竞选的管理还没有成为媒体研究的课题，而在英国和美国，相关研究已经展开了。[33]

自白宫以下，"化妆"变得越来越精心，它要经过更加小心的密谋和检测。这个过程有更粗俗的名字，时政专栏作家戴维·布劳德称其为"白宫的宣传机器"[34]。媒介批评家汤姆·罗森斯蒂尔和比尔·科瓦奇甚至更 141
直白地说：当新闻同行接受"化妆"时，他们只是将撒谎合法化。[35]当然，随着政客们变得越来越专业，新闻从业者也变得更具抵抗能力，并至少能够扭转和改变最明显的操纵。富有经验的全国性媒体比地方媒体更能做出抵抗。因为后者易被全国的政客们的关注和奉承冲昏头脑，一般缺乏挑战政客的技巧。

实际上，"化妆"正是美国另一种泛新闻工作者——发明于20世纪初的现代公关业——特别擅长的工作。近来，职业化的公关在世界各地快速成长。在英国，公关业在20世纪80年代和90年代急遽扩张，它使全国的政府与公司部门在控制媒体方面的不均衡程度加强，因为正是这些机构拥有最多的公关资源。英国超过90%的公关职业人士为政府或商业服务，只有9%为非营利组织服务。[36]即便如此，公关作为一种机构，并不必然地支持当权者。具有适度资源的组织已经成功地通过公关和信息传播，给当权者制造了麻烦。体制内的机构在控制公关资源方面占据优势，但公关与其他形式的公共传播相比，对资本的依赖相对较少。例如，英国的新闻路线仍以政府与媒体的联系为主，因此，公关是资源贫乏的非政府组织用以获取媒体关注的少数资源之一。[37]

不管是全国层次还是地方层次的研究，实质上都得出同样的结论：新 142
闻业日复一日的工作就是记者们与政府官员（政客和官僚）互动的故事。大多数分析家宣称，官方占据上风。一些媒介批评家（包括许多政府官员）认为，记者占据上风。[38]但毫无疑问，新闻制作的中心是记者与官员之间的联系。[39]

在新闻从业者的日常实践中，这种联系是明显的。一位美国时政记者解释道："记者唯一重要的手段，就是他的新闻来源，以及他如何利用这些新闻来源。"[40]媒介学者斯蒂芬·汉斯在他对华盛顿通讯记者的研究中肯定了这一点。他发现：在四分之三的报道的准备过程中，除了新闻公告外，记者没有使用别的文件。[41]甚至在电邮和互联网时代，新闻从业者在普通的一天里所做的事情，还是与人谈话。在半个世纪前，专栏作家约瑟夫·艾尔索普和斯图尔特·艾尔索普就曾建议记者们依靠"脚的规则"来生存："在华盛顿期间，'脚的规则'意味着，一个记者在每个工作日应当努力去见四位官员或政客——而非打电话。做到这一点就是大约每周要完成 24 个主要的采访，而且他们还应该进一步补充临时的联系。"[42]

以色列新闻学者兹维·莱奇的一项研究表明，在实践中，"电话的规
143 则"可能会变得更加普遍。这项研究的主要结论是新闻报道"更多的是关乎信任，而非信息"。他写道："对人脉资源的重度依赖——通常是通过一系列相对短期、遥远、以技术为媒介以及有目的性的联系，显示出新闻更多的是一种人与人之间的信任现象，而非独立的事实追寻。"[43]信源的权力导致的必然结果是，资源贫乏的组织非常难以获得媒体的注意。[44]如果它们要获得报道，就必须调整组织互动的模式，即像体制内的政府、商业组织与媒体之间的互动模式一样。

网络新闻业的出现改变了这些规则，但除了改变之外也有延续。记者们可以从网上，或者在一些特定情况下，通过"众包"（系统化或者适时地招募百十来个业余人士作为无薪调查助手），再或者通过与他们自己的读者交流（可行性比以前高很多），来获取更多的消息。相比以前，他们可能通过网络更多地使用文档或者数据库。这些新的变化补充到传统模式中，而不是取代它。《洛杉矶时报》记者贝蒂娜·博克索尔和朱莉·卡特在其获普利策奖的系列报道中，曾试图弄清加利福尼亚州森林火灾事故发生率和严重程度不断提高的原因。报道的方案一出，她们就开始了采访。接着她们在网上搜集额外的信息来源，这很有用。出于偶然，她们在其他新闻报道中找到了威斯康星大学学者的相关调查。通过该学者的个人网

站，她们对其进一步了解，阅读了他的研究，接着采访到了学者本人。两位记者认为寻求采访刚退休的林务局职员作为消息源会有更大的收获：“我们知道那些刚退休的职工更有可能接受我们的记录采访，向我们坦言 144
火场指挥员所承受的政治压力。”她们通过其他渠道要到了一些名字，与此同时“只是在谷歌上输入‘林务局退休’几个字，就找到了提供咨询的前任指挥官，以及他们的电话号码和电邮地址”。互联网很重要。“我觉得互联网是个强援。”博克索尔写道：“你偶然找到文档与资源，之前你甚至都不知道有这些东西。只需轻敲几个键，它们就刷刷地从你的电脑打印机里印下来了……它让基础调查更快、更简单、更充实。但这并不能取代采访、到达现场以及叙事。”[45]

记者与信源的研究有两方面的意义。第一，这些研究详述了新闻生产的动态过程。第二，它们同样评估了媒介机构的权力。如果我们假定，媒体向受众呈现的世界图像来源于出版商、编辑和记者，而这些人的偏好与感知又不为民主秩序所约束，那么，媒介的隐形权力是相当大的。然而，如果媒体通常反映的是体制内的民选官员的观点和声音，那么媒体更接近于民主秩序中中立的公仆。且看最近政策专家广泛抨击的一个例子：1992年美国电视新闻通过饥民的图像，督促美国政府对索马里的军事干预。但媒介学者乔纳森·梅尔曼的研究表明：电视网是在七名参议员、一个众议院委员会、整个众议院、整个参议院、一位总统候选人和白宫都公开提出这个议题后，才报道索马里的。当电视网最终进行报道时，其框架与华盛 145
顿政治精英的框架非常相近。[46]然而这并不意味着电视报道没有差异；显然，它们集合了公众的兴趣和公众对干预的支持。但电视报道从何而来？并非空穴来风，它不是来自记者，而是来自整建制的官方。

认为官方来源主宰新闻的结论，无疑是对媒体的一种批评。根据这个看法，如果媒体要充分实现其民主角色，势必要提供各种广泛的意见和观点，鼓励市民从中进行选择并对公共政策做出评论。如果媒体允许政客们设置公共议程，将会过度地弱化公共讨论和民主。这是W. 兰斯·班尼特在阐述媒体的“索引”功能时提出的论证。在班尼特看来，媒体“倾向于根据政府在一个话题的争论中表达的主流观点，在新闻与社论中‘检索’出与之一致的声音”[47]。班尼特认为：“这会导致如下恒久的困境——政府能够界定自己的公众，而且‘民主’变成政府可以任意终止任何事情。”相反，他提出，在正常条件下，媒体听从政府官员，允许他们“在新闻中发出优势的声音”；只有一种情况例外：当官方辩论“排除或‘边缘化’社会中稳定多数的意见”，或者官方对政治规则提出质疑。这时，媒体有理由发出其他声音，“对非代议制的或不负责的政府进行检查”。

当然，这不是特别可行的建议。新闻从业者如何判断社会中的“稳定
146 多数”已被官方辩论边缘化？并且，新闻从业者何时腾出空间给严肃而深思的少数言论（如果有这样的言论的话）？新闻从业者如何判断政治规则已遭到质疑？这些问题暗示，班尼特的提议不能将新闻专业人士从他们对政府官员的依赖中彻底解放出来。另一个观点则暗示他的提议走得太远了。[48]假使大众民主的最大希望是人们对领导人做出评估，而非对政策做出评估，又会如何？假使媒体提供充足的信息、历史和语境，在政客们采取无理举动之前，让公民做出决定，又会如何？在领导人行动之前，让公民对他们做出评估，可能更加合理，可能与代议制民主更为一致。

第八章　新闻的政治文化

人们想知道“媒体对政治的影响是什么”。问题哪有这么简单！政治 147
机构和媒体机构深深地交织在一起，难以区分彼此。在公共生活的宏观生态中，媒介对政治的影响并不弱于政治结构对新闻的支配作用。政党、选举体制、政治资金结构和利益集团相互牵连，新闻媒体塑造、组织和设置公众议程的过程也同样复杂。[1]的确，媒体能见度更高，它更独立于传统的政治权力中心——最显赫的政党。过去半个世纪里，在欧洲发生的这个变化，好比一次“哥白尼式的革命”，正如一位意大利学者所指出的：“昨天一切都围着政党转，今天一切都围着媒体转。”[2]在美国，革命是一个几世纪前发生的事情，而近几十年媒体对政治生活的影响，也堪称一次革命性的转向。在欧洲，这个过程被称为政治的“媒介化”——事实上，社会生活已被普遍地媒介化。[3]但媒介与政党的关系仅仅是政治机构、政治文化和时政报道之间复杂互动的一部分。

我们以美国最高法院提名的报道为例来说明这个问题。许多观察家担 148
心，这个媒介化的过程会使事情变得过于政治化和不体面。1987 年，联邦法官罗伯特·博克没有被国会批准为最高法院大法官，许多人认为这是一起精心策划的事件，媒体是这个错误方向的始作俑者。随后，在 1991 年，克拉伦斯·托马斯被提名的听证会闹得满城风雨。托马斯是否犯了对安妮塔·希尔性骚扰罪？事实上，工作场所的性骚扰是什么？清一色男性的参议院委员会是否对那个问题给予了公正的考量？这个问题经历了媒体数周的激烈讨论后，又以学术研究、粗俗笑话和严肃戏剧等形式被继续讨论了好几年。我们不得不怀疑，这个人尽皆知的事情是否影响到总统对法官的任命，他是否会想：人们是否愿意看到总统提交的名字，或者人们如何看待最高法院的运作。博克和托马斯的案例给人留下一个印象：媒体已陷入一个困境：他们的监督弊大于利。近年来越来越多的提名似乎表明，被提名者和他们的顾问会通过尽可能少地透露自身信息，以适应媒体的关注，就像 2009 年索尼娅·索托马约尔和 2010 年艾蕾娜·卡根的确认听证会的情况。

然而，更细致的观察揭示了一些不同的东西。之所以发生公众对法官提名的监督，是因为法官被批准的途径有了变化。在 18 世纪，即美国历史上的第一个世纪里，最高法院的提名肯定是政治化的，但这是密室政治。参议院关于批准人选的商议是秘密的，既无特殊利益集团参与，也无普通公众参与。

149 在 19 世纪末，利益集团开始让最高法院听到他们对于法官任命的意见。然而，这个努力几乎看不到成效，因为关键的决策者——参议院——几乎不会受到民意调查所反映的民意的惩罚。在 1913 年《第十七修正案》通过之前，参议员由国家立法机关选举产生，而非由大众投票决定。直到进步主义时期的改革产生参议院直选之后，法院的决议才易受舆论的攻击，并且法院要对民众做出回应。

1929 年参议院的规则改变使议员席可就提名的例行公事进行辩论；在此之前，参议员直选的影响仍然有限。参议院司法委员会成为标准化实践之后，公众听证会才成熟起来。然而，直到 1949 年，当司法委员会全体会议考虑哈里·杜鲁门总统对汤姆·克拉克的提名时，听证会仍是敷衍了事。从 1969 年理查德·尼克松总统提名克莱门·海恩斯沃思开始，审批过程变得认真起来。从此，它成为利益集团公开表态的例行公事。在 1981 年之后，这种实践多起来了，而电视的报道使听证会成为各个利益集团宣传自己的一个重要机会。[4]

今天，政客们都想在审批过程中获得舆论的支持。尼克松为了让公众支持他的提名人选，精心安排活动的亮点，包括以地方报纸为对象的直邮造势活动，并试图避开较多批评报道和调查报道的全国性媒体。罗纳德·里根政府通过内阁成员的演说、地方电视台的卫星采访和广播采访、平面媒体的专栏文章来推动提名。作为最高法院任命过程的一部分，后来的政府都让他们的提名接受公众的审视。 150

显然，这里的危险不是单向的媒体造势扭曲了本该按规则独立进行的过程。相反，我们看到的是政府、媒体、私营部门与更宏观的政治文化都发生了显著的变化。这些变化相互影响，而媒介是这个新系统的中心，它的地位不是最高或最重要的，却是不可或缺的。

100 年前，总统很少卖力地向舆论献殷勤。如果他们有一个立法项目，公众情绪对立法项目的影响很小，或没有影响。富兰克林·罗斯福开创了新的实践，他让国会领袖面对广大公众，并让报纸出版人面对他们的华尔街通讯记者。然而，50 年后，华尔街政治仍是密室政治。成功的总统能在与国会的博弈中占得上风。但总统们越来越愿意不再直接压制国会，而是借助于他们的选民和那个棋盘，即被称为“舆论”的无形之物。

直到 20 世纪下半叶，总统掌握领导权的根本策略才从与国会“谈判”转为“走向公众”。[5]这意味着，总统需要媒体顾问一直跟随在左右。这也重塑了政府的竞选形式，促使总统的国内外出行显著增加。1929 年入驻白宫并享有国际人道主义声誉的总统赫伯特·胡佛，在他当政的前三年里，平均每年出国访问 1 天、国内出行 6 天。半个世纪后，吉姆·卡特总统每年平均出国访问 14 天，国内出行多于 20 天。[6] 151

如何解释总统“走向公众”的策略？任何充分的解释都要考虑多重因素。首先，联邦政府变得越来越重要，因为现代福利国家已经建成。政府对日常生活的影响越来越大，这就在华盛顿之外产生了大量有自身权益的选民。更多的选民经常是在倾听政府的声音，因此总统更有理由向他们言说。其次，总统更容易接触那些急剧成长的选民。广播和电视极大地提升了总统向整个国家的动员能力，并能吸引所有人的关注，而喷气式飞机使总统可以迅速赶赴受灾地点、全国集会，以及其他具有政治机会的场所。再次，政党的衰落弱化了公众对某个特定的政党标准的依附、个人对政党网络的忠诚以及职业党员和政治精英之间的联系（过去，职业党员和政治精英曾使政治谈判变得容易和自然）。最后，国会（全国政治谈判的中心）在结构上变得更加民主和平等，每个议员都以更加企业化的方式管理政治。政治谈判倚赖于等级分明的国会和总统直辖的少量权力中心。在国会里，委员会、小组委员会、核心小组和专业群组的增多，加快了政党的弱
152 化以及人们对等级、长辈和几乎所有现行文化权威的普遍不信任。这些变化降低了谈判体制的吸引力及可行性。[7]

媒体在社会（特别是政治生活）中的地位倚赖于特定时空中政治博弈的规则。这些规则在不同地方之间有巨大的差异。瑞典比美国小得多（瑞典人口相当于洛杉矶市人口），新闻媒体也非常少，但媒体对公共话语的控制力却相当强。在20世纪60年代，瑞典公众要参与辩论，就不得不读《每日新闻》，并为它写稿。在1965年，那份报纸刊发了一系列批评美国对越政策的文章。政治学家斯蒂文·凯尔曼写道："在那篇文章之前，很少有关于越南的严肃讨论。文章发出后，越南成为一场宣传运动的对象，直至战争结束。此时，报道范围变宽了，并采取了一种宣传的语调。在反对美国政治方面，以后再没有出现这样显著的声音。"[8]他观察到，在瑞典，吸引人们对某个议题甚至某个议题的某一方面的注意是相对容易的："它只需要说服少量关键的知识分子或媒体人士。"[9]今天，这种情况不可能再那么容易发生了，但一个大国肯定拥有不同于小国的媒体动态和政治文化。在大型社会中，新闻界更有必要促使精英达成共识，但与此同时，共识的有效性更小了。

美国的对外政策经常是在政府与舆论的互动中制定的。官员们不得不
153 思考：公众将如何看待他们的行为。伯纳德·科恩是一位长期分析媒体在美国对外政策中的角色的专家，他写道："美国媒体向外交官员表达的观点经常与人们以其他途径所表达的观点不可同日而语。"[10]在民主政治中，这显然是必要和自然的事情——只有在荷兰，情况才不完全一样，荷兰外交官员几乎完全身处新闻报道和舆论的情境之外。科恩写道："荷兰媒体……很少在对外事务中发挥议程设置的功能，他们基本不参与正在发生的关于对外政策的公众辩论。"[11]在某种程度上，对外政策的报道（议会辩论的报道）先于决策的制定，而这种辩论一定是由首要的政党人士引发的。美国媒体时常通过"对某个议题广泛而持续的聚焦"，在对外政策中

发挥议程设置的功能，而荷兰媒体给予对外政策的注意是“有限的，通常是偶然的、随机的，甚至是奇特的”[12]。

与其他民主国家相比，美国的政治结构更为去中心化和更具参与性；美国有更多的选举部门、更频繁的选举、更多提议和全民投票、更多难以辨认的重叠区域。一位从事加利福尼亚州地方时政报道的资深记者指出：美国政治报道中一个必然的困难是“过多的政治”。[13]在许多都市地区，如果电视不报道地方竞选，主要的都市报就不得不进行市长、市检察官、乡村管理委员会、州代表、学校管理委员会、法官等竞选的“赛马式”报道。任何一个报道——除少数城市或乡村的政府部门外——都与主要的选 154
民和读者无关。事实上，侥幸的是，由于选举区域之间的重叠，并且每过十年就要重新划分选举区域，选民们甚至不知道哪些部门是他们有资格投票的。在过去几年的严峻经济危机期间，纵观许多都市的日报，没什么比地方时政报道的问题更让媒体分析家担忧了。过去只有都市的日报才对当地时政报道投入巨大，如今随着新闻编辑室的大幅裁员（幅度达三分之一，或二分之一，甚至更多），地方的时政报道也减少了。

英美媒介研究一般把自由民主视为理所当然，因而经常对新闻生产的政治与法律因素不大敏感。这越来越被发现是一个严重的缺陷。在20世纪80年代的欧洲，保守派政府赞同媒体商业化，这使公共广播面临威胁，许多学者因而开始将公共广播电视视为自由的公共生活的一根支柱。[14]“公民社会”是一种新的努力，媒体在其中处于重要的地位，并维持了一定程度的独立于国家和市场的自主性，如最完善的公共服务广播电视。[15]

这个观点正确地指出，在全世界的市场社会中，宪政体制下的新闻界具有各种不同的制度形式。媒介研究中对政治制度和政治文化强调得比较少，但它们非常重要。仅仅知道一个国家是资本主义制度，或知道新闻界由私有的营利公司组成，这还不足以估量这个国家的媒体性质。而自由民 155
主社会中的公营媒体和私营媒体扮演了更为多元的角色：整建制秩序的啦啦队，政治辩论的公民论坛，或精英之间斗争的战场。这些功能与政治文化、法律一起发生变化。在媒体法方面，瑞典和美国对自由而开放的言论的保护做得比英国、法国和德国更好。另外，法国、德国和瑞典等国的议会制代表着均衡，中央议会能够容纳各种观点，而美国两党制的“赢家通吃”的选举制通常使极端或特异的观点难以获得关注。

“市场”的媒体机构与“国家”的媒体机构之间的差异，以及广播电视的商业形式与公共形式之间的差异，都非常重要。并且，往往忽视了每个范畴内部的重要差异。公共广播电视可能由半独立的公司来运作，或由政府直接运作。它的收入可能只来自付费（如日本、英国和瑞典），也可能来自广告（如德国、法国和意大利），或来自政府的财政部（如加拿大）。在英国，内阁决定支付水平，而在日本、法国和德国，议会决定支付水平。[16]这些差异产生了截然不同的媒体政治。在挪威、瑞典、法国和奥地利，国家几十年来直接给媒体发放津贴，特别照顾那些提供实质的时政信息却只获得低广告收入的报纸，这使公众得以知悉更多样的政治观点。我将在第十一章对这些政策进行更仔细的考察。近年来，政府津贴有
156 所下降，因为如今政府的立场是忠于市场原则和发挥经济效益的。[17]“国家 vs. 市场”的简单区分不能给知识分子提供任何评估或理解这些差异的杠杆。

再来考虑另一个越来越重要的领域：新闻媒体应当如何报道公共官员的私人行为？这里存在巨大的担忧，尤其在英国和美国，商业动机已致使媒体关注生殖器多于关注政治。然而，在德国，有关政客或其他名人的性行为的报道很少，因为德国民法有力地保护了个人亲密行为的隐私权。“亲密领域”的新闻报道通常是非法的。此外，英国和美国法律给予对私人行为报道的更大的自由度，特别是对“公众人物”（如政客或名人）私人行为的报道。[18]

或者考虑一下新闻界与政党的关系。在美国公共广播电视中几乎看不到政党。当新闻播音员报道一个全国性政治事件时，他们最经常的做法是将事件描绘成总统与国会之间的较量。因此，在事件中，政党实力的寓意远不如总统境况的寓意那样容易引起公众或国会的关注。相反，在意大利的广播电视中，新闻播音员很少提出自己的政治分析，取而代之的是对每个主要政党的发言人的采访。因此，新闻呈现出各种党派的意见，并强化了政党在政治中的核心地位。美国的风格则加深了政党在公众心目中的相
157 对弱势地位。[19]法国的报纸更像意大利的报纸，而不像美国的媒体；法国时政新闻中超过四分之一的引述来自政党发言人，而在美国，政党人士的

发言很少被引用。[20]

或者考虑一下新闻从业者为了国家安全而隐瞒新闻的程度。在以色列，资深新闻从业者认为，与（军方的）国家审查相比，（媒体所有者的）经济审查对一个自由的新闻界的威胁更为严重。以色列的新闻界起初是支持犹太复国主义者的革命媒体，如今依然维持一种深深内化的对犹太复国主义的忠诚。结果是，国家对军事报道的直接或明显的审查很少，但新闻从业者实施自我审查。尽管军事审查员和新闻从业者对特定的报道会进行激烈的辩论，但从根本上，辩论根植于共同的理解。以色列军事审查长官说："编辑们与我一样有孩子，我们的孩子在同样的军队里服役，为了共同的安全，为了同一个国家。"[21]现在的一代新闻从业者不再是立国时的精英，而且有更多外国记者报道巴以冲突，加上现场电视报道的增加，审查变得比过去困难得多。即便如此，当巴以冲突成为以色列政治生活的重心时，"新闻从业者带着所有媒体对战争的关切，问道：这个报道会为敌人服务吗？会威胁到人质吗？会增加长期核战争的风险吗？"[22]在美国，媒体很少有国家安全风险的意识，尽管并非一点也没有，比如冷战高峰期。然而，2001 年"9·11"事件之后，美国新闻从业者个别地和集体地共享了 158
一波爱国热情和一种深度的脆弱感。这导致他们对一些报道进行了严重的自我批评，如关于空中安全隐患、地铁容易遭受恐怖袭击的可能性、农作物的喷药技术等新闻报道。当记者和编辑开始对他们的受众，包括不择手段地加害国家的大量杀手进行合理想象时，这些新闻从业者正以战时的方式进行工作。

"政治文化"的概念并未暗示"每个人都是不同的"。不同国家的新闻媒体之间分享着共同的要素。在某些方面，近年来国家之间的文化与风格具有显著的融合趋势。本章表明，在一个又一个国家，媒体专业人士日益成为政治传播的中心。在欧洲大部分地区和世界许多地方，政党组织和忠诚已在弱化。政党组织将更多的精力放在赢得选举上，而非努力建构政治社会化的深层结构。它们越来越依赖其附属的利益集团，越来越信任"资本密集"的竞选策略，这种策略的基础是政治广告以及候选人在演讲、形象和意识形态色彩方面的调整。"劳动力密集"的竞选逐渐消失，同时转向大众动员。然而今天，这为竞选专业人士所主导。他们利用选民数据库比以往更精确地知晓该敲开谁的门，该打通谁的电话。[23]

159 全球化不必然是一个神秘的过程。发展中国家直接从美国和欧洲国家借来新闻业的样式。至 20 世纪 90 年代，尼加拉瓜的报纸已经历了数十年的审查，首先是安纳斯塔西奥·索摩查政权，然后是桑地诺政权；其最终在一个更广阔和自由的政治环境中得到发展。他们得到各种资源的慷慨支持。尼加拉瓜的一些新闻从业者在国外获得正式的认证。一位编辑在智利大学获得硕士学位，另一位编辑参加了世界银行赞助的、在哥伦比亚举行的新闻从业者的研讨会，还有一些人在佛罗里达国际大学的拉美新闻从业者项目学习，该项目已经培训了几千名新闻从业者。另一些人在国际新闻从业者中心的赞助下访问了美国的报纸。美国驻尼加拉瓜大使馆组织在首都马那瓜之外工作的新闻从业者参加工作坊。西班牙新闻从业者和报纸设计者将新的观念和方案带到马那瓜的一家日报——《论坛报》。尼加拉瓜主要的报纸《新闻报》聘请了美国顾问。[24]

没有别的话题比新闻与政治的关系更需要重新概念化了。丹尼尔·哈林和保罗·曼奇尼在西欧和北美 18 个民主国家的媒介与政治研究取得了很大进展。[25]他们发现了三种主要模式："自由主义模式"（或北大西洋模式）、"民主法团主义模式"（或北欧模式），以及"极化多元主义模式"（或地中海模式）。划分标准包括：新闻专业主义程度的强弱（自由主义模式和民主法团主义模式的新闻专业主义程度较强，而地中海或南欧模式的新闻专业主义程度较弱）、媒体和政党关系的紧密程度，以及国家对新闻
160 业的干预程度。哈林和曼奇尼深刻认识到，如果这个概念化忽视了媒体法律、政治制度和政治文化的差异，它就是无用的。新闻研究者一直认为，新闻业不能站在政治之外往里看，新闻业本身是政治的一部分。这个观察经常被指责为：新闻从业者越过了参与者与观察者的界限。我们将新闻业理解为政治的一部分，这种理解不应成为封闭的说教，而应开放地探究不同的政治文化与制度如何塑造和建构不同的新闻文化和制度。

第九章　新闻的受众

很难说人们怎样对待新闻，因为他们同时在做很多不同的事情。报纸 161
的读者可能迅速浏览标题，扫视天气地图，查看棒球比赛得分，阅读一位优秀专栏作家的文字段落……他们逐字阅读刚看过电影的影评以获得回味的乐趣；或者他们第一次让人代看孩子一个月，并计划利用空闲看一场演出，因此才去阅读影评。他们可能迅速看完饮食版，找到一个食谱，或剪下一张减价优惠券。如果他们在网上阅读，他们可能给自己发邮件以备忘，或者发一篇报道给一位感兴趣的朋友，或者他们也能通过脸书和推特获取新闻。许多电视新闻的用途和观众的品位也发生了类似的变化。一个人专注于有线卫星公共事务网（C-SPAN），部分原因可能是朋友和熟人经常在上面出现，但是，当他或她发现配偶感到无聊而回房时，他或她也会跟着关机。另一个人会一边观看晚间“电视新闻杂志”，一边抱怨它的浅薄。

所有这些行为都可以同一天、同一时间在家里的两个成人之间发生。任何新闻消费者都有不同的消费习惯，并在新闻中发现自己觉得有用或有
趣的大量信息。读者或观众参与新闻的程度有极大的变化，即使是这一刻 162
与下一刻也是不同的，更不必说一个人与另一个人，或一个场合与另一个场合。

但这不意味着新闻读者是变化无常的，或者说新闻机构必须努力诱惑读者。同样是这些心情浮动的读者，也可能以极大的耐心和注意力来阅读教科书，全神贯注地观看电影，或像福尔摩斯寻找破案线索那样热切而敏锐地察看旅行手册和借款分期偿还表。新闻媒体不是在寻找受众或回应受众，而是在创造受众。新闻消费者就在新闻当中，只有那些具有特质的新闻才能够吸引“瞬间的注意”。

新闻这种形式使我们不需要一直对它给予关注。书籍和阅读的历史研究发现的一个差异，在这里可能也是适用的。历史学者认为，阅读的质量逐渐从“精细”转向“广泛”。在精读时，人们通常阅读很少的著作，甚至仅仅反复地阅读和记住一本书，并假定其他人也对它很熟悉——最常见的是《圣经》或其他宗教文本。在泛读时，人们匆忙地拿起和放下一本书，浏览或跳过各种材料，这都不是全神贯注的；他们更可能为了愉悦，而非为了精神的追寻。从精读到泛读的模式转变，也与 18 世纪小说和报纸的广泛传播相吻合。一些历史学者观察到，这些新的通俗形式没有替代旧的类型，
163 而是融入其中。全神投入的阅读依然继续。一项研究对 18 世纪英国著名词典编纂者塞缪尔·约翰逊的阅读习惯进行了细致的分析，发现约翰逊根据不同的目的、以不同的方式阅读不同的文本。他仔细研究某些文本，而更粗略地浏览其他文本。换言之，他既是一个精读者，又是一个泛读者。[1]

多数读者也是如此。但非宗教形式的通俗印刷品的廉价性和易得性，使阅读的重心从精细转向广泛。的确，许多人最初和终生熟知的书是教科书，一旦毕业后，他们可能很少拿起一本书。但他们浏览杂志、报纸、电脑屏幕、药袋里的插入广告、契约、技术手册、网站、街头标识和其他更多的东西。

报纸本身是精致的，甚至具有仪式性的品质。这个事实已为伯纳德·贝雷尔森于 1949 年发表的一篇媒介社会学的经典论文所阐明。[2] 1945 年纽约城发生报纸工人罢工时，贝雷尔森聪明地将它视为一个社会研究的机会。城里所有主要报纸的邮递员都罢工超过两星期。纽约人不能读到每日新闻，这将会发生什么？

当然，还有替代性的新闻来源，最明显的是广播新闻。一些纽约人无疑可以得到哈特福德市、纽黑文市、费城或特伦顿市的报纸。但还有成百上千的经常读一家或多家日报的人们突然没有报纸可读了，那么，将会发

生什么？贝雷尔森和他的同事访问了60位各个经济与教育阶层的纽约人。他们发现，多数人会很快谈到跟踪国内和国际要闻是多么重要，当他们不 164
能这么做时，会感到若有所失。但这些人中只有一半可以举出一个他们希望进一步了解的具体话题。只有三分之一的受访者感到错过了报纸对“严肃”的政治与经济事务的报道。

然而，大多数受访者确实由于各种原因而想得到报纸。新闻在日常生活中给予了他们帮助——提供广播节目或电影节目的日程、购物广告、每日天气预报。新闻使人从日常生活的沉闷中挣脱出来，它提供了受欢迎的、有人情味的内容，并且是廉价的和触手可及的。人们也从报纸上得到社会交往中令人尊敬的谈资。对于一些读者，特别是跟踪闲话专栏的妇女，报纸本身就是一种社会联系。人们在报纸中发现一种资源，后来学者们将其称为“准社会互动”：他们与媒体上的人物互动，仿佛那些人是朋友和熟人。[3]“你熟悉了某些人，”一位受访者告诉贝雷尔森，“他们变成你家庭的一部分，比如陶乐丝·基尔嘉兰（一位著名的闲话专栏作家）。”[4]

贝雷尔森发现，人们喜欢报纸，仅仅因为阅读的愉悦。没有报纸时，他们基本没有转向阅读其他读物，如放在房子里的旧杂志。这个可替代的选择可给予读者某些满足，但不能替代许多读者与报纸的关系。贝雷尔森暗示，读者共享着一种对于报纸的“仪式性的和近乎强迫的”依附感。他们每天在特定的时间读报，这成为像饮食及出行一样的日常活动。一半的受访者讨论了他们依赖报纸的习惯。[5]媒介学者西奥多·格拉瑟观察到： 165
当读者失去报纸时，在信息方面，他们是有准备的，但在情感方面，他们却没有准备。他们没有缺失天气、股票市场的信息与建议或来自华盛顿的新闻，但是失去了读报的仪式所带来的恬静。[6]

同样，他们也不能通过报纸或其他随意的阅读来打发时间了。报纸这个意外的用途在更早之前已被发现。在19世纪50年代，小说家范妮·弗恩想知道人们在拥有报纸之前如何管理生活：“出租车司机在等迟到的顾客时会做什么？当‘前进’公司的干货店里非常平静时，车夫在做什么？”[7]

当没有报纸时，不是每个人都可以转向其他阅读材料。它是许多美国人家庭生活的一部分，因为父母可以给孩子读连环漫画。对于多数纽约人来说，罢工使那些生活方式都停滞了。当时活跃的纽约市长菲奥雷洛·拉瓜迪亚在市政厅里设置了定时播放的广播。罢工开始不久，他关闭了一家周日广播，而用市政厅的广播告诉儿童受众："聚集起来，今天我将给你们讲《至尊神探》。"然后他阅读幽默漫画，以惟妙惟肖的声音扮演不同的人物角色。他在广播上呼喊纽约公共电台的节目编导，"莫里斯，每天中午……我想要一个给孩子们的节目……只要报纸还没有派送"。第二周，拉瓜迪亚取出连环漫画，再次阅读《至尊神探》最新的冒险故事，新闻摄像机随之而摇动。这个姿态使拉瓜迪亚获得了纽约市民的钟爱。[8]

166 这是一个值得回忆的时刻，不仅因为它描绘了一个启迪人心灵的平民主义者的形象，而且它唤起许多市民对于报纸——包括连环漫画——的情感。对于孩子们来说，报纸是成人的象征；小孩子的连环漫画和大孩子的体育栏目是向成人过渡的象征。[9]我们中的一些人还保留了儿童时代的品位。一些人每天玩纵横填字谜，另一些人则终生迷恋连环漫画。实际上，没有什么事情比滑稽人物样式的改变让编辑收到更多的投诉信。2000 年 7 月 19 日，有 52 年之久的"雷克斯·摩根博士"连环漫画更换了创作者之后，读者激烈地抱怨"新的画家完全改变了连环漫画中所有人物的面孔"[10]。

对许多人而言，读报的仪式仍在延续。在 20 世纪 50 年代和 60 年代，观看电视网的晚间新闻是许多美国家庭的一个仪式，而较少人仪式性地依附于信息量较少的早间新闻节目。对于观看地方电视新闻的人来说，似乎没有什么比地方新闻主播（他们比地方电视新闻的工作人员有高得多的薪水）的长相、声音和个性更重要了。这些都没有成为新闻学的知识。新闻从业者希望让受众惊讶、诧异、感动和受到激励。但即使是犯罪报道也很少让人惊诧；更常见的是，新闻使他们消除了疑虑，使生活恢复正常，并获得克服生活的不确定性的认知。[11]

人们可以想象，如果新闻从业者知道受众想要什么，这将极大地推动新闻业。但可能新闻从业者对于受众知道得越少越好！20 世纪八九十年代，随着报纸越来越为盈亏线所驱动，但新闻从业者越来越依赖于顾问告
167 诉他们如何迎合无聊、浮躁、准备翻页或换台的公众。尽管有媒体顾问和他们的焦点小组研究，新闻从业者一般根据自己对受众的直接判断而进行操作。35 年前，社会学家赫伯特·甘斯发现，他研究的美国新闻杂志和电视新闻节目的记者和编辑们"对实际的受众几乎一无所知，并且拒绝受众

的反馈”。记者和编辑们通常假定“吸引他们的东西也会吸引受众”[12]。今天新闻从业者仍以这种方式运作，尽管他们准备了可行的电邮反馈方式；对于鼓励反馈的记者和专栏作家来说，这种情况可能会有所改变。

事实上，新闻从业者的写作经常可以像感动他们的同事一样去影响更广大的受众。历史学者罗伯特·达恩顿记得，他被分配到《纽约时报》做记者时，他和同事都不曾为订阅报纸的受众而写作。“我们为彼此而写作……我们知道，没有人像我们的同事那样迅速地看到我们的报纸，因为记者们是最贪婪的读者，他们必须每日更新新闻，以赢得他们的地位，而他们通过印刷将自身暴露在同事面前。”[13]其他记者不仅比普通受众更可能读到报纸，而且更可能做出回应。社会学家埃弗雷特·休斯曾说过：江湖骗子能够成功取悦顾客，却骗不了同行。过于渴望取悦普通受众的记者，是新闻业中的“江湖骗子”。

就这一点而言，时代发生了变化。在网络世界，通过电邮或者是记者博客评论快速回应一篇新闻报道要比过去便捷很多。读者对记者的反馈比以往任何时候都更为直接——无论是欣赏、鼓掌，还是批评和更正。相比 168
过去，记者更为重视受众，同时心里也能装着同事。新闻媒体可以将信息传播到数以百计、千计、百万计的人，但新闻从业者第二天早上不会与普通公众面对面。相反，他们面对的是消息来源、编辑、记者同事、其他新闻机构里跑同一路线或同一报道的记者，以及他们的配偶、父母和孩子，这些人是他们最忠诚、最经常和最重要的读者。

在一定程度上，新闻是为局内人设计的，并几乎以代码来写作。一般读者可能不知道谁是“接近总统的高层人士信源”，但这是华盛顿特区的某种惯用语，精英们能够进行解读。这个短语不仅允许他们判断哪个助手是记者的消息来源（如果总统自身不是的话），而且他们能够推论出某人与记者交谈的动机。如同孩子们的书或电影，或电视上的《辛普森一家》，一个报道可能是复杂的建构过程的产物，它将一则信息传播给一群受众，并且通过反讽和讽刺的方式，将非常不同的信息传播给另一群更加复杂的受众。

在公共信息泛滥的环境中，人们——特别是年轻人——对报纸、杂志和电视的“严肃”内容的兴趣正在下降。年龄、教育和收入的差异对新闻

读者造成的影响是相似的和长期的，但是时代趋势正使从事新闻业的人们
169 产生了困扰。在 1977 年，67%的美国人经常读报。在 1997 年，只有 51%的人经常读报。对于低于高中教育水平的市民，1977 年有 57%的人经常读报，1997 年只有 39%的人经常读报。对于大学毕业生，这个趋势也在急遽下降：从 77%降到 60%。[14]应该注意到，报纸读者的减少甚至出现在网络新闻大量出现之前。2007 年的一项全国年轻读者调查显示，49%的 30 岁以上人群，以及 29%的 18 岁至 30 岁人群，会每天或者一周几次阅读报纸。在 30 岁以上人群中，80%的人会每周几次收看全国电视新闻，这一数字在 18 岁至 30 岁人群中是 57%。对于当地电视新闻，这两个数据分别是 81%和 61%；广播是 58%和 44%；而互联网，则分别是 31%和 38%，这是唯一一个对年轻群体吸引力更大的媒介。[15]对于 18 岁至 29 岁的人群，互联网在 2008 年和 2009 年成为和电视平起平坐的“主要新闻来源”，并且在 2010 年超过了电视。对于其他年龄段的人群来说，电视都是主要新闻来源；但对于 30 岁至 49 岁的人群，互联网取代了报纸，位居第二。[16]

出于明显的经济原因，新闻业收到了警告，但平心而论，他们的担忧不仅是经济方面的。从事新闻业（尤其是报业）的人士感觉到，读者正在远离新闻，特别是平面媒体，这是文化衰落的一个标志。然而，谁都会相信“我们在我的（旧）时代，而非你的（新）时代，做了正确的事”。一些观察家对此并不认同，而是认为关于政治的报道成为了娱乐话题，如日
170 间谈话秀、晚间喜剧独白、有线电视洋葱新闻节目（如《每日秀》和《科尔伯特报告》）、个人访谈秀等，它们并非“弱智化”的时政报道，而是在减少一些传统硬新闻的同时，将公开的政治话语推向了更广大的受众。[17]

一个关于受众的普遍问题是：谁在阅读或在观看？对多数受众研究者来说，接下来的问题是：我们如何保有受众中的这些人，以及如何使更有人口统计学价值的人成为受众？这个政策目标源自营利性新闻组织的利益驱动，也有非营利的机构，如英国的 BBC 或美国的 PBS——它们表示自己正在为社群服务，从而向管理委员会的主管以及那些资助其运作的政府或组织证明自身的合法性。最终，其合法性在于：跟踪新闻的受众更有可能参与投票，并在其他方面参与公共生活，而这一点已得到数据的支持。鼓励更多人知情，即鼓励更多人参与公共生活。

第十章　新闻作为文学和叙事

一则新闻故事，既是新闻，也是故事。由于它是故事，读者可以期待 171
它有开头、中间和结尾，并以叙事散文的一些传统标准来操作。它被称为一个真实的故事，即确实发生了某事。由于它是一个真实的故事，它不仅要忠于文学传统，而且有责任进行忠实的描写，乃至为确实发生的事情提供证据。

新闻从业者自觉地报道真相，对于作品呈现事实的故事形式，却没有那么强的意识。“我一般不认为自己是一个故事讲述者，”《费城问询者报》的调查记者威廉·马里莫说道，“我认为自己是一个事实的采集者。”[1]但是，记者的工作要产生意义。仅仅作为事实的清单（即使是历时序列的清单），还不能构成一则故事或新闻故事。作者必须从事实的清单或历时序列出发，建构出一个故事，使读者或观众不仅看到事实的总和，而且要辨识出事实之间的关系。要做到这一点，必须把新闻报道视为一种特定类型的新闻故事，包括简洁的报道或者是特写，体育故事或是政治故事，人情味新闻或突发性新闻。无论含蓄还是明晰，作者们要学会将事实裁剪成一种具有内在意义的形式。

新闻从业者每天的工作使上述抽象的过程变得具体起来，它围绕着一 172
些日常工作的基本问题而展开。

这是一个故事吗？那组事实或事件中有故事吗？

“一只爬树的猫打破了那里的平静。那只猫卡在树上。消防队员接到通知。邻里的小孩纷纷过来围观。消防队员解救了那只猫。”这是一个连贯的故事。它叙述了一组相关的事实，有开头、中间和结尾。它界定了一个问题或困难，描述了想要解决问题的活动，并最终解决了问题，使世界重归于正常。

这是一个新闻故事吗？或许是，至少可以让有进取心的六年级学生为发生这个猫的戏剧性事件的地方写一则通讯。对他们来说，这可能是头版新闻，是街道日常生活中一个大的突发事件。但都市报甚至社区周报都不会发表这个报道。这太熟悉和太有可预测性了。如果蚂蚁出版报纸，它可能每次的标题都是：你走过街道，并歼灭了数十个它们的公民。但对于一个六年级学生的日常生活，踩死蚂蚁是如此寻常，它的牺牲者在六年级学生的意识中是微不足道的，这样的事情也不可能发表在他们的校报上。

如果那只猫属于市长，又会如何？如果那只猫属于市议员，情况是否
173 更好？他刚刚参加了降低消防部门预算的投票，抱怨消防员“花太多时间去救猫，而不是救火”。现在，记者突然有一个故事，并且是相当有趣的故事。为什么？它是愉悦的反讽吗？在一定程度上，是的。但如果一位普通市民刚刚向邻里反映消防部门花太多时间救猫，它可能不是新闻。这个市民做出了一个私人陈述，而非一个公共陈述。并且，这位市民不是当选的官员，而官员的观点总是潜在的公共行为，其表面的说辞也会被视为对世界的发言。新闻故事必须不仅是有趣的，而且以某种方式对公共生活产生作用，或给出某种评论。当然，什么才算是公共生活？这并不是一目了然的事情。它随时随地在改变。在我们的生活中，新闻的一个令人不安的变化在于，大范围的私人生活正转变为公共生活。

什么是导语？

建构故事的最大困难在于发现叙事中最重要的成分。当记者知道他有一个故事，但没有很好地落实到核心时，他就是在寻求一条导语。任何人写学期论文时，如果必须自选话题，而非写老师规定的话题，那么他们应当很熟悉这样的焦虑。学生们必须找到一个有趣的问题，其吸引力足以成为一篇论文的题目。记者们在寻找一条导语时面临同样的挑战。在大量的一般性的事实中，是否存在有趣的话题？能够脱颖而出的话题必须具有显著性和新闻价值。在2000年8月举行的民主党全国会议中，候选人阿尔·戈尔做了40分钟的提名演讲，几乎全国每家报纸都引用了戈尔的宣言“我作为男人站在这里”，作为相同的标题和相同的导语。这条导语为整个故事提供了一个主题。在叙述一个复杂的事件或一个延伸事件的一部分时（戈尔的演讲就是历时一年之久的总统竞选中一个引人注目的部分，但只 174
是微小的部分），记者必须有一种把握重要事件的核心的直觉。有时，事件的核心是明显的，即存在广泛的共识；有时，在同一组事件中，存在各种非常不同的由头。

它有后续吗？

一位记者为某一天的新闻而建构一则故事。但这只是一天的好奇，还是一则持续的故事？换言之，这个故事有后续吗？那位小气的市议员的猫最可能是一天的故事，一则有趣但偶然的花絮新闻。它可能暗示了有关市议员的后续，即他们试图裁减市政服务的预算，但报道本身没有故事。另一方面，有后续的新闻自身有很强大的吸引力，因而给记者们留下了印象，并产生了跟踪报道。

记者一见到编辑和记者同事，就要谈到这样的问题。这些问题属于新闻文化的一般类型和规范。记者只间接地考虑新闻读者和观众，但最重要的是他们假定受众想要的东西和决定他们将如何取悦受众。媒介学者彼得·帕瑞斯写道，多数新闻从业者想在受众中唤起的回应是“震惊，而非理解”。他引用了一位记者所说的，她希望读者在早餐桌前读到她写的头
175 版报道时喷出咖啡，并叫道：“我的上帝，玛莎，你看到这条新闻了吗?”[2]媒介分析家将它们称作“令人惊叹”的故事。《华盛顿邮报》编辑鲍勃·伍德沃德建议他指挥的记者追逐“令人惊叹”的故事。[3]冥思者探寻新闻与民主的关系，务实的新闻从业者却大多追求“喷出咖啡”的反应，而非促使读者参与公共辩论。记者希望读者们被震惊，甚于被教导；希望他们感到好奇，而非学会了什么；希望他们忍不住跟他们碰到的下一个人说：“你听说某某事情了吗?”

记者不能制造“令人惊叹”的故事，但他们可以找出这些故事。他们凭借新闻鼻和新闻嗅觉，接近令人惊叹的意外事故。他们以一种强化或突出效果的手法，精巧地制作故事。但那就是他们所能做到的极限。他们不得不希望自己足够幸运地碰到恰当的事件，或者第一个目睹赛斯纳飞机撞向白宫草坪的场景。

显然，多数故事并不产生“令人惊叹”的效果，有的记者甚至也并不这么尝试。调查性报道追求的不是喷出咖啡的效果，而是让读者气急败坏地说：“应当有一部法律!”调查性报道寻求激起道德义愤。媒介学者西奥多·格拉瑟和詹姆斯·艾特玛指出，调查性报道细致地建构了一个无辜的牺牲者和一个有罪的政党，并为受众提供了关于事件的认知和关于责任的道德秩序。[4]调查性报道的结果会强化一般的道德秩序；新闻故事不挑战根本的道德预设，尽管它们叙述的事件或引用的消息来源会那样做。“城市街道或乡下监狱的事件不仅被呈现为事实，而且被制造为引人注目的现
176 实，因为它们展示了一种道德的秩序，从而具有意义。”[5]这些故事使读者能够“判断人类的道德重要性……即使我们假装只是在描述它们”[6]。

我们出于各种原因而讲故事。人们给孩子讲故事，可能是为了在就寝时让他们安心睡觉，或者在长途车程中让他们不要睡着。人们可能通过讲故事来寓教于乐。人们可能通过讲家族的故事，使传统或认同得以延续，即他们通过故事以示对过去的尊敬。或者，人们可能通过讲故事以预示未来，从而作为一种激励。新闻从业者以讲故事为职业，而非作为日常生活

的一部分，但他们利用了所有这些可能性，有时写作是起抚慰作用，有时是起活跃作用，有时是为了庆祝或纪念，有时是为了鼓起勇气或激起热情。他们竞相讲故事，努力在下一张工作台、下一家报纸或电视台上做得比竞争对手更好。他们可能寻求令人震惊的、喷出咖啡的故事，或者是那些重申仪式以建构共同体的故事，或者是国葬，或者是两个政治对手和解的报道，从而引导受众的安全感和归属感。[7]

关于新闻如何产生的理解大多融合了两种观念：一种是以讲故事为中心的“文化”观点；另一种是已经讨论过的各种关于新闻制作的“社会组织”的观点。这两种解释在分析上是有差异的。组织的观点将新闻看作公司、市场和资源之间互动形成的每天更新的产品。文化的观点强调新闻从业者的传承性，甚于他们的创造性；与其说这个观点强调社会性的生产， 177
不如说强调新闻的象征性比事实本身更重要。新闻的文化解释帮我们阐明了新闻媒体的一般图像和刻板印象——作为掠夺者的股票经纪人和喝烈酒的工人的形象，它们超越了所有权的结构，乃至工作关系的格局。

举例来说，媒介学者保罗·哈特曼和查尔斯·赫斯本德在分析英国大众媒体对种族冲突的报道时注意到：“英国文化传统包含了贬损外国人（特别是黑人）的成分。媒介在文化中运作，并且不得不使用文化符号。”[8]他们在1973年发表的一篇文章检视了英国同性恋的媒体报道，文章采取人类学的观点作为一个理论起点，即所有社会都试图维持其文化观念的纯洁性和工整性。社会被不符合预想的“异类”文化范畴困扰。在将男女有别视为根本法则的社会中，同性恋是一个异类。因此，同性恋提供了一个可能引起文化紧张的故事话题，这个故事试图维护或强化社会的传统道德秩序及其观念与象征。关于同性恋的新闻故事可能是道德的故事：“一个负面的参照点……通过讲述一个道德故事而强化传统道德价值观的时机。这些手段可以消解社会体制中的张力，并要求‘循规蹈矩’。”[9]

这种类型的文化解释可以说明很多事情：毕竟，自1973年以来，同性恋的新闻报道已发生巨大的变化。美国新闻报道的最新研究总结出：现在新闻中的男同性恋和女同性恋的出现比五十年前多得多。他们被更“常 178
规”地报道为普通新闻，而非道德故事，尽管报道不能免于反对同性恋的偏见，它一般还是公正的。[10]

同样地，我们必须认真对待关于犯罪新闻的流行及其特征的各种文化解释，它们满足了社会对道德秩序的深度需求。一些持续和普遍的现象有着深刻的文化根源，比如两个多世纪以来，各个社会中大量的犯罪新闻。认识报道的方式、趋势和变化也是重要的。例如，社会学家乔尔·贝斯特详述了一些新近界定的犯罪仅仅获得偶然或片段的媒体报道，而其他犯罪在制度化的支持下形成了一个“受害者的产业”，得到了更系统和持久的报道。这里的关键之处在于新闻的一般文化维度和特定的社会组织维度之间的互动。[11]

新闻不是一种文学形式，而是一组文学形式。一些新闻形式像神秘的小说、传奇或五行打油诗那样可预测和公式化，其他新闻形式则更加复杂，从业者或读者都不能完全意识到其审美规范。以时政新闻为例，其形式包括突发性报道、反思性的新闻分析，乃至连续三天的系列调查。它也以杂志文章和同样长度的书籍的形式出现，通常是对最初的硬新闻素材进行再加工。即使在一个简短的故事中，也可以产生一些变化。在多数报纸上，标题和导语倾向于服从官方的来源；在故事的主体部分，替代性的诠释可能显现，并直接削弱了先前的官方版本（如第三章讨论的《洛杉矶时报》关于罗纳德·里根总统在路易斯安那停留察看洪灾的报道）。

179 报道内容的成分可能符合意识形态的传统概念，或一般意义上的领导权，社会学家赫伯特·甘斯称之为“准意识形态”。形式方面则在一个更细微的层次操作。我以“形式”这个词来指涉新闻生产中有关叙事、人情味以及图像的惯例和语言表现。例如，平面媒体的倒金字塔结构和电视新闻的“主题”结构。倒金字塔形式是标准的新闻文学体裁，每个记者都会运用这种形式。根据这种形式，一则新闻故事从“导语”开始，在最初几句中回答最基本的“谁（who）、何事（what）、何时（when）、何地（where），以及（有时提出）为什么（why）”的问题。在最完整的版本中，所有这些问题都在首句中提出。在导语之后，故事呈现出事件的最重要特征，并按重要性的降序，从一个话题转移到另一个话题。这个形式是 19 世纪末美国新闻业的一项特殊的发明。它似乎适应了电报的技术——首先用电报将倒金字塔中最重要的新闻发送出去。但它的意义不仅如此，它不仅适应了电报的技术，而且适合于越来越独立和骄傲的新闻从业者，他们打算以自己的权威来判断新闻内容的重要性。那么，这个叙事的形式特征隐含地授予新闻从业者一种专家的权威。在时政报道中，它有助于重新界定政治本身，使新闻从业者恰当地作为专家（而非作为政治人士）来参与主题讨论。刚刚描述的“概括式导语”并非新闻报道开篇的唯一方式。记者们可以采用“轶事式导语”来帮助读者们代入到故事中，了解报道所讨论的事 180
物是如何影响一个特定个体或家庭的。接着故事的真正主题和情节发展会在下文中呈现，记者们将这些段落称为“核心段落”。或者，一篇报道可以采用“分析式导语”开篇，提供主题或报道对象的观点概述。

至少在现有的全国性的传统中，新闻从业者存在一种普遍的新闻标准，多数关于新闻生产的文化研究将这一点视为理所当然。这是新闻社会学方便的简化，它应受到批判性的关注。实际上，它可能是现在许多新闻研究的起始假设的一个要点。记者们可能在政治竞选的报道中遵守客观性的规范，但他们也会犹豫是过分热情地报道一个有着广泛的全国性共识的话题，还是嘲讽地报道一个在大众共识的边界上的主题。新闻从业者似乎在无意识地使用多种语言，在中立的诠释者与社会共识的捍卫者的角色之间转换符码，不遗漏任何一条新闻线索。媒介学者艾利休·卡茨和丹尼尔·戴扬注意到，英国、美国、以色列和其他各地的电视新闻从业者如何叙述现场的“媒介事件”，而非常规性的每日新闻故事，他们摈弃了以肃静、崇敬的口吻来报道重要事实的风格，而以一种夸张的语言来证实（而非描述）一次加冕、一次葬礼或一场庄严的奥运会闭幕式。[12]

一些新闻从业者清楚地意识到专业实践的正式和非正式规范，但较少地认识到文化传统具体规定着专业规范何时或如何发挥作用。传播学者丹 181
尼尔·哈林写道：有三种报道的领域[13]，每个领域都以不同的新闻规则来运作。在“合法争议”的区域，文化认可的冲突（如两个主要政党的差异）保证了一种呈现双方的专业主义的努力。在“越轨”区域，对某些议题或群体的报道超出了平衡与公正的正常范围。这些越轨的话题——例如，帮派成员、性骚扰者、沉醉于流行音乐偶像的十一二岁的少女，以及那些主要歌迷是十一二岁少女的流行音乐偶像——可以被嘲笑、边缘化或琐碎化，因为记者们本能地认识到主流文化会嘲笑或蔑视他们。

第三个区域是具有共同价值观的话题的报道。它包括多数特写、人情味报道和很多体育报道，以及将记者和读者之间共同的人类同情心视为当然的突发性新闻报道。例如，坐落在峡谷边的昂贵的房子被加利福尼亚州的泥石流摧毁后，或雅致的度假屋被洪水冲去后，很难想象一位记者会首先问受损的主人：你为什么愚蠢地把房子建在那个地方。相反，他们会问地方区域划分的权威，为什么允许那些房子建在那里。公共官员通常要面对挑战性的问题，但那些问题不能拿来质问一个普通市民。而且，不言而喻，人类的悲剧不存在正反两面。考虑一下以色列平面媒体在报道总理伊
182 扎克·拉宾遇刺时的符码转换。活着的时候，拉宾走在合法争议领域，但在死后，他被纳入共识领域。[14]没有人在新闻学院讲授这一点，但每个人都清楚。这是新闻文化和职业行规的一部分。

至少在三种条件下，美国新闻从业者本能地并且乐意放弃以中立的姿态进行报道的努力。首先是悲剧时刻，新闻从业者为自己假定了一种近乎僧侣的角色。在电视上，通讯记者采取一种庄严的神态。这个态度是明显的，例如，政治领导遇刺的报道、国葬的报道、哀悼在2001年9月11日恐怖主义者袭击中的受害者的报道。其次是公共危机的时刻，新闻从业者为了邻近地区的安稳而舍弃专业的客观性，不论危险来自恐怖主义者还是台风。他们试图提供实践的指导和交流感受。他们成为公共健康宣传的一部分，而不仅仅是一个公共信息系统。再次是国家安全受到威胁期间，新闻从业者拒绝中立。当他们被说服而相信国家安全处在风险之中，他们愿意抑制或缓和其报道。美国新闻从业者曾经这么做过，例如，1961年侵入古巴“猪湾”的时刻。2010年《纽约时报》和英国《卫报》、西班牙《国家报》、法国《世界报》、德国《明镜》周刊发表基于维基解密提供的美国国务院的机密电报而写成的报道时，《纽约时报》尽力避免公开任何可能危及美国军方，以及在伊朗、阿富汗或者其他国家帮助过美国的个人的信息，以免这些个人可能会因为身份暴露而成为攻击目标。2001年“9·11”
183 事件将三个时刻结为一体：悲剧、公共危机和国家安全的严重威胁。新闻从业者试图纪念恐怖主义袭击中的受害者，将在世贸中心工作的消防员和警察作为英雄来报道，并在一个月后，当炭疽感染的威胁使公众惊恐时努力安抚市民。在悲剧、公共危机和国家安全受到威胁的情形下，新闻从业者理所当然地认为不存在哪一“边”，并且“我们都是在一起的”。新闻从

业者在“9·11”事件后涌动着一种温情——这个经常格格不入的群体，短暂地与所有公众连为一体。[15]

新闻业中另一个关键的文化差异将新闻分成若干类别：地方新闻、全国新闻和对外新闻；或一般新闻、商业新闻、体育新闻和特写。新闻报道的领域划分产生了重要影响。以一般新闻报道（主要集中在政治领域）与商业报道的区分为例。大公司主管对市民日常生活的影响，可能比对政府官员的影响更大，他们在一般新闻中一定是较少见的，而可能常见于商业版，但他们被报道的方式与一般新闻的风格是完全不同的。在头版，记者期待着读者问：“今天世界上发生了什么事情，是我作为自己的社区、国家和世界的公民应当知道的?”在商业版，记者们假定读者会问：“今天世界上发生了什么事情，是我作为保护或推进自己的金融利益的投资者应当知道的?”[16]记者可能在两种情形中都谨慎地达到专业水准，但是，由于文 184
类中不言而喻的假设，报道的模式已经铸成，它决定了什么能够或不能成为故事，什么角度有意义或无意义。

尽管新闻以叙事惯例来操作，但这些惯例并不完全受记者的控制。那么，新闻写作不仅是恰当地将要素组合起来——点击电视、广播或平面媒体的图示，然后选择栏目 A 的“突发性新闻”“新闻分析”“调查性报道”“人情味报道”；在栏目 B，选择共识领域、合法争议领域或越轨领域；在栏目 C，选择一位专家、圈内的受众或容易受吸引的普通受众。而且，新闻是按一组文学传统来组织的，这又将记者和编辑无意表达的文化进行了再生产。新闻是这样生产的：记者和编辑经常不经意地在一个文化系统中，操作着一个储存文化意义的仓库。它遵循消息来源（合法的线人、发言人、信息传送者）的惯例。它有着对于受众的想象——受众在记者们的社会世界中的投射比受众实际上是什么更重要。新闻作为一种文化的形式，融合了若干假设：什么是重要的事情、什么是有意义的事情、我们处于什么时间和地点，以及我们应当认真考虑的范围是什么。

一则新闻故事假定要回答一些问题：“谁”“什么”“何时”“何地”以及“为什么”。然而，要理解作为文化的新闻，需要问：什么范畴的人算是“谁”，什么类型的事情被传递为事实或“什么”，何种地理和何种意义的时间被写作“何地”与“何时”，以及什么算是“为什么”的解释。媒 185

介学者詹姆斯·凯里富有洞见地指出：新闻包含了特定模式的解释，而其他模式只作为辅助或被拒绝。对于多数新闻，解释的首要模式是“动机”。行为具有能动者，能动者具有目的，而目的解释行为。在报道政治时，行动者通常是一个政治家或候选人，其动机通常是政治利益或政治权力。如果这个解释看起来不足以理解一个既定的行为或事件，记者们也会察看“原因”，如更广阔的、能够产生作用的社会性或制度方面的力量。通过不言而喻的惯例，记者们可能以自己的权威来判断行为的动机，但如果他们需要探索“原因”，就必须找到“专家”来给出明确的理由。[17]

新闻中的“什么”相当于文化的预设。都市报越来越依赖于郊区的读者，有时它们会直接迎合其假定的读者的需求和兴趣。但是，媒介学者菲莉斯·卡尼斯对费城地方新闻进行的重要研究观察到，中心城市仍然是地方新闻报道的核心。尽管多数读者不在城市生活、工作或投票，“市政府和市机构的新闻……占据首要位置，甚于面向市郊社区的政策议题”[18]。郊区工业园的发展几乎没有引起注意，而城市商业区的发展或旧火车站的翻新得到持续的报道。“这些项目在地方新闻媒体中被赋予显著的地位，不是因为它们对地方受众的重要性，而是由于它们的象征资本。”[19]大众媒体在都市和地方认同中承担了大量象征性的传输，甚至它们自己都意识不
186 到，并且无意识的操作肯定多于自觉的操纵。这有助于在人们的想象中建立一种心理的存在——一个没有实体的“共同体”。在这个意义上，新闻好比是冲锋陷阵的“马前卒”，肩负着共同体的使命；但它不是信息生产的“供应商”，因为其本身没有自觉的意识。

所有新闻报道都是故事，但一些报道比另一些报道看起来更像故事。其中一些报道让我们想起小说、笑话、篝火故事、闲话、道德警戒，以及各种虚构或非虚构但高度结构化和有目的的形式，人们通常将它们与“故事”一词联系起来。经典的“硬新闻”故事将所有关键信息放在第一句，并且不强迫多数人读到结尾。其结尾从来没有一个结论或一种寓意，而只是所有信息中最不重要的部分。因此，硬新闻报道不是叙事性的。经典的硬新闻报道的操作需要有效地传递有用的信息，甚于在情感上为读者构筑一个共享的世界。以新闻式写作为目的，记者如同一台机器，准确地传达相关信息。按照另一种目的，记者像一个图书馆或摄影艺术家，他们将世

界联系起来，甚于传输数据。回到第四章开始的讨论，机械模式在某些方面与哈贝马斯对理性民主的憧憬更为紧密相关，而艺术模式与安德森对于共同体的想象有更多的联系。后一种意义上的叙事是共同体建构的一部分。这种新闻的叙事观将新闻看作集体意义的生产过程的一部分，而非信 187
息传输的过程。它强调新闻过程的社会特征，而非机械特征。

对故事、叙事以及故事形式的强调，暗示了一种功能性的观念，而非工具性的观念。它表明对新闻的理解不需要我们知道“谁向谁传递了信息、出于什么原因和达到什么效果”，相反，它说明：整个新闻过程作为仪式的一部分，超越了任何参与者的视野。当新闻从业者进行人情味报道时，他们不需要阅读一本手册，就知道需要从陈述性的报道向情感性的散文转换，或者在报道国葬时，也不需要阅读一本手册，就知道需要采用肃静的音调和低语。他们在中立的诠释者、市镇的庆祝者和社会共识的捍卫者的角色之间来回转换。在这种行为中，他们或许能够把握自己，或许不能，但这都无关紧要。他们是更大的文化的一部分，并且他们扮演了被指派的角色。对于新闻从业者来说，如果他们不能做到这一点，这不是职业的失误，而是一种文化上的亵渎。他们会被打上造反或不服从的标记——或者，他们作为革新者，要摆脱这种文化的桎梏。

第十一章 法律、民主与新闻

188 即使在缺乏民主的地方，新闻与新闻机构依然存在。政治公告不必涵盖全面的政治内容。甚至法西斯意大利和纳粹德国也有定期组织的时事信息和评论。这些环境中的新闻可能有各种功能。它会让人们服从于国家的目的，会为政府重整支持的力量，或提供一个用于解构的常见文本，并让读者“体会言外之意”——这是东欧剧变前市民对待新闻的典型态度。当每个人都能读到非垄断的出版信息时，新闻才是民主的。新闻并不必然地促进积极的、赋权的公民身份。

只有在国家容纳一定程度的自治并容忍媒体批评国家权力的情形下，新闻才与民主政治有关。殖民地时期，美国的新闻界对民主制做出了某种贡献，这有赖于美国的议会传统，当时十三个美洲殖民地都有代表的集会；尽管它们仍受英帝国的君主管辖。

当一个社会享有一个选举产生的立法机关和一个独立的新闻界时，它
189 会产生伟大的硕果。诺贝尔经济学奖得主阿马蒂亚·森在研究世界饥荒时写道：“一个拥有民主的政府形式和相对自由的新闻界的国家，不曾发生过严重的饥荒。”[1]相反，缺乏民主的国家会陷于歉收的困境。饥荒与其说是生产的过错，不如说是分配的失败；并且，拥有选举民主的国家在信息公开的支持下，不会以贫困和失败收场。新闻可以责备政治家的失误：在

民主国家中，它一直扮演着最重要的批评角色。

因此，新闻界对于民主的重要性毋庸置疑。但媒体本身不是民主的，并且不能产生民主。它曾在数十年里与非民主的、威权的和压迫性的政体共存。因此，事实并非像媒介学者詹姆斯·凯里所说的："作为一种实践，新闻业离开民主的语境是不可想象的；事实上，新闻是民主的另一个名称。"[2]对于凯里来说，新闻业必须以民主社会秩序为基础的。凯里希望存在（并继续存在）这样一种新闻业的实践：它致力于传播公民的声音，公民为公共善政而辩论，因此，媒体上产生新的观点，表达出新的声音，并通过政治而重建社会。在历史的一些关键节点上，曾经发生过类似的事情：托马斯·潘恩的《常识》，威廉·劳埃德·格雷森主编的《解放者》，19 世纪 30 年代英国工人阶级的不贴印花的报刊，20 世纪 80 年代末 90 年 190
代初的东欧在社会衰落与新兴商业媒体崛起的缝隙之间迸发的言论自由，越战后美国和部分西欧国家兴起的更具批判性和监督职能的媒体，以及过去十年间世界许多地方出现的在线的政治辩论。如果这就是新闻业，这个名字是否还有什么其他含义？

新闻业确实还有其他含义。巴西经过 20 年军人统治而走向代议制民主后，它的主要的电视新闻网——私营的 TV Globo——不曾遗漏过任何一条线索。商业实用主义曾使 TV Globo 很好地服务于军人政权；同样是商业实用主义，而非新闻的承诺，引领着电视网支持新的民主政体。民主开启了较大范围的政治批评，但 TV Globo 的新闻报道倾向于支持新体制中的政府，如同它在旧式军人政权中的做法。[3]在西班牙的弗朗西斯科·佛朗哥军人政权期间，私营报业将意识形态的纯洁性作为它最先考虑的事情。在佛朗哥之后的民主转型中，正是这些报纸强调营利的第一性，同时为言论自由提供了更多的机会。[4]

想看到作为天然的民主力量的平面媒体、广播电视或互联网在传播信息方面的全部能量，这是一件很有诱惑力的事情。历史学者帕迪·斯坎内尔为广播电视在这方面的影响进行了特别有说服力的辩护，他写道："广播电视加强了正当的传播权的诉求，提升了 20 世纪生活中理性的品质和行 191
为。它普及了一种参与公共生活的权利。"[5]然而，如果人们以 BBC，而非第三世界国家的广播，甚至美国商业电视网来代表广播电视的理想，那么，这个观点更容易成立。

有一个证据可以支持新闻业与民主之间的天然联系，即记者和编辑的工作满意度看起来与他们（喜欢的）免于审查与意识形态束缚的出版自由的程度直接相关。有政治倾向的新闻从业者都喜欢言论自由；如果没有的话，他们会争取这种自由。在压迫性的政体下生存的新闻从业者有时会成为追求自由新闻业的勇士，他们确信：新闻业应当是自由的，并适合于一个民主政体。

在自由民主体制下，新闻业会以各种不同的方式运作。"国会不得制定法律剥夺言论自由或出版自由……"——《第一修正案》中这个简明的禁令已成为美国新闻业的荣耀。并且，这个荣耀是应得的。美国新闻业比世界上任何其他国家的新闻业更免于政府的约束。然而，《第一修正案》的具体含义并非如同多数新闻从业者理解的那样，它也不是要解决表达的
192 审查和约束的所有问题。对美国政府约束的限定，使美国新闻媒体更容易受到市场的审查。即媒体表达的多样性不是受到政府审查的限制，而是受到出版商的营利的限制。在争夺人们的注意力时，广播电视和平面媒体的经营者会被迫减少或删除那些使受众感到无趣或不舒服的新闻和观点。在政府赋予独立媒体托管权的国家（如英国），或者政府津贴支持多元观点和少数群体声音的国家（如斯堪的纳维亚国家），市场审查会相对较少。越来越多的批评家提出了一个重要的意见：严格遵守《第一修正案》并不能为鼓励言论自由提供最好的环境。

考虑一下帕特·托尼罗的例子。1972 年，他在佛罗里达州竞选州议会的席位。《迈阿密先驱报》发表了一些关于他的严苛的评论。托尼罗要求报纸给他回应的版面，并引用 1913 年佛罗里达州的"答辩权"立法作为依据。该立法规定，当报纸对提名或竞选的候选人进行人格攻击时，报纸要提供相当的回应空间，以满足这方面的请求。当《迈阿密先驱报》拒绝满足托尼罗的请求时，他提出了诉讼。巡回审判法庭站在了报纸一边，并宣称旧法令违宪，但佛罗里达州最高法院将判决驳回，认为答辩权立法服务于"公众在信息自由流通中拥有的广泛的社会利益"。世界各地许多民主国家对此都会表示同意。答辩权的立法是普遍存在的：十三个欧洲民主国家都有这个立法。法国和德国的模式尤其具有影响力。[6]

相反，《迈阿密先驱报》认为，答辩权立法限制了报纸发表它们喜欢 193
的东西的自由。《迈阿密先驱报》将佛罗里达州的决议上诉到美国最高法院，最高法院站到了报纸一边。这个案例提出了一个经典的问题：政府仅仅通过完全的媒介规制，就能在本质上提升公共辩论和公共讨论的质量吗？或者它是否可以，并且应当通过媒体法来提升言论自由度，并实现最高法院在1964年描述的“一个举国信奉的深刻准则，即公共议题的辩论应当是毫无拘束、富有活力和广泛公开的”?[7]

从表面上看，答辩权立法似乎对公共辩论有好处。在1972年，地方电视新闻基本忽视了地方政治，唯一的有关多数州和地方政府候选人的一般新闻报道是由报纸提供的。多数美国城市以只有一家日报为荣，这个事实使佛罗里达州这样的立法看似是合理的，甚至是对民主的一种必要的保护。但最高法院以另一种方式发出一致的声明。法院认为，所有的政府治疗的危害要大于疾病本身。拜伦·怀特大法官在佛罗里达州的立法中看到“政府的严重干预”，并担心它使政府成为“人们可能读到和知道的内容的审查者”。[8]对怀特来说，这是不允许的。

最高法院毫无异议地否定答辩权立法时，宪法学者产生了分化。学者
本诺·施密特对《迈阿密先驱报》的决定进行了猛烈的攻击，他坚称那个 194
意见“几乎全无理性的支持，它对先例的运用是不诚实的，并且它宣称的宪法原则与基于《第一修正案》的其他规定并不一致”[9]。法学教授凯斯·桑斯坦为答辩权提供了一些谨慎的支持，这是一个普遍论题的一部分：《第一修正案》的目的是保护民主的商议，而非市场自由。桑斯坦认为，《第一修正案》的目标是保护媒介机构和一个“让公共议题引起广泛而深刻的注意”的媒介体系，并“将合适的多元观点公开化”。[10]为了将这两种民主商议的主要价值最大化，有时政府在严格限制下进行干涉可能是必要的。根据这个意见，政府应当永远对新闻媒体束手旁观的立场实际上可能暗中破坏而非坚持了基本的民主自由。

相反，法学教授小卢卡斯·鲍威为《迈阿密先驱报》诉托尼罗的决定进行了辩护。他认为，《第一修正案》的制定者们完全不知道报纸对公正和客观的承诺。他们只知道有直言不讳的、有党派性的、争吵的报纸，那里充斥着政客们对对手毫无节制的、个人谩骂式的攻击。这就是《第一修

正案》试图保护的新闻界。在鲍威看来，《迈阿密先驱报》重申了这个观点："我们可以拥有一个自由的新闻界，或一个公正的新闻界，但我们不能同时拥有二者。"[11]

这仅仅是《第一修正案》的研究者们关心的出版自由和民主的诸多问题中的一个例子。广播电视与平面媒体应当被区别对待吗？广播公司需要联邦的执照，而报纸不需要。政府在广播电视规制中的干预权应当扩大
195 吗？例如，电视应当服从于"公正原则"，确保竞争的政治各方都得到发言的机会吗？联邦通信委员会曾经说"是"，但现在说"不"。诽谤的行为是更容易还是更难发生了？个人的公正审判权与社群对审判程序的知情权之间应当如何平衡？国家是否有途径能够（或应当）通过干预，使过于嘈杂的声音和过于微弱的声音之间得到平衡，以便在不给予媒体津贴的情况下开展公共讨论？除了我这里提到的议题外，还有更重要的议题，但佛罗里达州的答辩权立法的例子需要澄清的基本问题是：当政府束手旁观或政府以公开而多样的表达的名义进行干预时，是否得到了更大的自由？

再来考虑一些国家坚持直接给媒体津贴的做法。挪威、瑞典和芬兰的政府给媒体提供直接的财政资助。在挪威，这个体制始于 1969 年，它是遏制第二次世界大战后报纸数量令人不安的下滑趋势的一种努力。政府将津贴拨给小型的地方报纸和文化上的少数群体的报纸，特别是那些服务于萨米人族群的报纸，以及现有的报纸市场上"非主导"的报纸。它的目标是使财政薄弱的报纸能够维持业务，并在公共领域上实现政治意见的多元化。这个体制的后果是混合的。它确实帮助报纸免于倒闭，并且在 1995 年
196 比 1972 年有了更多的挪威语报纸。另外，政党与日报之间联系的弱化可以增加市场上的报纸数量，却缺乏意识形态的多样性。因此，它们的津贴没有能够维持党派政治意见的多元化，却鼓励了文化上的少数群体的媒体。

不论挪威的津贴的优点或失败为何，至少显而易见的是，言论自由没有被政府对独立报业的介入破坏，尽管那种监督在美国会越界。例如，没有证据表明，被资助的挪威报纸比其他报纸更温顺，或更可能抑制对政府的批评。事实上，一项研究表明，这些报纸比起其他报纸来，更有可能批评政府的政策。[12]

显然，关于民主媒体的最佳法律框架的问题仍有异议。宪法学者欧

文·费斯提出市场决定的言论（政府退出时媒体的状态）和民主决定的言论（在充分的商议和没有国家或市场限制的情况下，人们将选择的状态）。[13]然而，即使是后者，可能也不是一个充分的理想，因为可以想象，一个民主国家会选择一个新闻审查体制，特别是对少数群体的观点。因此，有人提出另一个理想：关于重要公共事务要有“毫无拘束、富有活力和广泛公开的”辩论。这是最高法院大法官威廉·布伦南在他最著名的论述——1964 年在《纽约时报》诉沙利文案的主要意见中提出的。[14]

布伦南的标准暗示，《第一修正案》的目标不是保护个体表达的自主性（在实践中表现为个体化的新闻组织的自主性），而是丰富社会的公共辩论。这一点是法学家亚历山大·米克尔约翰在 1948 年出版的一本名著中 197
指出的。[15]在这本书中，他提出了小镇会议的模式，即不仅鼓励个人发言，而且选择一位仲裁人，在适当的时候限制发言。仲裁人执行公共讨论的规范。例如，他或她保证每人发言一次，这就要求仲裁人在他们发言之前认得他们。一个好的仲裁人还得坚持要求人们针对会前提出的问题来发言；每个发言者必须保证自己的发言切题，并遵守一般的规范。对于顽固地违反这些规范的人，仲裁人甚至会拒绝他们出席会议。小镇会议不能保证所有人可以随时随意地发言，但可以公正地组织发言来讨论公共事务。米克尔约翰写道：“其实质不在于每个人都会发言，而是凡是值得说的都将会说出来。”[16]他坚持认为，民主国家中的言论自由不是源于自然法，而是源于政治和宪法的同意，即公共事务要在普遍投票的基础上来决定。当然，“仲裁人”这个术语在数字时代被复兴了。各种在线论坛和维基百科必须想好如何协调评论。那些试图放弃仲裁功能的论坛有时会发现，适当地仲裁个别不文明的言论是必要的，这可以避免它破坏大多数人的讨论空间。

如果通过保护个体或公司（如一家报纸）的自主性，言论自由可以因此提升为公共辩论的话，那么，那种自主性将受到虔诚的保护——但不是为了其自身的利益。如果那种自主性本身妨碍了丰富的公共辩论，那么国 198
家应当采用立法手段进行干预，并保护富有活力的个人或公司的辩论，使舆论免受绑架。按照这个论证，托尼罗应当赢得这个官司。在这种观点看来，对媒介机构的个体自主性的保护是手段，而非目的，即使它是一种被赞同的手段。

不幸的是，这个原则引发了大量微妙和困难的决定。这与最高法院大法官雨果·布莱克坦率地坚持的看法相去甚远，即《第一修正案》宣布"国会不得制定法律剥夺言论自由或出版自由"，那么，"不得制定法律意味着没有法律"。[17]它确实暗示美国人可能从外国的模式中学到一些东西，这些模式对民主的贡献会跟美国自由派和自由至上主义者的《第一修正案》的传统同样好，或者更好。

对于美国人来说，这可能产生一个异端的问题：美国或其他民主国家的言论自由，哪个更多一些？我们如何能够回答这样的问题？人们通过什么尺度来判定更多或更少自由？在最广泛的意义上，一些尺度是清晰的。例如，记者们会因为报道政府保密的事情而遭到枪击、驱逐或失去工作吗？根据一个备受尊重的"自由之家"的2009年年度调查，近年来世界新闻自由的状况不断恶化。这个调查对言论出版自由进行了总体的衡量，评
199 估了法律对于内容的约束、政治对于内容的压力、经济对于内容的影响，以及对新闻从业者及其新闻机构的直接压制。总的来说，"自由之家"判定69个国家拥有自由的新闻界，63个国家拥有部分自由的新闻界，以及64个国家的新闻界是完全不自由的。非洲、亚洲、东欧、苏联和中东最为糟糕，这些地区中只有20%的国家有完全自由的新闻界。西欧被认定有23个国家有完全自由的新闻界，两个国家（意大利和土耳其）的新闻界是部分自由的，不自由的国家一个也没有。美国的状况非常好，总得分为18（0分是最完美的）。芬兰、冰岛、挪威和瑞典位居榜首（各得10分）。[18]

就媒体内部实践是提升还是压制了言论自由给出一个数字是很困难的事情。我们已经讨论的新闻业的日常实践是什么？它们是服务于民主，抑或以自己的方式行事？社会学家赫伯特·甘斯认为，新闻业的日常惯例实际上暗中破坏了民主。如果媒体对民主的支持意味着鼓励公民变得活跃、知情和具有批判性，那么主流新闻业的标准运作程序颠覆了其最好的意图。例如，甘斯观察到，多数新闻是"俯视的"，偏袒高层政府部门甚于低层政府部门；偏袒政府部门甚于非政府组织和反对团体；偏袒各种团体甚于无组织的市民。[19]

并且，记者们每天要将最可靠和可及的素材写成简单的故事、散文和

常规报道，在这样无情的压力下，他们发展了一种可能危害公民参与的代理制度。媒体倾向于报道政治，而非更难以把握的社会和经济领域的话题。甘斯声称，“政治”普遍成为塑造我们生活的力量的代理者。那么， 200
总统选举变成了政治的代理；“赛马式”报道变成了选举的代理。选民被报道，非选民不被报道，因此“选民”成为整个公民的代理。[20]记者们会坚信，他们的工作是向公民传达信息，知情的公民将参与民主，并且这种事情发生得越多，我们的民主制度的境况将越好。但是，甘斯认为，事实上，这种报道者提供的信息不足以帮助人们构成政治判断，也不会激发他们的政治参与。

甘斯太苛刻了吗？或许是的。他似乎只检视了媒体行为的一个方面。他的批评忽视了媒体给予所有主要政党表达的机会（如果不是持不同政见的小团体），并为团体组织（如果不是无组织和不服从组织的市民）发出影响其利益的政治决策的预警信息。他没有考虑媒体经常承担一定数量的令人震惊的颠覆性的调查性工作。甘斯也忽视了时政新闻在西方民主国家的平面媒体和全国电视新闻中持续拥有一种几乎不可侵犯的核心地位。全国电视台或报纸头版的头条报道一定是时政报道。地方和区域性的日报的头条通常也是一则全国性或国际性的报道，并且肯定显露出事件的政治后果。

2001年，佛蒙特州参议员吉姆·杰福德脱离了共和党，宣布自己是无
党派人士，这使民主党成为美国参议院的多数党，媒体对此进行了大量的 201
报道。关于事件及其影响的解释都与政治有关。但报道也不全是政治性的，比如《今日美国》商业版的报道。记者亚当·谢利观察到：“纳斯达克在一波盈利潮中维持了六个交易日连赢，但是被突然中断，部分原因是佛蒙特州共和党参议员吉姆·杰福德公然脱离该党，成为无党派人士的新闻。”[21]他引述了华尔街内部人士对此可能引发的不确定性的焦虑，尽管他也引用了其他人认为杰福德的离开从长远来说对股票市场是有利的看法。有人说：“股票市场喜欢僵局。”“既然共和党不再是两院的多数党，僵局又回来了。”在理论上，关于参议院的事件的报道一般侧重其经济影响。在实践中，没有新闻记者给予这个可能性哪怕一秒钟的思考。在自由报刊中，普通的新闻就意味着政治。记者们对民主的支持，不是依据自始至终

的思考，而是把它作为一种常识。

然而，新闻从业者对民主政治制度的尊重可能正在弱化。到20世纪90年代中期，没有一家英国报纸给议会提供一个版面或一部分版面，逐字记录立法机构的讨论摘要。一个意味深长的时刻发生在1991年，当时伦敦的《泰晤士报》停止在一个“议会版”发表议会发言的摘要，此前，这个版正是出于这个目的而留出来的。当议会质询这个改变时，报纸编辑西蒙·詹金斯谈道：他找不到“议会成员之外的任何人”在读这些摘要。并且他断言：“我们提供的公共服务不是为了一个特殊的职业、一个特殊的会议厅……报纸是要为人们提供新闻的。”[22]

202 詹金斯可能是对的，很少有读者会惦记议会新闻。而且，英国媒介学者罗尔夫·奈葛林观察到：议会版是“议会机构的显赫地位的象征，并且由于其显赫性，它值得以不同的方式来报道。议会版也确定了媒体的从属性。一旦媒体放弃了议会版，它就否定了议会的显赫性”[23]。

相当奇怪的是，媒体的这种发展变化被认为对民主是一件好事。关于新闻媒体与民主，有一种观点认为，公共空间里应有的声音被遗漏或边缘化了。我们已经看到，批评家如何反对媒体偏爱“国家主义者”或“市民”的声音的做法。并且，媒体上的公共讨论要达到比较充分的程度，就要按照媒体已确立的方式来展开——但这些方式未必是中立的。社会学家妮娜·伊丽亚索夫做过一个令人启发的研究：主流政党结构之外的积极分子的政治团体是如何谈论政治的。她观察到，其中的女性具有复杂的政治分析模式，她们在电视镜头或报纸记者面前将自己呈现为“母亲”的角色。她们从母亲保护自己孩子的意图出发，向化学公司、核工厂或市议会索赔。换言之，她们将自身“去政治化”，从而获得媒体上普遍同情的时政报道。[24]

新闻媒体——并非精英或“质”的新闻媒体——一般倾向于成为政治的庇护者，它认为其优先考虑的内容与公共生活和公共利益的重要性是一致的，并且支持公共生活和公共利益。同时，近年来媒体在报道公开的重
203 大突发事件时，偏离了中央的政治机构。过去的新闻记者会认为这是危险的。当霍华德·西蒙斯在水门事件期间任《华盛顿邮报》主编时，虽然他对范围广泛的时政新闻具有一种强烈的兴趣，但他在新闻编辑室中强调媒

体的局外人地位，并授予新闻“SMERSH”① 的称号——“科学（science）、医疗（medicine）、教育（education）、宗教（religion）以及胡说八道的东西（all that shit）”。[25]这就是过去几十年来新闻最让人难忘的地方，它扩大了整个社会可以共同思考的内容，并把立法机关和总统心中的政治概念，转变为公众看得见、够得着、能塑造日常生活的政治概念；这个转变是如此平稳，却相当重要。

在某种程度上，又回到了尤尔根·哈贝马斯和本尼迪克特·安德森对两种模式的讨论，这两种模式对于理解新闻媒体的发展史大有帮助（参见第四章）。哈贝马斯强调：新闻业开辟了公共领域——私人可以自由讨论和辩论日常公共议题的场所，即新闻培育民主政治的场所，这是至关重要的。安德森聚焦于新闻的角色以及共同的新闻阅读。在推动大众关注共同的故事方面，新闻媒体建构了一种现场感、宗教感和民族意识。这种理解不是来自新闻业对政治的聚焦，而是来自对想象的共同体的报道，这个共同体不可以面对面地体验，却通过新闻而得以维持。今天，新闻业显而易见的全球性甚至可能引发一种世界共同体的意识，这个世界共同体承担着 204
人类的命运和超国家的人权。媒体对日常生活中微小的个人表演、科学和教育中的成就或悲剧、宗教和文化的冲突或进步的报道，与时政报道一样建构出公共议程并形成共同体。毫无疑问，全球传播是将人们联系起来的不可缺少的工具，同样它也可以被用来播撒仇恨和恐惧、所属群体的沙文主义以及对他人的轻蔑。并没有什么定律宣称好的信息会战胜不好的信息，反过来也是如此，就像信息世界的“劣币驱逐良币”一般。新的全球信息生态带来前所未有的机遇，我们要竭尽所能地通过调查和报道来为建设更人道的自治政府服务。

① SMERSH是二战期间苏联建立的一个反间谍的情报部门的名字，本意是“消灭间谍”。西蒙斯用这个词来称呼新闻，大概有调侃的意思。——译者注

第十二章　21世纪的第一波新闻革命

205 谁是记者？是那些在新闻机构中拿着薪水、专职从事报道的新闻工作者吗？还是那些拥有手机摄像设备或脸书账号的普通网民？什么是新闻故事呢？一条推特消息、一篇博客帖子、一篇杂志短文或是由新闻报道改编成的一本书，它们都可以被称作“新闻”吗？

什么是新闻编辑室？是过去曾经引以为荣的、在物理和理念上都与运营部的办公室分离的一个特定的空间吗？还是仅仅用一个可移动的屏幕作为编辑部和运营部的“防火墙”？如果是后者，那是曾经令人自豪的职业荣誉被腐坏的标志，或是曾经骄傲的协会在市场和受众兴趣的现实面前做出的妥协吗？

对于这些问题，所有的提示答案都是正确的，也是令人困惑的。在数字化时代，我们需要重新思考以往对新闻业的诸多认识。新闻业的根基正在动摇，经验现实让新闻工作者和这个领域的研究者都头晕目眩。

2011年，互联网对新闻业的影响依旧处于早期阶段。1993年出现的“马赛克”（Mosaic）是第一个被广泛使用的网页浏览器。谷歌直到1998年才成立。《纽约时报》于1996年开始出电子版，但是直到2000年才更新它
206 的网站。诞生于20世纪90年代中期的博客，也直到2002年才因为一场信息运动而受到广泛关注，那场由几名博主发起的运动迫使美国参议院的重

要领导人特伦特·洛特辞职。作为线上招聘的公司先驱，巨兽网（Monster.com）在1994年开始运营。1995年，eBay建立全球第一个网上拍卖的网站，任何人在任何地方都可以通过这个网站买东西。“克雷格列表”（Craigslist）曾经仅仅是旧金山一家提供分类广告服务的网站，直到2000年它才建立了针对特定城市的网址，后来又扩展到全球范围。每个人都可以免费在“克雷格列表”网站上投放广告，接触来自同一城市或地区的那些打算转租公寓或买二手车的人们。他们也可以在发行量下滑、在青年群体中微不足道的当地报纸上投放广告，无论是纸质版还是网站。过去，从1950年到2000年，分类广告的收入从占总收入的18%增加到40%，但现在报纸受到了互联网分类广告的巨大冲击。[1]第一个社交网站友人网（Friendster）于2002年建立，之后于2004年出现脸书（Facebook）。2005年YouTube建立。2003年，当本书第一版出版时，新闻业的重构才刚刚开始，因为多数（但不是全部）出版商、记者、学者们还没有认识到旧的常规和时间正如此迅速地瓦解。[2]

过去十年来美国新闻产业的剧变，促使人们对什么是新闻业以及新闻业过去是什么有了新的理解。这方面并没有权威的说法，因为这些改变是多维度的。有些领域的变化比较大，有些领域的变化比较小；有的地方变化快，有的地方变化慢，还有的正在变化的过程中。放在全球视角下，新闻业的现状甚至更难理解。在一些国家，纸媒的读者群迅速扩大，利润也在快速增加——印度就是一个非常突出的例子。而在一些成熟的工业化、民主化，并且深受互联网影响的国家（如芬兰和瑞典），它们的报业经营收入的波动幅度远远比不上美国。但即使在目前经济状况下还能支撑存活下来的媒体机构，过去十年来新闻的定义也发生了重要的变化。几年前，新闻业的边界看起来很清晰、稳定和长久，但是如今新闻业的边界并不清晰；这些基础的改变使新闻业的原则和实践变得十分模糊，甚至成为风险的根源。新闻业的边界重构，大体上将通过如下六种方式来进行。 207

1. 读者和作者的界限变得模糊。

在新闻业中，读者和作者从未被严格区分过。新闻机构一直在邀请它们的受众发表评论。在最开始的时候，美国的报纸就会收集和整理读者的来信，通常这些来信是就报纸的社论进行争论，之后的读者来信会针对报纸上报道的某个特定话题发表意见。从 20 世纪 60 年代开始，一些美国报纸开始采用一种北欧的制度，即任命一位“督察员”来接收公众的意见和投诉，并针对这些批评在报纸上发表一篇专栏文章。这些督察员可以自由地选择为报纸辩护，或和读者一起站在对立面，有时这会引出报社的编辑和记者的致歉，承认他们的错误、判断力问题或对新闻的不敏感。

208 自 19 世纪早期，报纸开始雇用全职记者来自行生产更多的内容，但业余记者在那个时候的变化还远不如过去十年的变化。起初，大多数的专业记者并不乐于见到这些变化。他们对写博客这件事表示非常怀疑。博主们的观点常常被贬斥为是自私、愤怒、极端的观点。虽然这可能是对一些博客的准确描述，但大多数博客往往是由那些有专业知识并愿意与人分享的人或有丰富的个人经验并拥有写作天赋的人撰写的。这些博客经常有大量的追随者。在许多知识领域或子领域，小社区的消息灵通人士发现：那些有关他们特定兴趣领域的主要博客是不可或缺的。我们或许可以称它们为“未来新闻业”的世界，在小社区所关注的经济危机、法律问题、地方运动、食品和健康等领域，情况确实如此。《密尔沃基日报》已经为当地最受欢迎的美国足球队——“绿湾包装工”足球队的粉丝们提供了一个只能订阅的在线体育博客。博客在不同的政治活动社群中有着重要的地位。今天，对可靠信息的追求不仅通过记者自我重塑来实现，而且还通过志愿者专家来实现。我们所处的信息环境会越来越符合乔伊定律——它出自太阳计算机系统公司的比尔·乔伊的一句格言：“无论你是谁，大多数最聪明的人总是在为别人打工。”[3]或者，他们也为自己打工。如今，不管新闻编辑室里的记者的职业技能多熟练，或者他们的消息来源有多好，最聪明的
209 人很可能是来自其他地方的其他人。而且幸好有互联网，他或她可能已经开始写博客，或者在你的博客上发表评论。那么，乔伊定律和成千上万个志愿服务的个人联合在一起，他们对知识拥有好奇心或对知识痴迷，并且愿意在维基百科上撰写、修改和更新条目，使得维基百科成了无价的在线参考资料；同时，维基百科也是一个十分便捷的新闻来源，因为它更新得非常快。

2008 年底发生了一件里程碑式的事件，《纽约时报》发表了一篇多丽丝·邓吉的讣告，她曾经以“坦塔”（Tanta）为笔名，在博客上发表了一

篇极具影响力的关于抵押贷款市场崩溃的文章。邓吉是一位在抵押贷款行业工作的俄亥俄州人，她对商业领域很了解，并且有文学才华，她被鼓励为一家金融网站写文章。在这个金融网站上，她的帖子开始受到关注。她分析了当时美国社会中存在的抵押贷款融资的问题，之后她的博客文章开始受到金融圈内部人士的密切关注，这些文章同样也得到美联储和《纽约时报》专栏作家、诺贝尔经济学奖得主保罗·克鲁格曼的认可。[4]在某种程度上，博客圈给予了这些博主最大的响应，但博客圈也吸引了最知情、最敏锐的人的注意。直到2008年，博客的第二个面向才得以形成。多丽丝·邓吉的讣告已经体现了传统媒体机构对这一点的认可。

读者不仅已经介入了新闻内容的制作和合作生产，而且还志愿成为新闻的分发经理，并在朋友之间传播新闻。结果是，大众的新闻传播变得更加扁平化，更少层级。也就是说，人们对他们所处世界的新闻的了解，就像他们从朋友们和邻居们那儿了解新闻一样：他们会把信息或小道消息传 210
递给他们认识的人。尤其是伴随着推特和脸书等"社交媒体"获得越来越高的人气，朋友们也会通过这些社交媒体分享关于这个世界和彼此的新闻。

2. 推特、博客帖子、报纸报道、杂志文章和书籍之间的界限变得模糊。

新闻学者经常把目光聚焦于新闻故事，而且通常是头版新闻。但是，新闻业有一个完整的"课程"，正如传媒学者詹姆斯·凯里所言，头版新闻只是一个导论。"新闻业是一个课程，它的第一课是每天报刊上刊登的突发新闻。在这里读者得到一个简单的描述：确认行动者和事件，以及事件发生的场景和故事主角使用的工具。中阶和高阶的工作是细致的描述和解释——分析性和解释性的专栏，每周总结和评论，乃至书本篇幅的阐述。"[5]

新闻学研究就像新闻业本身，关注点都集中在头版，但即使记者离开报道的现场，也不能停止写作。在过去十年里，有多少记者根据伊拉克战争和阿富汗战争的报道写了书？这些书包括：《华盛顿邮报》记者拉吉夫·钱德拉塞克兰的《翡翠城的皇家生活》、史蒂夫·科尔的《魔鬼的战争》、托马斯·里克斯《赌博和惨败》、安东尼·沙迪德的《夜幕降临》、戴维·芬克尔的《好士兵》以及总编鲍勃·伍德沃德的几本书；后者有美国全国广播公司（NBC）记者理查德·恩格尔的《战争日记》和《华尔街
211 日报》记者法尔纳兹·法思伊的《等待普通的一天》、罗恩·萨斯坎德的《百分之一原则》，以及美国国家公共电台（NPR）记者安妮·加雷尔斯的《赤裸的巴格达》、《纽约时报》军事记者迈克尔·戈登的《眼镜蛇2》、《新闻周刊》记者迈克尔·伊斯科夫的《傲慢》、《纽约客》记者乔治·帕克的《刺客之门》和《美国新闻》记者琳达·罗宾逊的《告诉我结局》。上述书籍只是其中的一部分，它们也是新闻报道。

这些从推特延伸到书籍（或者包括视频格式的话，还有手机拍摄上传到YouTube的视频、电视新闻报道，以及长篇的纪录片）的报道行为，并不表明以人们熟悉的印刷形式刊登在日报上的报道仍然保持着过去的形式。这些报道也不是那些记者和读者想当然的业已完成的产品。现在，当一个新闻报道被发布到网上或出现在报纸上时，新闻编辑室的规范和公众的期望是：它需要定期更新。因此，记者们有了新的压力，即他们必须对与已发布和刊登的报道有关的哪怕一点小进展都要保持警觉。这样导致的结果是记者会产生职业倦怠：报道从未结束，也没有最终的形式。新闻业已经成为7天24小时全天候的工作。正如传媒学者麦克·德耶兹所观察到的，新闻业逐渐变为“液态”。[6]现在你所看到的记者们的工作节奏不仅仅是由热情推动的——尽管最初是这样子的——而且是用咖啡因以及通过不断的获得和联系的感觉来推动的。它永远没有停止的时刻。它让人想起了查理·卓别林在装配线上的样子，也像迪恩·斯塔克曼在《哥伦比亚新闻评论》上的撰文所设想的那样：像轮子上永不停歇的仓鼠。[7]

3. 职业记者和业余记者之间的界限变得模糊，并且混合的关系已经出现。

212 这种区别和读者与作者之间模糊的区别不同。现在业余记者有很多形式参与到新闻生产过程中，而不一定要成为记者或者摄影师。一些职业记者将业余记者当作同事或研究助手。明尼苏达公共广播电台的“公共洞察网”的发起人已将其与其他公共广播电台共享，使各站都能维持一个具有广泛受众群的数据库，他们可以向受众征求观点和信息。ProPublica是一家位于纽约的在线专业新闻机构，它致力于从事调查性报道，并面向全国各地招募志愿者，向他们提供有关奥巴马政府经济复苏计划中资金支出和实际使用的信息。在这个被称为“众包”的活动中，很多公众成员成为研究助理。这并不是读者成为作家的例子。参与者并不一定要表达自己，却可以为更大的事业或项目做出一点重要贡献。[8]

4. 私营媒体、公共媒体和非营利性媒体的界限变得模糊，而混合的融资模式正在发展。

在商业媒体的影响下，美国新闻业在工业化民主国家中是独特的。传统上，美国记者一直对政府参与任何新闻采集活动的行为抱有敌意。这仍然是事实，但更多的美国记者开始承认一个尴尬的事实，美国政府对商业新闻运作的补贴已经远远超过那些宪法《第一修正案》的捍卫者所认可的程度。从1792年《邮政法案》出台开始，为了邮政服务的应用，政府给了 *213*
报纸更优惠的税率。美国人口曾经很分散，他们不是集中在中心城市，那时报社自身也没有向用户投递报纸的机制，在这样的背景下，获得补贴的邮政投递大大促进了新闻的分发。当许多报纸充斥着从其他报纸上转载的文章时，《邮政法案》规定一个报社可以和其他报社互相邮寄，并且不用支付任何邮费，这是对新闻内容的巨大补贴。实际上，自19世纪后期，随着国家气象局的成立，美国政府一直在为地方电视和纸媒报道中的一块重要内容提供补贴，该局至今仍是国家天气预报的权威信源。[9]许多商业新闻机构，尤其是电视新闻机构，都有自己的天气预报服务。但在阿拉斯加州，由于地域辽阔，人口稀少且分散，联邦政府只提供一个天气预报服务。[10]40年来，美国公共广播公司和国家公共电台一直在制作新闻报道，是公共财政的支持使其坚持下来。宪法《第一修正案》规定，国会不得“剥夺言论自由或新闻出版自由”，但它并没有说，政府不能寻求途径去促进言论自由或新闻出版自由。[11]

承认政府长期以来都在商业新闻采写中起到一定作用，这使政府支持的新闻采写和独立的新闻采写之间的界限变得模糊。商业新闻机构独立自治的形象甚至被其他变化进一步瓦解。在新的新闻环境中，新闻采集越来越注重协同合作，也更加富有竞争性。当下，商业新闻公司合作的对象包 *214*
括：(1) 其他商业新闻公司；(2) 政府支持的新闻机构，如美国公共广播公司和美国国家公共电台；(3) 非营利新闻机构，特别是网上大量涌现的新闻机构；（4）新闻学院和其他高等教育领域里具有新闻生产能力的非营利组织。

新闻机构为了生存下去，过去相互竞争的旧传统正让步于一个更注重协作的新传统。现在的生存依赖于合作。无可比拟的独立性曾经是新闻机构的标志，但现在正在弱化，并被逐渐兴起的公共义务的意识取代。商业新闻公司正在与其他商业新闻公司签订协议来共同报道新闻，或在不支付现金的情况下交换新闻。（2008 年，俄亥俄州八家最大的报纸启动一项协议，它们可以免费从其他报纸上转载本地城市的新闻；2009 年，《华盛顿邮报》和《巴尔的摩太阳报》在体育报道和其他有关马里兰州的报道领域，也开始了类似的协议。[12]）为了获取信息，新型的非营利新闻机构正在和商业新闻机构、公共广播机构合作。圣迭戈之声是一家位于加利福尼亚州圣迭戈市的在线新闻机构，它们的新闻编辑出现在商业电视台和公共广播电台上，讨论其在线新闻报道。ProPublica 会给任何有需要的新闻机构提供新闻报道，无论是商业媒体、非营利媒体还是公共媒体；立足于大学校园的非营利组织“威斯康星调查报道中心”则免费向该地区内约 50 家报纸提供新闻报道。

215 5. 在商业新闻机构内部，新闻编辑部和运营部的界限变得模糊。

长期以来，这种传统的编营分离制度一直被视为新闻真实性的神圣保证，新闻工作者不能被新闻机构的商业需求左右，这是其德性的象征。但在今天，即使在最受尊敬的新闻机构，这一边界也正在瓦解。过去哥伦比亚大学新闻学院必修的导论课要教授一点媒介史、宪法《第一修正案》和媒体伦理，但在 2009—2010 学年，导论课增加了媒体经济和创业方面的内容，这在该学院 95 年的历史中尚属首次。

这样做的风险是显而易见的——新闻工作者将越来越屈从于财务的优先性，他们所生产的故事将是垃圾。他们将放弃报道枯燥却有价值的时政新闻，取而代之的是政客、艺人或体育明星被性、毒品或赌博缠身的传言。并且，如果新闻编辑部和运营部的角色开始混合，记者将更多地考虑“账目底线”问题，这会迫使他们关注有多少双眼睛盯着他们的节目或网页，而不再关注竞争对手。

那么，这种现象有其积极一面吗？是的。一群脱离实际受众的记者会给自己带来某种风险，形成一个互不相关、精英主义、小团体的回音室，记者们主要在那里自说自话。这能否证明，相较于纯粹的新闻独立的模式，最好的新闻操作模式是一种混合模式？相较于仅仅反映职业人士孤立的、内部偏好的新闻业，在一定程度上依赖于受众偏好并对此敏感的新闻业是不是更好些？[13]

记者们逐渐意识到杰·罗森教授所说的“那些过去被称为受众的人 216 们”的含义。[14]在今天的新闻里，记者可以相当准确地知道受众喜欢什么，而过去这只能靠猜测。在过去，通过市场调查收集那些信息的过程非常迟缓，而且是以相对抽象的数字来呈现的。然而，今天总有证据表明：某天最受欢迎的新闻，就是经常通过电子邮件发给朋友的那些新闻。记者是否应该只关心他的报道所产生的受众评价？当然不是。但一个在市场上挣扎求生的新闻机构，不能忽视那些最容易被转发分享的新闻的数据。

对受众偏好敏感不等同于对他们屈从。2010年，《纽约时报》的记者尼娜·伯恩斯坦在领取她的报道奖时说道，“最好的故事”是“没有人知道这是他们想要或需要的故事，因为他们还不知道故事的存在”。[15]这些故事要么隐藏起来了，要么潜伏在记者很少愿意冒险的阴暗处。记者们是如何识别这些故事并将其带入公众视野中的？他们如何培养寻找这种故事所需的知识、消息来源和直觉？这是通过职业训练、专业技能、经验积累、独立思考，以及坚持不懈和发挥想象力达到的，而不是靠阅读最新的收视率或阅读前一天的“热门转发新闻”列表达到的。

6. 传统媒体和新媒体之间的界限变得模糊，在实践中几乎无法识别。

报纸、广播和电视新闻业务部门不仅在运作自己的网站，而且这些网站在阅读量最高的新闻网站之列。报纸不仅在其纸质版之外增加了在线产品，而且它们的在线记者也作为一个整体，在新闻工作中越来越多地融合 217 在一起，而不是独立于他们次级的新闻编辑室。2005年，当传媒学者柏保路·博奇科夫斯基在对克拉林网（Clarin. com）的记者职业惯习进行研究时发现，阿根廷的主要报纸在1996年推出的克拉林网的网络运营工作与印刷版的新闻编辑工作是完全分开的；如今，它已经形成一个独立的新闻编辑室。[16]

新闻权威越来越个人化，越来越少依靠机构。新闻工作可以在低开销的环境下完成，仅仅需要一名记者和他的笔记本电脑就可以了。2009年，《纽约时报》的记者戴维·卡尔写道："在下城熨斗区、布鲁克林区、皇后区或哈莱姆区的某个地方，充满朝气的年轻人不仅出于学术上的兴趣，密切地关注着所有颠覆性的事物，而且他们将笔记本电脑和苹果手机作为云端的入口，这些云端拥有的信息能量超过20年前整个新闻编辑室所拥有的。他们通过社交媒体或其他更有用的搜寻信息的途径，从他们的受众当中获取内容。年轻人的要求让他们筋疲力尽，但他们也相信这是他们这个时代的恩赐。"[17]

在新的新闻生态系统中，有很多人担心由于传播速度加快，新闻编辑工作减少，部分（并非全部）新闻的风格开始由严肃变为"吐槽"。但无论是个体的还是集体的，这些担忧都不能代表最终的结局，也没有预示长篇的报道和分析的终结。对事件的记录和报道以及对事件的反思之间是有
218 界限的，它们又构成连贯的叙述。当然，我们有很多记录性的新闻，但反思性的新闻也很多。现在所有这些新闻都更多了。

接下来可以这样说：只要他们能在相对较少收入的条件下生存，那么对记者而言，现在就是最好的时代。他们可以很方便地在网上收集数据、建立联系、获取意见和维持关系，乃至开发心理画像来进行实验、创新和处理风险。

但这不也是最坏的时代吗？在过去的几年里，包括《巴尔的摩太阳报》《费城问询者报》《克利夫兰老实人报》《旧金山纪事报》以及《洛杉矶时报》在内的各大报纸都裁减了一半的新闻编辑人员，遣散了多达500名记者、编辑和摄影师。总的来说，报刊编辑人员从1971年的39 000人增加到1992年的67 000人，到2002年下降到59 000人，现在大约只有40 000人。[18]各州首府的全职新闻记者的数量从2003年的524名下降到2009年的355名。[19]同时，在1998年至2010年，国外机构支持的20家美国报纸和报业集团全部被关闭，包括著名的《巴尔的摩太阳报》《波士顿环球报》《芝加哥论坛报》《迈阿密先驱报》以及《费城问询者报》。[20]

2011年初，《华盛顿邮报》的督查员承认："《华盛顿邮报》的财务亏损惊人，需要不断削减开支来恢复盈利。令人震惊的是，强制买断和自愿离职导致编辑部的人才流失。一些非常受尊敬的记者离开了，也带走了急

剧变革时期紧缺的专业知识和领导才能。”然而，他自豪地指出：“衰落时期的《华盛顿邮报》依然比黄金时代的大部分报纸要优秀。”他的结论是： 219
“《华盛顿邮报》的新闻质量已经下降了。”[21]

那么，哪里才有好新闻?

回想一下 1970 年以来新闻业的发展。新闻机构在新闻采集方面深入调查的传统并不长。这一实践是短暂的，并且伴随着垄断利润的推动，以及 20 世纪六七十年代新闻气候的变化，调查性报道拥有空前的优先地位。我们失去了什么东西吗？是的。那些繁荣的、专业的、发展的、进取的、批判的和活跃的新闻业都在一种政治文化中运作，即政府信息和其他与政治有关的信息是可以公开获取的，但这种新闻业只短暂出现在 20 世纪 60 年代末至 21 世纪初。事实上，在线资源使报道的效率比以往任何时候都要高。

如同音乐、艺术和戏剧等领域，人们进入新闻业这个领域并不是因为有利可图，而是因为个人的喜好。诗歌、弦乐四重奏或表演艺术及其他的追求都没有商业模式。它们通过慈善支持、学校的大力资助以及少量的政府直接支持存活下来。

新事业发展的机会所激发的热情推动了在线新闻机构的兴起。这当中很多人都展现出自己的机智。电子评论杂志早在 Salon. com（1995）和 Slate. com（1996）出现时就兴起了。2000 年，记者乔什·马歇尔开创了他的博客 TalkingPointsMemo，该博客后来发展成为从事报道、新闻分析 220
和评论的新闻机构。2005 年成立的圣迭戈之声可能是第一个致力于新闻报道的在线新闻机构。2009 年，一群从事在线调查性报道的新闻机构聚集在一起，组成了“调查新闻网”。到 2011 年，该群体拥有 51 个致力于调查性报道的非营利、非党派的成员机构。[22]其收入来源主要是基金会和私人慈善机构的资助，其中一小部分来自广告或读者的捐助。

我们有理由相信它们能够持续发展下去。它们的成本很低，不需要在报纸印刷、纸张或运货车上投资。传统上，报纸在新闻采集、新闻写作和新闻编辑方面只花费了 11%到 12%的费用。新闻纸和油墨本身的成本高于其他成本，剩余的成本则包括其他生产、分销和管理成本。根据 2001 年的数据，最终只有 21%的毛利润。[23]互联网使得竞争环境扁平化，这几乎消除了报纸的竞争优势。如果你需要一个印刷机来开展业务，首先你需要大量的资金，一旦你进入了这个行业，你的存在就会成为其他后来人的障碍。如果你只需要建立一个网站，你通过打暑期工就能获得所需的开支。有人说，一份报纸的运营最关键在于运输业务的处理，但对于新闻网站来说并非如此。在互联网时代建立新闻公司比在纸媒时代更容易，但由于没有进入门槛，任何人都有相同的优势，这导致新闻机构更难以维持运营。

并且，互联网和个人电脑大幅提高了单个记者的生产力。新闻报道的
221 效率提高，不仅是因为记者们有电脑，还因为政府、非营利组织和游说团体已经加入公共信息和政府问责制的行列。他们聘请了记者、编辑和摄影师。他们准备了可公开进入、下载和使用的数据库。从 1966 年的《信息自由法案》和 1971 年、1974 年的《竞选财务法案》颁布开始，竞选捐款和费用明细就需要公布。在过去半个世纪里，他们利用政府信息公开的法律获得了重大进展。后来的立法则要求公布环境影响的评估以及披露有毒物质释放的情况，并要求建立通过其他途径进行信息公开和获取的机制。各种非营利组织也在汇编数据库供公众使用，其中一些数据库信息十分完整和可靠，这些数据库在记者群体中也享有盛誉。对记者来说，数字化传播的优点至少使他们坐在办公桌前就可以从世界其他新闻机构的网站上收集信息。年轻的记者们认为这种获取方式理所当然，他们年长的同事，尤其是那些涉及外交事务报道的记者，觉得这是不可思议的。

另一种不容忽视的因素是，记者们通常带着坚忍不拔的、看似无止境的热情去工作。今天的记者们跟随着那些非主流的前辈的脚步，例如他们在 60 年代创办了另类的周刊，为时政杂志或素食通讯写稿，甚至以自由的
222 外国通讯员身份，依靠不间断的激情和较低的舒适度要求而生存。在新兴的互联网公司，我交谈过的每个人，不管是二十多岁的年轻人，还是传统新闻机构被收购后离开或被解雇的五十多岁的人，你都能看到他们的血液在沸腾。一名曾供职于主流日报，现在 ProPublica 工作的高级编辑说："我觉得我死了，去了天堂！"在她的职业生涯中，她在新闻行业时所做的工作比其他任何时候都要多。

与文化和艺术一样，学院和大学在直接为普通大众传授新闻业知识方面扮演着越来越重要的角色。2007 年，普利策奖获得者、在《波士顿环球

报》从业几十年的调查记者沃尔特·罗宾逊回到母校美国东北大学，给研究生和本科生教授一门调查性报道课程。在最初的两年里，学生们在《波士顿环球报》上发表了 12 篇头条报道。罗宾逊自豪地告诉我，“到目前为止，我们没有报道被更正或者接到大量的投诉”。[24]

当我们评估新闻业的发展现状以及它将走向何方时，不要只看到网络新闻机构的数量不断增加，以及评估数字化传播对新闻业的价值，还要从全球的视角重新审视我们对新闻的理解。尽管在主要新闻机构工作的美国驻外记者数量有所下降，并且驻外办事处也撤走了，但我们来自海外的新闻质量是否比以往要差，这个问题的答案还不清晰。理查德·萨姆布鲁克是一名资深的 BBC 记者，也是 BBC 国际新闻部的前负责人，他对未来的国际新闻持积极态度。他不认为投入巨大的海外机构能够生存下来，也不认为这是一场悲剧。他不认为这些机构是非常有用的，并引用了《华盛顿 223
邮报》编辑马库斯·布朗克力的评论：许多海外机构的存在都是在行业中随大流，并且是在纸媒尚有盈利的时候建立的，但是如果报纸转载美联社的报道，它们的读者也能得到同样好的阅读服务。20 世纪典型的外国记者都是中产阶级的男性，他们离开了家庭办公，但仍然依赖于地方工作人员。他们倾向于操作小型的信源网络，尽管不太会说当地的语言，却吹嘘自己在当地有非记者行业的朋友。萨姆布鲁克设想，未来的驻外记者能掌握当地语言，了解国家专业知识，他们的性别和种族也会更多样化。他们在不同的媒体平台工作，连接数以百计的信源；他们可能是多家新闻机构的特约撰稿人或自由撰稿人，而不只是一家新闻机构的工作人员；他们在海外的住所工作，而不是在一个办公场所工作。过去，他们可以放心地假设，他们是国家信息的唯一消息源（或少数消息源之一），但他们将逐渐认识到“他们不是唯一的，甚至不是主要的消息源”。[25]他们所扮演的角色将更多涉及核实、解释和启示。作为一种新闻源，驻外新闻专员需要和其他消息源竞争，比如当地及周边地区媒体。此外，驻外新闻专员还需核实、解读和解释这些当地消息源的报道，使远在美国、英国或德国的读者能直接地获取由消息来源地的常驻人士撰写的新闻稿，这在 20 世纪是无法做到的。在所有可能的未来新闻业中，这可能不是最好的，但是萨姆布鲁 224
克提出了一个很好的例子，表明它与过去相比是进步的。在 2010 年和

2011 年，欧洲和北美的许多人在关注突尼斯、埃及和阿拉伯世界其他地方发生的大众革命的报道后发现，半岛电视台的英语报道堪称典范，这只是萨姆布鲁克所预测的其中一种可能性。

结　语

1920 年，李普曼在《自由与新闻》一书中抱怨美国新闻业没有很好地服务于现代民主政治，并且如果没有其他力量的帮助的话，这种失败会继续下去。

为什么？李普曼提到两个原因。其一，新闻业总是受到那些未经训练的业余人士支配，业余人士“可能怀有好意……但是他并不知道怎么做好”。[26]李普曼也怀抱一些期望，比如新闻业需要强化以客观性为原则的职业训练。[27]以前新闻院校的课程收入比较少，那么就可以通过增加收入让其更加具有干劲，还可以通过招聘新的人员而不断提高做新闻的门槛。

其二，传统的新闻技能无助于认识复杂的世界。新闻是经由报道者选择出来的，即使对于那些受过更多职业训练的从业者来说也是非常复杂的。问题的关键并非报道者个人或报纸的缺陷，而是由于“话题本身的繁
225 琐和复杂”。[28]新闻业只有通过那些拥有或多或少的政治专家的机构来报道复杂的现代世界。[29]他提到这些机构就像政治观察家一样，它们可以提供科学的工具、方法和视角来处理人类事务。[30]他呼吁那些独立的、无党派的科学组织参与政治和社会的研究，并且它们可以按照专业记者的水准去生产新闻。只有这样，报纸才可以给公民提供更充分、客观、可靠、与公共生活相关的图景。

正如李普曼所期望的那样，现在有很多的政治观察家，他们在李普曼的时代就开始出现。其中最早的是 1921 年成立的布鲁金斯学会，还有同年成立的政府内部的总会计办公室，后来发展成为美国审计总署，这些审计和问责部门也是李普曼所设想的。从 20 世纪 70 年代开始，那些以信息生产为主的机构激增，蔚为壮观。虽然它们给新闻记者们提出了一系列挑战，例如报道者怎么知道这么多的机构中哪些是可靠的，但这些机构的政

治观察家已经丰富和改善了新闻业。

可以确信的是，当今美国纸质媒体的问题并非仅仅是互联网造成的。在克雷格列表网站、谷歌搜索出现之前，在日报自办免费的网站来吸引读者之前，报业已经步履蹒跚。从某种程度上来看，年轻人并不像他们的父母那辈有阅读报纸的习惯。全国性的报纸通常很少了解、很少关心地方社区的特殊需要，但它们收购了那些可赢利的地方报纸。在那些可能最糟糕的时期，最有名的媒体公司如美国论坛报业集团和纽约时报公司更关心的 226
是它们在收购中产生的财务状况和新的大楼；在2008年经济衰退之前，互联网造成的影响与此颇为相似。

但互联网是非常重要的，因为它的影响将持续下去，并对美国报业构成威胁。与此同时，互联网还是建构一种新的新闻模式的关键力量。

过去一个世纪，广告收入的增长帮助报纸更加独立，使其不受政党力量的干扰；同时，媒体建立了职业伦理和价值准则，可以进行专业的新闻报道。特别是过去40年，严肃的、批评性的、可信的和负责的新闻业推动了美国民主政治的发展。正如媒介理论家克莱·舍基所说，因此沃尔玛也非常乐意赞助巴格达分社。[31]那是一个非常开心的事情，我们可以通过媒体的力量推动政府和其他权力部门更加忠于法律，也使公众对公正和公平运作的期望得以实现。美国的商业报纸和商业广播也可以分担起一部分民主生活的职责。

舍基的观点很重要，但另一方面，广告并不仅仅通过它自身使新闻业变得更好。美国仍然有1 400多份日报，但其中只有一部分报纸以前有巴格达分社或者有能力派遣一个记者去巴格达，并且只有极少一部分在其他地方有驻外分社。就这件事而言，很少有报纸会用自己的资金承担记者的 227
费用。美国报纸曾长期繁荣，但是它们很少投资严肃的新闻报道。

同时，在20世纪60年代出现的怀疑性的、批评性的和充满抗争性的新闻业并不关注政党的选举胜利，而是更加关心公共服务。新闻业的经济繁荣是其必要但非充分的条件。这种繁荣景象还必须辅以20世纪六七十年代文化变迁的因素，其中就包括我们所看到的，防御性的新闻专业主义的兴起。尽管今天新闻业并非没有诟病，但自越南战争起，新闻业比以往更加独立于政府，并且更加积极开展调查性报道和批评性报道。高质量报道也需要在那个动荡的岁月里发展起来的其他因素：美国政治文化中共享的观念，比如公共性或公开的能见度就是一种核心的民主价值。不论是1960年开始的总统电视辩论，或1966年通过的《信息自由法案》，1970年通过的《国家环境政策法案》要求新的联邦建设项目公布环境影响评估，还是20世纪七八十年代各种非政党和非政府组织的倡议从不同方面对政府活动进行的监督，其共同的要求都是政府变得更加透明。

公开的能见度的设想也具有全球性的维度。一些倡导组织如“人权观察组织”会雇用职业记者作为人权问题的报道者，并认真对待事实报道的
228 伦理责任。人权观察组织也会雇用摄影师、摄像团队和音频制作者与他们的研究者一起工作。“国际特赦组织”正雇用职业记者生产与人权相关的新闻并发表在大众媒体上。[32]一些批评者也指责这些组织，它们自己也由于传统的“媒体逻辑”的规则而互相竞争，比如它们强调名人因素可以使其得到更多媒体的关注。[33]即使那样，它们也会质疑乃至重新定义我们这个时代的新闻业的边界。

从20世纪70年代开始，不仅是营利的因素，而且是商业利润、专业主义以及公开的能见度的理想共同促成了美国历史上新闻业的最好时代。当然，过去十余年，新闻业的公共性意识也因为互联网而迅速上升。新的问题也随之而来，特别是公民隐私权的保护问题。还有比较凸显的问题是，维基解密等组织对外交机密的传播构成威胁和挑战，相关的争论也持续了好长一段时间。

我们还没有看到报纸的消亡，但正如保罗-斯塔尔所说，当城市的日报更多集中于生产所在地区的新闻和生活资讯时，我们就可能处在报纸消亡的年代。[34]如果说报业时代是指很多人会通过阅读报纸来了解公共事务的信息，那么，报业时代的退场则是指20世纪60年代电视逐渐替代报纸，成为美国人优先的新闻来源；特别是在北欧、英国、加拿大、澳大利亚、新西兰等地方，公共广播电视已成为不可或缺的新闻来源。然而，如果说
229 报业时代是指通讯社和日报成为公共事务报道的主要机构，那么至2011年，我们依旧处在报业时代，这些机构还可以从纸质出版中营利。（没有人知道报纸和通讯社提供的新闻占据总体市场的多少份额，但我看到的估计至少不低于80%。）[35]多数公共事务主要依靠日报的原创新闻才能被报

道。一些网络新闻组织也有自己生产的原创新闻。一些电台和电视台也做原创新闻报道。六到十年前，美国国家公共电台仍然保留着17个驻外分社。甚至在数字化时代，美国报纸依旧是美国新闻网的主要引擎。如果不将报纸的网站算在内，几乎很少有当地的原创报道来自电视台、电台和网络新闻组织。很多新闻媒体报道的事实都依托于报纸记者生产的新闻故事。然而，美国报纸仍然存在严重的经济危机。

那么，有办法解决吗？[36]政府可能制定新的办法给报纸提供更多的资助，但今天很少有这样的政治决心，并且大多数美国新闻从业者也不希望接受资助。（事实上，在英国和瑞士，这是可行的，而且并不会减少言论自由或自由报纸；但在美国，这个办法并没有吸引力。）那么，是否存在新闻业的危机，或更准确地说，是否存在公共事务报道的危机？是的，美国有这样的危机。在欧洲一些地区，答案也是肯定的，尽管到目前为止对这些危机的讨论还比较少。在世界其他地区，过去几十年经济的快速发展也助推了报纸相当程度的增长。在印度，各种地方语言的报纸的增长最为 230
快速。人类经验的全球化不仅在总体上对新闻业产生影响，而且地方的经济、政治和文化条件的变化也对新闻业的状况产生了巨大的影响。尽管从全世界来看，新闻生产中的新技术在很大程度上是相同的，但政治、经济和社会结构影响新技术的采纳、使用和衰退，由此形成巨大的差异。学者们正开始寻找理论框架来比较不同国家的新闻业在面临这种非常时刻时的差异程度。[37]

在世界范围内，我们还不能预测或建议对公共事务报道采取哪些措施，现在还没到这个时候。它处于不断变化之中。因而做出明确的结论是不成熟的。最好的概括就是借用早期电台节目中的一个隐喻：欢迎继续收听。

迈克尔·舒德森访谈：历史、常识祛魅与非中心化*

常　江　何仁亿

本文通过深度访谈，对美国知名社会学家、新闻业界研究者迈克尔·舒德森的学术思想进行深入的考察、归纳和解析，尝试勾勒其不同研究议题背后的逻辑地图，并结合一手深访资料探讨舒德森的“新闻学的非学科化”思想的内涵及影响。本文认为舒德森对任何形式的“决定论”的戒慎态度，以及成熟的社会史研究视角，对中国本土新闻传播学研究有重要的参考意义。

舒德森的学术思想及其影响

迈克尔·舒德森（Michael Schudson）是当世美国新闻传播学领域最具影响力的学者之一，现任教于纽约的哥伦比亚大学，是享有盛誉的哥伦比亚大学新闻学院的四位博士生导师之一，并同时兼任哥伦比亚大学社会

---

* 原载于《新闻界》2018 年第 1 期，原题为：《迈克尔·舒德森：新闻学不是一个学科——历史、常识祛魅与非中心化》。常江，清华大学新闻与传播学院副教授；何仁亿，清华大学新闻与传播学院研究生。

学系教授。在全职于哥伦比亚大学任教之前，他曾于哈佛大学获得硕士及博士学位，并先后任教于芝加哥大学（1976—1980）与加州大学圣迭戈分校（1980—2009）。舒德森被广泛视为媒介社会学（media sociology）的重要代表人物，其学术著作主题涵盖了媒介与社会关系的方方面面，并以此为切入口，深入至对美国当代公共生活的探讨。

在同辈学者中，舒德森以理论著述丰富而著称。迄今为止，他总计出版过 8 部学术著作，其中 6 部有中译本，这是舒德森的理论观点在中国新闻传播学界产生较大影响力的关键原因。其中，尤以四部与新闻业关系密切的著作最为重要，分别是：《发掘新闻：美国报业的社会史》（北京大学出版社 2009 年第一版，2016 年第二版）、《新闻的力量》（华夏出版社 2011 年版）、《新闻社会学》（华夏出版社 2010 年版），以及《为什么民主需要不可爱的新闻界》（华夏出版社 2010 年版）。除此之外，《好公民》（北京大学出版社 2014 年版）虽并不直接考察新闻业，却也对新闻传播学领域的研究产生了影响。这些著作探讨的内容不尽相同、表面关联性也并不强，却有一个共通之处，那就是始终坚持“新闻业的非中心化”和“新闻学的非学科化”，亦即在新闻业与其他社会因素的互动关系中讨论其存在方式与价值，进行新闻理论的建构。

本文尝试对舒德森的学术思想做精确的归纳，并通过第一手的访谈资料，分析其理论观点背后的逻辑。此外，本文也将结合舒德森本人在访谈中发表的言论及其在一些重要学术文献中表明的观点，探讨其学术思想对中国本土新闻及传播研究者可能具有的意义。

逻辑地图与观念辨析

通过对舒德森的基本学术思想做出归纳，我们不难发现其关注的议题较为庞杂，不同议题之间似乎也缺乏明显的关联性。我们大致可以将其学术脉络归纳为“新闻业在民主社会与公共生活中正在扮演和理应扮演的角色”，但这又使我们的考察和讨论远远超过了新闻传播学的范畴。事实上，“杂而不乱”恰恰是舒德森学术思想的一个重要的特色；透过这些看似充满差异性的题目，深入探究其背后的逻辑地图，对于我们理解舒德森的学术思想而言十分重要。

（一）通过历史进行祛魅

舒德森的绝大多数成果都可归入历史研究范畴。或者说，在某种程度上，是社会史研究取向而非具体的研究议题，构成了舒德森学术思想的特色。对舒德森来说，选择历史研究方法的目的在于将概念置于其形成的语境之中，从而实现对这些概念的祛魅。

常江：

表面上看，您研究的议题似乎非常庞杂，而且并不完全聚焦于新闻研究。请问是否有一套逻辑或线索，组织起您的研究工作？

迈克尔·舒德森：

组织或联结自己从事的各项学术议题的，是一套“松散的逻辑”，或一种“学科感知”（disciplinary sensibility）。我的全部成果都来源于我的社会学和经典社会理论（包括马克思、韦伯、涂尔干、托克维尔）背景，以及我通过历史研究来分析问题的强烈倾向。尽管研究的议题时有不同，但显然我还是有一个独特的聚焦点，那就是：在历史的视野中，新闻媒体，尤其是美国媒体，与美国的政治文化之间存在怎样的关系。《好公民》和《知情权的崛起》是其中的代表。所以，我更倾向于认为自己是一个政治历史学家，而不是一个社会学家。我考察的很多概念，包括“新闻”，在我看来都是政治范畴的概念，而且是在民主社会中被人们不假思索接受的概念。

常江：

是否有其他因素影响了您对研究议题的选择？

迈克尔·舒德森：

一些著作的确在某种程度上偏离了自己一般性的学术兴趣，这些著作大多基于自己在教学中遇到的问题，而对这些问题的研究，也是对流行问题的一种回应。如《广告：艰难的说服》一书。写这本书其实是对我在教学中遇到的一个问题的回应，那就是学生们十分怀疑当时的主流社会研究所提出的大众传媒在改变社会方面所起的十分有限的作用，他们似乎天然地认为广告在引诱大众的兴趣、刺激大众的购买行为上有非常强大的力量，这引发了我对广告加以辨析的欲望。再如《新闻社会学》一书，在我看来也是一本“教学衍生”（teaching-derived）的著作，这部书出版的主要目的，其实有“新闻社会学科普”的意味，即希望本科生也能理解我的基本观点。我认为在教学中发现问题并对其做出回应是很重要的，但这些著作并不是我的代表作。

常江：

您认为哪一部，或者哪些著作算是您的代表作？

迈克尔·舒德森：

我投入最多、自己也最重视的代表作是如下四部：《美国记忆中的水门事件》（*Watergate in American Memory*，1992年出版，暂无中译本）、《好公民》《知情权的崛起》以及《发掘新闻：美国报业的社会史》。《美国记忆中的水门事件》一书探讨在对社会行为的塑造中，历史与社会因素之间究竟有怎样的关系。《好公民》从历史的角度解构理想化的“公民权”为何物及其是如何发展演进的。《发掘新闻：美国报业的社会史》对客观性的考察以及《知情权的崛起》对信息透明度的考察，其实殊途同归，共同指向一种对于美国政治及政治文化而言至关重要的历史观念——美国人往往意识不到很多概念其实都是在历史中形成的，它们并非民主或新闻的同义词。在我看来，即使对于那些我们最珍视，也最习以为常的价值观，也应该做出严肃的历史的审视。

从访谈中不难发现，在舒德森本人看来，其学术思想的主旨大致可以概括为对美国新闻传播领域的所谓“不言自明”（taken-for-granted）的概念的祛魅；而其采用的方法与视角，则是对这些概念得以形成的社会历史（socio-historical）的追踪。对舒德森来说，深入历史语境是把握一切观念的形成与流变规律的关键所在，即使如“客观性”“知情权”和“公民权”这样对于美国政治生活而言不可或缺的价值内核，也应当以历史的眼光去看待，准确地在语境中对其加以理解和把握。

（二）知识分子与权力结构

在给《发掘新闻：美国报业的社会史》中文第一版写作的序言中，舒德森对自己的研究视角做出过不同维度的反思，其中尤其强调自己研究思路的“美国性”，并对《发掘新闻：美国报业的社会史》所采用的社会史方法是否同样适用于非西方国家提出了质疑。但时隔十年，再次谈论这一问题时，舒德森有了不尽相同的观点。

常江：

您曾经提到，您对美国新闻业的历史与规律的研究，也许未必适合其他社会形态。请问您认为自己的研究在总体上是“西方式”的吗？

迈克尔·舒德森：

我并不认为我的研究思路是西方式的。我更愿意说它是“现代性”的，亦即努力挖掘那些对我们的视野产生影响的各种观念背后的东西。对于西方知识分子来说，将自己置身于社会之外（或一脚在内、一脚在外）对这些概念加以审视的行为，构成了他们的知识分子身份。正是上述行为对知识分子进行了分类。在美国，这种分类尤其重要，这是因为在功能主义影响深厚的美国社会科学学界，对既存制度和观念不假思索地接受，并致力于解决具体问题而非“揭示真相”的学者通常被称为“政策知识分子”（policy intellectuals），他们其实不能代表美国知识界的主流文化。这种类型的知识分子在美国学界正在面临越来越多的质疑，原因在于他们所致力于解决的问题通常都是由国家、公司或其他既存权力结构所界定的。而我所追求的，是一种更加“纯粹”的知识分子身份。

常江：

在您看来，什么样的知识分子才是“纯粹”的知识分子？

迈克尔·舒德森：

更加“纯粹”的知识分子应该独立于权力结构，去研究社会问题。我甚至认为，真正的社会问题恰恰处在那些被权力结构遮蔽的地方。这些问题往往位于观察的盲区，而且总是显得无关紧要，但这正是权力集团对“社会问题”加以界定的方式。找到权力集团所处的位置，并且运用历史的方法弄清楚权力集团对不同概念加以界定的方式，就是纯粹的知识分子应当做的事。

总体而言，舒德森认为，真正的知识分子应当独立于权力结构，并始终对后者保持批判性和疏离感。而这种姿态和身份，正是“西方学术传统”的一个重要标签。这也正是舒德森看似散乱的研究议题往往指向相同价值旨归，并且能够以一种稳定的逻辑而非在某一个具体的领域得到同行认可的原因。

（三）新闻业的现状与未来

舒德森表示，近年来，自己日益关注日新月异的传播技术和全球经济体系对传统新闻业的冲击；但作为一位来自历史与社会学传统的学者，他认为我们应当始终对新闻业的种种变化及其在公共生活中扮演的角色保持冷静的态度，避免因沉迷于技术而掉入任何形式的决定论的窠臼。

▶ 常江：

有一种观点认为，新媒体技术对传统新闻业，尤其是新闻生产的程式产生了颠覆性的影响。您是否认同这样的观点？

▶ 迈克尔·舒德森：

互联网的确是自印刷术以降，对知识的生产和流通影响最大的一种技术。新闻业的变化是显而易见的：社交媒体如日中天；美国总统沉迷推特；记者不再仅仅是“报道”新闻而是在社交媒体上“推送”自己为随便什么媒体制造的故事；人们越来越不关心新闻的品质而沉浸于新闻带给自己的震惊；等等。新闻正在变成一套更加随意、私人化、尖酸刻薄、粗鄙、毫无品位、无事生非、耸人听闻的话语，这与“老派”的、相对更中心主义的、建制化的、温和的、非私人化的、有特定语言标准的传统新闻话语有本质的区别。这一过程尽管引发人们兴趣、希望乃至恐惧，但我还是要说：所有这一切，都与新闻报道、调查和采访等行为的生产动机无关。新闻——真正意义上的新闻，仍然要通过这些最“古老”的采集与制作方式生产出来。被互联网改变的，远远不是新闻生产最核心、最有价值的部分。

▶ 常江：

可是各类新媒体平台，无论是否被视为新闻机构，的确正在生产着各类新闻。

迈克尔·舒德森：

当然，谷歌这样的搜索引擎和维基百科这样的信息源对新闻记者工作的方式产生了实实在在的影响，但新闻生产的根本原则其实并没有什么本质的变化。人们往往理解不了这一点。我估计，在社交媒体上流通的全国及国际新闻中，有90％或95％根本不是以社交媒体为源头的。生产这些新闻的，仍然是报纸和通讯社，以及一小部分由出身于报刊、接受过传统新闻训练的记者所主导的网络媒体。除此之外的其他媒介平台（甚至包括大部分广播电视媒体），都是寄生在这个由为数不多的传统新闻机构主导的生产体系之上的。真正的逻辑应当是反过来的：正是因为政府和大企业借助对技术的控制而在信息流通领域掌握了越来越大的权力，所以始终坚持独立性的传统媒体的地位反而更加牢固。新媒体根本不会用尖锐的问题去挑战政府官员的权威，心怀不满的政府官员也不会把重要的内幕消息透露给新媒体。这些真正的新闻业应当履行的责任，仍然是由“老派”的传统媒体在承担。无论这些老派机构原创的新闻报道最后变成了什么样子，但它们就是新闻最初的来源，也是新闻的民主责任的直接承担者。

常江：

所以您眼中的传统新闻业仍然与公共生活息息相关？

迈克尔·舒德森：

传统新闻业仍然有不可替代的话语优势，而技术只是对新闻内容的形态产生了（几乎是消极的）影响而已。新技术并未改变新闻生产的根本性逻辑，却对新闻的内容或形式产生了侵蚀性的影响。或者说，很多在新技术的催动下出现的信息形式根本不能算是新闻。

舒德森坚持认为并不是所有有着“新闻”标签的内容都可以被视为真正的新闻；对社会和公共生活具有真正影响力的新闻始终是传统意义上的对“全国及国际事件”的严肃报道，而这些报道只有传统印刷媒体（连广播电视都不包括在内）才有能力生产出来。新闻生产是一种高度稳定的社会结构，技术并未改变这一点——但这一判断有一个前提，那就是“真正的新闻”需要被清晰和审慎界定。

（四）到底什么是“新闻学”

如很多西方社会科学学者一样，舒德森坦言自己对中国（尤其是中国的历史）并没有深刻的了解；但他对于中国形成了一个带有强烈本土特色的“新闻学”的学术体系有着浓厚的兴趣。他甚至认为，在这一点上，中国是走在美国前面的——尽管这未必是一个值得鼓励的现象。

常江：

您是一位新闻业界研究者，但您似乎并不认为自己是一位新闻学的学者。您如何看待“新闻学”这个学科？

迈克尔·舒德森：

在我刚刚进入学术圈的时候，美国根本不存在“新闻学研究”这样一个领域。大学里的确有新闻学院，但这些学院主要是提供技术和实务培训的，通常被称为“trade school”，且并不从事关于新闻业的学术研究。如今，这一局面已经有了根本性的改变，越来越多的学者认同“新闻学”是自己的专业。但是，或许正是出于这个原因，我才能够站在外在于新闻业的角度，做出有深度的研究。我认为，正是由于我从未将新闻业视为一个独立自洽的领域，所以才能提出一些有新意的观点。对我来说，新闻业应当是社会学研究的对象，是政治学研究的对象，以及历史学研究的对象；但实际情况是，这些领域的学者很少关注新闻业。但于我而言，正是由于研究了新闻，我才得以大量阅读社会学、政治学、政治理论、历史研究的文献，同时也有机会接触了一点经济学、法律和人类学的东西。这种综合性的学术路径，为我观察新闻业提供的帮助是无价的。新闻业应当是所有相关社会科学共同研究的一个对象，因为新闻的生产和流通与社会的各个领域都有十分紧密的联系。

常江：

所以，您并不赞成将新闻学理解为一个学科？

迈克尔·舒德森：

我不了解中国的情况，但我反对美国学界目前呈现出来的将新闻学视为传播学的一个分支学科的趋势，这一趋势将为新闻研究带来某种“危险”。这是因为，一旦“新闻学”变成了一个独立学科，学者们将会满足于仅阅读所谓新闻学或数字新闻学领域的研究成果，甚至只阅读某些小型研究团体或几本新闻学期刊上发表的成果，而忽视了其他学科提供的视角。研究新闻的人应当让自身超脱于狭窄的“新闻学”领域，应当从整个“大学”的科系设置中汲取养料。新闻记者对外部世界总是充满了广泛的兴趣，我认为研究新闻记者和新闻业的人也该如此。正如纯粹的知识分子应当置身于社会之外去研究社会问题一样，真正的新闻业界研究者也应当让自己跳出新闻业，从一个更高的地方去做观察。

常江：

您对新闻业的研究路径，似乎经历了一个从社会学视角到政治史视角的转变？

迈克尔·舒德森：

我在大学学习的第一个专业是政治学，后来又转向社会学与人类学。但我从未放弃过自己对政治的兴趣。与此同时，我始终是一个历史爱好者。说实话，《发掘新闻：美国报业的社会史》作为我最为人所知的著作，对我来说是一件喜忧参半的事，因为该书中提出的很多观点，今天看来需要得到修正。比如我将普利策的《世界报》视为“故事模式”的代表，其实是受到彼时美国新闻史研究将该报视为“黄色新闻”代表的思路的干扰。如果我们认真去翻阅一下当时的《世界报》，会发现它刊登的新闻比我们想象中要严肃得多，却又比《纽约时报》更加亲切易读。我本人认为《好公民》才是自己最满意的作品。至少在美国的语境下，对政治文化的充分了解将为我们理解新闻业的历史提供无价的帮助。一个最有说服力的例子就是，在进步主义时代，公共话语对于政党政治腐败现象的批评为非党派或党派性较弱的报纸提供了丰沃的土壤，因而也就重塑了后来的新闻业的形态，而这种变化与主流政治文化对公民的塑造和期待有密不可分的关系。

总体而言，舒德森对于“新闻学”作为一个“学科”存在的合理性表示质疑，认为此举会导致学者视野的狭窄化，阻断相关社会科学对新闻研究的有益支持。而新闻研究的价值，恰恰体现在其与多个学科的关联性之中。在美国语境下，政治史在他看来是最具解释力的研究视角。

评价与回应

在更加宽泛的社会学领域，对舒德森的学术成就始终存在一些质疑的声音。2014 年，荷兰格罗宁根大学举办过一个关于舒德森学术思想的小型研讨会，与会学者质疑舒德森的研究路径是不是一种“文化中心主义”，从而忽略了其他社会因素，尤其是经济因素在社会变迁中发挥的作用。

常江：

您如何看待有人对您的学术思想提出的“文化中心主义”的批评？

迈克尔·舒德森：

我认为这一批评是公允的。但我也认为自己上述思路的形成有其历史的原因。在 20 世纪 70 年代，美国的左派学者使用马克思主义的话语去理解社会，这就导致了将一切问题归结于经济（有时是技术）的倾向。这种僵化的思路的确从一个方面解释了真相，但也带来了很多的误解……我并非对资本主义和市场经济的运作方式视而不见，但我从不认为经济因素是我们理解复杂的人类行为的唯一甚至首要的考量。如果我们将过去半个世纪美国新闻业的发展仅仅视为一种“市场的失败”，那我们就错了。

常江：

我们应当如何去理解和甄别影响新闻业发展进程的各种社会因素呢？

迈克尔·舒德森：

在诸种社会因素中选择一种并将其不假思索地视为“唯一”或“首要”的因素，会让研究者陷入最基本的事实错误。一个最显著的例子就是，在资本主义和市场经济狂飙突进的 20 世纪 60—70 年代，带有批判性色彩的新闻报道，尤其是调查性报道的质量反而有了突破性的提高；而一些秉承经济决定论的研究者（如罗德尼·本森）则做出了相反的结论，指出新闻的批判性被削弱了，这是因为他们仅仅关注了这类报道的数量而非质量和文化影响力。美国新闻业的发展在很多方面与经济系统之间保持着密切的关系，但我们不能认为这个行业是靠经济或技术的刺激才发展起来的。

常江：

不过，您的研究的确较少关注技术的维度，尤其是在技术的影响力日趋强大的今天，这是否有些不合时宜？

迈克尔·舒德森：

近年来，有不少同行批评我的研究没有对技术的重要性给予足够的重视。我必须强调一点：我是明确反对技术决定论的。从《发掘新闻：美国报业的社会史》开始，我就坚持这一立场。而且，尽管在今天看来这样做有些不合时宜，但我仍然决定继续做一个技术决定论的反对者。我之所以这样做，并不是因为技术不重要，而是因为在我看来，无论在社会科学研究领域中，还是在流行的观念中，技术的重要性被严重高估。眼下，技术不但正在改变新闻机构，而且也在改变人们的公共生活。但在我看来，老派的新闻机构，尽管在新闻分发（distribution）的机制中正在变得越来越疲弱，但它们始终在原创新闻报道的采集（gathering）和生产（producing）活动中，占据着不可替代的地位。在过往的一个世纪里，这些机构是公共生活得以形成的重要原因。至于未来如何，我无法妄断。

常江：

还有一些批评指出，您对传统新闻业的未来持有一种过度乐观的态度。您对此认同吗？

迈克尔·舒德森：

对于新闻业（当然主要是指“传统新闻业”）在社会生活中的重要性，我始终持有乐观积极的态度。如果“多数决”就是民主的本意，那么我根本就不是一个民主主义者。我所向往和珍视的民主是在法律和规范框架之下运转的，这种民主小心翼翼地在宪法框架下保护少数群体，而决策集团做出决策的过程也更加严肃持重。也正因如此，我时刻担心学术界和新闻业究竟会在民主中扮演什么样的角色。我们不能奢求新闻业去解决这个世界上的所有问题……但我也认为，无论新闻记者还是知识分子都应当对未来抱有信心……我们不能沉浸于“情况正在越来越糟糕”这样的论调中。我期望自己始终在精神上保持乐观，但这样做的前提是我对现实做出准确的了解和评估。

结　语

对于中国本土的新闻传播学研究者而言，舒德森最具启发性的部分莫过于历史方法对政治常识的祛魅效能，以及对新闻学“非学科化”的理性呼吁。中国的传统新闻学（以及新闻史）研究倾向于将新闻业视为有独特规律和自洽属性的社会领域，这种思路或许有中国语境下的合理性，但在学科交融与对话的背景下，学科中心化的倾向完全有可能导致视野狭窄、理论僵化、观念停滞的结果。在舒德森看来，过分强调技术对新闻业的影响，甚至将技术视为“改造”新闻业的决定性力量的思路，既是新闻学科中心化的一个结果，也是新闻研究难以实现理论突破的一个原因。一如舒德森本人所言：“我们不应当尝试寻找历史中的某个决定性的因素。历史始终是在变动的，随之变动的还有我们熟悉的概念和价值。”只有在历史、变化和跨学科的背景下对新闻业加以考察，才能获得真正意义上的“规律”。

注　释

导论　制作新闻

[1] Lincoln Steffens，*The Autobiography of Lincoln Steffens*（New York：Harcourt，Brace，and World，1936）.

[2] Joel Best，*Random Violence*（Berkeley：University of California Press，1999）.

[3] Gaye Tuchman，"Telling Stories，" *Journal of Communication* 26（1976）：97.

[4] Gaye Tuchman，*Making News：A Study in the Construction of Reality*（New York：Free Press，1978），179.

[5] Ibid.，82－83.

[6] Steven Waldman，*The Bill*（New York：Viking，1995），240.

[7] Edward Jay Epstein's *News from Nowhere*（New York：Random House，1973），31，发现新闻记者对 NBC 晚间新闻上 90%的报道至少保持 24 小时的注意；完全意外的事件只占不到 2%的报道。

[8] Cited in John McManus，*Market-Driven Journalism*（Thousand Oaks，Calif：Sage，1994），94.

第一章　新闻业的界定

[1] Ian Watt，*The Rise of the Novel*（London：Chatto and Windus，1957）.

［2］ John Hartley, *Popular Reality: Journalism, Modernity, Popular Culture* (London: Arnold, 1996), 32.

232 ［3］ "Fred Snodgrass, 86, Dead; Ball Player Muffed 1912 Fly," *New York Times*, Apt. 6, 1974, 34.

［4］ Jostein Gripsrud: "Tabloidization, Popular Journalism, and Democracy", in *Tabloid Tales*, ed. Colin Sparks and John Tulloch (Lanham, Md.: Rowman and Littlefield, 2000), 294.

第二章　新闻重要吗？（媒介效果Ⅰ）

［1］ On Washington, see Michael Schudson, *The Good Citizen* (New York: Free Press, 1998), 70; on Cooper, see James Fenimore Cooper, *The American Democrat* (Baltimore: Penguin, 1969; originally published 1838), 183; on Scripps, see *Damned Old Crank: A Self-Portrait of E.W. Scripps*, ed. Charles R. McCabe (New York: Harper and Brothers, 1951), 242 (from an essay written in 1925).

［2］ Michael Kelly, "David Gergen, Master of the Game," *New York Times Magazine*, Oct. 31, 1993, 64.

［3］ Geoff Mulgan, *Politics in an Anti-political Age* (Cambridge, Mass.: Polity Press, 1994), 27.

［4］ For instance, Neil Postman, *Amasuing Ourselves to Death* (New York: Penguin, 1985).

［5］ Joshua Meyrowitz, "The Press Rejects a Candidate," *Columbia Journalism Review* (March/April 1992): 46－47. See also Joshua Meyrowitz, "Visible and Invisible Candidates: A Case Study in 'Competing Logics' of Campaign Coverage," *Political Communication* 11 (1994): 145－64.

［6］ Sheryl WuDunn, "In Summit Silences, a Truce in U.S.-Japanese Trade Wars," *New York Times*, April 18, 1996, p.1.

［7］ 可将这篇文章与《芝加哥论坛报》（*Chicago Tribune*）关于 1909 年 12 月 8 日威廉·霍华德·塔夫托（William Howard Taft）总统的国情咨文的报道相比较："塔夫托总统的首次年度咨文……遗漏的东西比说的东西更令人关注。"

［8］ Ron Suskind, "Without a Doubt", *New York Times Magazine*, October17, 2014.

［9］ See Edward Jay Epstein, *Between Fact and Fiction* (New York: Vintage

Books, 1975), 19 - 33.

[10] See Daniel C. Hallin, *The "Uncensored War": The Media and Vietnam* (New York: Oxford University Press, 1986). 233

[11] George Moss, *Vietnam: An America Ordeal* (Englewood Cliffs, N.J.: Prentice-Hall, 1990), 274.

[12] Steven Livingston and Todd Eachus, "Humanitarian Crises and U. S. Foreign Policy: Somalia and the CNN Effect Reconsidered," *Political Communication* 12 (1995): 413 - 429; Jonathan Mermin, "Television News and American Intervention in Somalia: The Myth of a Media-Driven Foreign Policy," *Political Science Quarterly*, 112, 1997: 385 - 403; and Jonathan Mermin, *Debating War and Peace* (Princeton: Princeton University Press, 1999).

[13] Cited in Silvio Waisbord, "Secular Politics: The Modernization of Argentine Electioneering," in *Politics, Media, and Modern Democracy*, ed. David L. Swanson and Paolo Mancini (New York: Praeger, 1996), 223.

[14] 有不少深具洞察力的文化评论家，从诺曼·乔姆斯基（Noam Chomsky）到参议员保罗·西蒙（Paul Simon）到凯瑟琳·麦金农（Catharine Mackinnon）到丹·奎尔（Dan Quayle），我们从中挑出两位最严厉、显赫的媒介批评家。See John Leonard, "TV and the Decline of Civilization," The Nation, Dec. 27, 1993, 785, 801 - 4; and Todd Gitlin, "The Imagebusters," *American Prospect* 17 (Winter 1994): 42 - 49.

[15] Nancy Gibbs, "Angels among Us," *Times*, December 27, 1993, 61.

[16] Clifford Geertz, *The Interpretation of Cultures* (New York: Basic Books, 1973), 14.

[17] 这里应该补充，新闻确实对作为新闻报道主题的人们给予回报或惩罚。事实上，有时候媒体报道就是总统或公共官员经常得到的主要的回报或惩罚。这是极其重要的，但新闻对一般受众的直接效果是另一回事。

[18] For a review, see David Morley, "Active Audience Theory: Pendulums and Pitfalls," Journal of Communication 43 (1993): 13 - 19.

[19] Associated Press, "Three Featured on 'America's Most Wanted' Captured in On Day," *San Diego Union*, Oct. 8, 1993, A - 3.

[20] "The President's Case," *Newsweek*, 106, July 29, 1985, p. 17.

[21] Herbert J. Gans, "Reopening the Black Box: Toward a Limited Effects Theory," *Journal of Communication* 43 (1993): 32 - 33.

234 [22] Shanto Iyengar and Donald R. Kinder, *News That Matter* (Chicago: University of Chicago Press, 1987).

[23] Paddy Scannell, "Public Service Broadcasting and Modern Public Life," *Media, Culture, and Society* 11 (1989): 145.

[24] Alice Walker, *In Search of Our Mother's Gardens* (San Diego: Harcourt Brace Jovanovich, 1983), 124.

[25] 在一部富有启发的新著中，崔时英（Michael Suk-Young Chwe）强调常识的重要性——不仅许多人知道同样的事物，而且他们知道其他人都知道，他们能够在这个基础上相互合作。在他引用的例子中，新闻是不大显著的，但它是这样的常识。See Michael Suk-Young Chwe, *Rational Ritual: Culture, Coordination, and Common knowledge* (Princeton, N. J.: Princeton University Press, 2001).

第三章 媒介偏向（媒介效果Ⅱ）

[1] David Broder, *Behind the Front Page* (New York: Simon and Schuster, 1987), p. 14.

[2] Epstein, *News from Nowhere*, 17.

[3] 两个定义都来自托德·吉特林的重要研究 *The Whole World Is Watching* (Berkeley: University of California Press, 1979), 6 and 7. See also William Gamson and Andre Modigliani，他们在文章"The Changing Culture of Affirmative Action," *Research in Political Sociology* 3 (1987): 137－77 中将"框架"定义为"一种核心的组织观念或故事脉络，它赋予正在显现的事件某些意义，并能编织其间的关联"(p. 143); Dietram Scheufele, "Framing as a Theory of Media Effects," *Journal of Communication* 49 (1999): 103－22; and Stephen Reese, Oscar Gandy, Jr., and August Grant, eds., *Framing Public Life: Perspectives on Media and Our Understanding of the Social World* (Mahwah, N. J.: Lawrence Erlbaum, 2001).

235 [4] See Robert Entman and Andrew Rojecki, *The Black Image in the White Mind* (Chicago: University of Chicago Press, 2000), p. 2000), p. 215. 我发展了一个与恩特曼和罗杰克有些不同的观点，但我直接受到他们的讨论的启发。

[5] John Hartley, "Communicative Democracy in a Redactional Society: The Future of Journalism Studies," *Journalism* 1 (2000): 44.

[6] Noam Chomsky and Edward Herman, *Manufacturing Consent: The Political Economy of the Mass Media* (New York: Pantheon, 1988). 在这部著作中，乔姆斯

基和赫尔曼选取了六个时刻，对美国新闻机构和《真理报》进行了清晰的比较，意在以如此亵渎的方式激起愤怒。他们没有暗示可能存在重要差异的地方，而是，他们从提出问题开始，似乎就直接适于做出回答。

[7] Stephen E. Bornstein, "The Politics of Scandal," in *Developments in French Politics*, ed. Peter A. Hall, Jack Hayward, and Howard Machin (London: Macmillan, 1990), 269 - 81. 例如，伯恩斯坦观察到：法国媒体"相对不大能胜任丑闻的侦察者和遏制力量的角色"(p. 277)，并且法国公众的特征似乎是"注意广度小、犬儒主义，以及道德冷漠"(p. 280)，这使他们与英国人或美国人相比，不大能接受丑闻。但近年有证据表明，政府放松对广播电视的管制以及法国新闻从业者开始参与埃里克·内维所称的"政治生活中恒久的职业化"(p. 451)。See Erik Neveu, "Media Politics in French Political Science," *European Journal of Political Research* 33 (1998): 439 - 58 (especially pp. 451 - 52). 拉美新闻业从事更多的调查性工作，因为它加入了美国新闻业影响下的媒介体系，而法国与意大利的"意见报刊"的影响在减少。See Silvia R. Waisbord, *Watchdog journalism in South America* (New York: Columbia University Press, 2000), 8 - 11.

[8] James Houck (1989), cited in Phyllis Kaniss, *Making Local News* (Chicago: University of Chicago Press, 1991), 59. 这个普遍的观点是丹尼尔·C. 哈林所强调的："The American News Media: A Critical Theory Perspective," in *Critical Theory and Public Life*, ed. John Forester (Cambridge, Mass.: MIT Press, 1985).

[9] 关于国家主义与公民话语的差异，see Robert Manoff, "Covering the Bomb: 236
The Nuclear Story and the News," *Working Papers* (Summer, 1983): 19 - 27. 在媒介批评家马诺夫看来，国家主义话语依赖于官方来源，聚焦于政府行为，集中于政策。在新闻中，公民话语作为竞争的声音而被偶然发现，它是一种伦理的新闻业，而非政治的新闻业，它提出后果的问题，而非原因的问题，并且发出了政府政策圈之外的个体的声音。

[10] 关于对外通信对客观性标准的相对免疫，see Michael J. Robinson and Margaret A. Sheehan, *Over the Wire and on TV* (New York: Russell Sage Foundation, 1983), 63 - 64.

[11] W. Lance Bennett, "Toward a Theory of Press-State Relations in the United States," *Journal of Communication* 40 (1990): 103 - 25.

[12] Peter Viles, "Dan Rather Blasts TV News", *Broadcasting & Cable*, Oct. 4, 1993, p. 12. 另见奥斯汀·兰尼一个能给人启发的、关于"窄播"的后果以及联邦通信

委员会1987年放弃政治信息播出的公正原则的评论："Broadcasting, Narrowcasting, and Politics," in *The New American Political System*, second version, ed. Anthony King (Washington: AEI Press, 1990): 175-201.

[13] J. Herbert Altschull, *Agents of Power* (New York: Longman, 1984), p. 298.

[14] S. Robert Lichter, Stanley Rothman, and Linda Lichter, *The Media Elite* (Bethesda, Md.: Adler and Adler, 1986), p. 28. 相关批评，参见 Herbert Gans, "Are U. S. Journalists Dangerously Liberal?" *Columbia Journalism Review* (November/December 1985): 29-33.

[15] David H. Weaver and G. Cleveland Wilhoit, *The American Journalist*, 2nd ed. (Bloomington: Indiana University Press, 1991). 韦弗和威尔霍伊特发现，认为自己中间偏左的人，在新闻从业者中的比重（22%）和在一般人口中的比重（21%）大致相当。一般人口中更多的人认为自己中间偏右（32%），多于新闻从业者的比重（18%），而更多的新闻从业者认为自己是"中间道路"（58%），多于一般人口中的比重（37%）。

[16] See Stephen Hess, *The Washington Reporters* (Washington: Brookings Institution Press, 1981), 115; 以及 Herbert J. Gans, *Deciding What's News* (New York: Pantheon, 1979).

237 [17] See "The Promise of Eliot Spitzer," editorial, *New York Times*, October 22, 2006, and "For Senator and Governor in Connecticut," editorial, *New York Times*, October 13, 2010.

[18] Paul Taylor, *See How They Run* (New York: Alfred A. Knopf, 1990): 26.

[19] Ibid., 27.

[20] Robinson and Sheehan, *Over the Wire and on TV*.

[21] William Greider, Who Will Tell the People? (New York: Simon and Schuster, 1992), 306.

[22] Merrill Goozner, personal communication, January 8, 2002.

[23] Howard Kurtz, *Media Circus* (New York: Times Books, 1993), 70, 71.

[24] America Rodriguez, "Made in the USA: The Construction of Univision News" (Ph. D. dissertation, Department of Communication, University of California, San Diego, 1993). See also America Rodriguez, *Making Latino News* (Thousand Oaks, Calif.: Sage, 1999).

［25］William Grimes，"Randy Shits，Author，Dies at 42；One of First to Write about AIDS，" *New York Times*，Feb. 18，1994，National Edition C19. See also Jeffrey Schmalz，"Covering AIDS and Living It：A Reporter's Testimony，" *New York Times*，Dec. 20，1992，Sec. 4，1，这是后来死于艾滋病的施马尔茨试图坚持自己作为新闻专业人士的认同的说明，而在报道一个议题时，他直接将自己的身份理解为男同性恋社群的一员。

［26］在这些著作中最重要的是 Leon Sigal，*Reporters and Officials*（Lexington，Mass.：D. C. Health，1973）；Tuchman，*Making News*：Gaye Tuchman，"Objectivity as Strategic Ritual：An Examination of Newsmen's Notions of Objectivity，" *American Journal of Sociology* 77（1972）：660－79；Epstein，*News from Nowhere*；and Gans，*Deciding What's News*.

［27］Tamar Liebes，"Decoding Television News：The Political Discourse of Israeli Hawks and Doves，" *Theory and Society* 21（1992）：352－82. 利贝斯检视了以色列电视新闻，并做出评论："西方新闻业"普遍具有一种支持冲突、简单化、事件、行动、人格化和戏剧性的偏向。

［28］Stephen Bates，ed.，*The Media and the Congress*（Columbus：Publishing Horizons，1987），23. 238

［29］Timothy Cook，"News Coverage of AIDS，" in *Politics and the Press*，ed. Pippa Norris（Boulder：Lynne Rienner，1997），221. 以事件为中心不是固定不变的。有很好的证据表明，报纸报道已变得更长、更具分析性、对过程更敏感，以及较少固定于事件。今天的新闻从业者比过去更可能写集体性的事实和趋势，而非个体与具体事件。See Kevin Barnhurt and Diana Mutz，"American Journalism and the Decline in Event-Centered Reporting，" *Journal of Communication* 47（1997）；27－53，and Diana C. Mutz，*Impersonal Influence*（Cambridge，Eng.：Cambridge University Press，1998），49，288.

［30］Quoted in Paddy Scannell，*Radio，Television，and Modern Life：A Phenomenological Approach*（Oxford，Eng.：Blackwell，1996），89.

［31］Ibid.，90.

［32］这个故事是由约翰逊的一位亲密助手哈利·麦克弗森在 1983 年一个圆桌会议上发表评论时回忆的，发表于 *The Media and the Congress*，ed. Bates，50.

［33］Liebes，"Decoding Television News，" 359.

［34］Robinson and Sheehan，*Over the Wire and on TV*，97，111，212.

［35］ Thomas Patterson, *Out of Order* （New York：Alfred A. Knopf, 1993），6. 必须补充说明：在过去三十年里，竞选报道实质上变得更负面了。See Patterson, *Out of Order*, p. 20. 这与新闻从业者的意识形态转换有关，他们在后越战、后水门、后里根/迪弗/赖斯时期的努力没有被考虑在内。

［36］ Christopher Jencks, "Is Violent Crime Increasing?" *American Prospect* 4 （1991）：99.

［37］ Ibid.，61.

［38］ Ibid.，206.

［39］ Ibid.，41-43.

［40］ Janet E. Steele, "Experts and the Operational Bias of Television News：The Case of the Persian Gulf War," *Journalism and Mass Communication Quarterly* 72 （Winter 1995）：799-812.

239 ［41］ Daniel C. Hallin, Robert Karl Manoff, and Judy K. Weddle, "Sourcing Patterns of National Security Reporters," *Journalism Quarterly* 70 （1993）：753-66.

［42］ Steven R. Weisman, "Reagan Pledges Aid to Louisiana Flood Area," *New York Times*, Jan. 3, 1983, p. 7; and George Skelton, "Reagan Pitches In to Help Flood Victims," *Los Angeles Times*, Jan. 3, 1983, I4.

［43］ Sigal 的 *Reporters and Officials* 是关于华盛顿媒体报道对政府官员高度依赖的早期研究。更多关于信源重要性的内容，详见第七章。

［44］ 关于为何美国新闻媒体弱化了大屠杀的报道的具有说服力的分析，see Deborah E. Lipstadt, *Beyond Belief* （New York：Free Press, 1986）.

［45］ For that evidence, see Joseph Cappella and Kathleen Hall Jamieson, *Spiral of Cynicism* （New York：Oxford University Press, 1997）.

［46］ Ralph Nader, "My Untold Story," *Brill's Content* （Feb. 2001）：102.

［47］ Ibid.，102.

［48］ Ibid.，154.

［49］ Gans, *Deciding What's News* 39-52.

［50］ Vanessa Williams, "Black and White and Red All Over," in *The Business of Journalism*, ed. William Serrin （New York：New Press, 2000），107.

［51］ 1997 年，黑人中被杀的死亡率高于白人七倍。无论是男性还是女性，谋杀都是黑人死亡的一个更频繁的原因，频率高于肺炎、肝病或慢性肺病；对于白人，谋杀的发生频率是肝病发生频率的一半，是肺炎发生频率的七分之一，是慢性肺病毒发生

频率的十分之一。U. S. Bureau of the Census，*Statistical Abstract of the United States*：2000（Washington，D. C.：Government Printing Office，2000），pp. 47（Table 128），92（Table 134）.

［52］Robert Entman，“Modern Racism and the Image of Blacks in Local Television News，” *Critical Studies in Mass Communication* 7（1990）：332－45.

第四章　新闻业的历史 240

［1］对这个观点的热情拥护，see Mitchell Stephens，*A History of News*（New York：Viking，1988）. See also Richard Streckfuss，“News before Newspapers，”，*Journalism and Mass Communication Quarterly* 75（1998）：84－97.

［2］Jürgen Habermas，*he Structural Transformation of the Public Sphere*（Cambridge，Mass.：MIT Press，1989）. 在一定程度上，对媒介史的兴趣增加是“书籍的历史”的子领域发展的副产品。在美国，历史学者罗伯特·达恩顿富有启发性的探索特别具有影响，他呼吁更多地研究“社会如何使事件及其信息的传递具有意义”（p. 1），这使他的影响达到了顶峰。See Robert Darnton，“An Early Information Society：News and the Media in Eighteenth-Century Pairs，” *American Historical Review* 105（February 2000）：1－35. 在这篇文章中，达恩顿表达了他对“公共领域”概念使用的怀疑态度。

［3］Habermas，183 and 186.

［4］Benedict Anderson，*Imagined Communities*；*Reflections on the Origin and Spread of Nationalism*（London：Verso，1983），46.

［5］Ibid.，39.

［6］See Silvio R. Waisbord，*Watcbdog Journalism in South America*（New York：Columbia University Press，2000）；and Erik Neveu，“Media and Politics in French Political Science，” *European Journal of Political Researcb* 33（1998）：439－58.

［7］Pippa Norris，*A Virtuous Circle*（Cambridge，Eng.：Cambridge University Press，2000），63－73.

［8］Charles E. Clark and Charles Wetherell，“The Measure of Maturity；The Pennsylvania Gazette，1728－1765，” *William and Mary Quarterly* 46（April 1989）：292.

［9］Jack Turner Main，*The Anti-Federalists*（Chapel Hill：University of North Carolina Press，1961），209，250－51.

［10］Pauline Maier，*The Old Revolutionaries*（New York：Alfred A. Knopf，

1980），p. 30.

［11］宾夕法尼亚州的法律专家亚历山大·艾迪生的话，quoted in Richard Buel, Jr.，“Freedom of the Press in Revolutionary America：The Evolution of Libertarianism, 1760—1820，” in *The Press and the American Revolution*，eds，Bernard Bailyn and John B. Hench（Worcester，Mass.：American Antiquarian Society，1980），86.

［12］Thomas Jefferson，letter to John Norvell，June 11，1807，in *The Life and Selected Writing of* Thomas Jefferson，ed. Adrienne Koch and William Peden（New York.：Modern Library，1944），581－82.

［13］关于便士报的产生与19世纪美国报纸的一般状况，see Schudson，*Discovering the News*.

［14］Donald Ritchie，*Press Gallery*（Cambridge，Mass.：Harvard University Press，1991），60－63.

［15］Schudson，*The Good Citizen*，pp. 177－82；and Michael McGerr，*The Decline of Popular Politics*（New York：Oxford University Press，1986），107－37.

［16］See Schudson，*Discovering the News*；以及 Schudson，“The Objectivity Norm in American Journalism，” *Journalism* 2（August 2001）：149－70.

［17］Quoted in Oliver Gamling，*Ap：The Story of News*（New York：Farrar and Rinehart，1940），314.

241 ［18］Paul A. Pratte，*Gods within the Machine：A History of the American Society of Newspaper Editors*，1923—1993（Westport，Conn.：Praeger，1995），p. 206.

［19］Edward Purcell，*The Crisis of Democratic Theory*（Lexington：University of Press of Kentucky，1973）. 透彻讨论了20世纪20年代客观主义者或“科学的自然主义者”在理解科学与社会科学方面留下的一般的遗产。

［20］公共关系的历史没有很好地得到研究。这里的材料来自 Schudson，*Discovering the News*，pp. 34－44. 约翰·杜威的话引自 John Dewey，*Individualism Old and New*（New York：Minton，Balch，1930），44.

［21］Jean Chalaby，“Journalism as an Anglo-American Invention，” *European Journal of Communication* 11（1996）：303－26.

［22］Katharine Gram，*Personal History*（New York：Random House，1997），p. 402.

［23］Daniel C. Hallin，*We Keep America on Top of the World*（London：Routledge，1994），172.

［24］ Ibid. 242

［25］ Daniel Bell，*The End of Ideology*（New York：Free Press，1962）.

［26］ 关于越南与媒体，see Hallin，*The "Uncensored War"*；George Donelson Moss，"News or Nemesis：Did Television Lose the Vietnam War?" in *A Vietnam Reader*，ed.，George Donelson Moss（Englewood Cliffs，N. J.：Prentice Hall，1991），245－300；and William M. Hammond，*Reporting Vietnam*（Lawrence：University Press of Kansas，1998）. 关于五角大楼文件案，see Sandy Ungar，*The Papers and the Papers*（New York：Columbia University Press，1989）；and David Rudenstine，*The Day the Presses Stopped*（Berkeley：University of California Press，1996）. 关于水门事件，see Michael Schudson，*The Power of News*（Cambridge，Mass.：Harvard University Press，1995），142－68，以及《华盛顿邮报》出版人凯瑟琳·格雷厄姆的回忆录（Graham，*Personal History*）和《华盛顿邮报》编辑本杰明·布拉德利［Bradlee，*A Good Life*（New York：Simon and Schuster，1995）］。

［27］ Meg Greenfield，*Washington*（New York：Public Affairs，2001），191.

第五章　最近的记忆：从水门事件到互联网

［1］ Thomas E. Patterson，*Doing Well and Doing Good*（Cambridge，Mass.：Joan Shorenstein Center，Kennedy School，Harvard University，2000），3.

［2］ Ibid.，10.

［3］ Thomas E. Patterson，*Out of Order*（New York：Alfred A. Knopf，1993）. 18.

［4］ Ibid.，20.

［5］ Edward Jay Epstein，*News from Nowhere*（New York：Random House，1973），215－17.

［6］ Lizette Alvarez，"Senate Passes Bill for Annual Tests in Public Schools，" *New York Times*，June 15，2001，p. 1. 在刊登于2001年7月15日《圣迭戈联合论坛报》的美联社的版本中（David Espo，"Sweeping Education Reform Bill Wins OK"），法案的政策含义完全没有被提及。

［7］ Patterson，*Out of Order*，11－12，68－77. 243

［8］ Committee of Concerned Journalists，"Changing Definitions of News，" 1998，可在下面的网址查阅：http：//www.journalism.org/node/442（访问于2011年4月11日）。

［9］ Theodore H. White，*The Making of the President* 1960（New York：Atheneum，1961）.

［10］ See Michael J. Robinson and Margaret A. Sheehan，*Over the Wire and on TV*（New York：Russel Sage Foundation，1983），279.

［11］ Timothy Crouse，*The Boys on the Bus*（New York：Ballantine，1973），37.

［12］ Larry Sabato，Feeding Frenzy（New York：Free Press，1991），pp. 9，34－35. 关于萨菲尔作为专栏作家的职业生涯，see Michael Schudson，*Watergate in American Mem*ory（New York：Basis Books，1992），pp. 70－82.

［13］ Paul Taylor，*See How They Run*（New York：Alfred A. Knopf，1990），50－52.

［14］ Ibid.

［15］ Ibid.，56.

［16］ Frank Esser，"Tabloidization of News：A Comparative Analysis of Anglo-American and German Press Journalism，" *European Journal of Communication* 14，（1999）：292. 埃塞尔引用了一个对德国最有名望的媒体过去 50 年的内容分析，这个研究发现，时政报道中对个性的强调没有变化，呈现情感风格的报道也没有增加。但分析确实展示了一种增加趋势——在 20 世纪 90 年代的丑闻报道中，首要和唯一标志性的趋势是德国著名媒体的小报化（304－305）。这与英国不同，英国有许多全国性媒体相互竞争，而德国很少有报纸间的竞争；多数德国报纸适应于地方市场的导向。

［17］ Cited in Ibid.，312.

［18］ Jurden Westerstahl and Folke Johansson，"News Ideologies as Moulders of Domestic News，" *European Journal of Communication* 1（1986），133－49，at 148. See also Monika Djerf-Pierre，"Squaring the Circle：News in Public Service and Commercial Television in Sweden，1956－1999"，*Journalism Studies* 1（2000）：239－60.

［19］ Westerstahlb and Johansson，148.

244 ［20］ Paddy Scannell，"Public Service Broadcasting and Modern Life，" *Media，Culture and Society* 11（1989）：143－47）.

［21］ Ellis Krauss，"Changing Television News in Japan，" *Journal of Asian Studies* 57（1998）：686. See also Ellis Krauss，*Broadcasting Politics in Japan：NHK and Television News*（Ithaca：Cornell University Press，2000），219－240.

［22］ Martin Eide，"A New Kind of Newspaper? Understanding a Popularization Process，" *Media，Cultural，and Society* 19（1997）：179.

［23］ Silvio Waisbord，*Watchdog Journalism in South America*（New York：Columbia University Press), 2000.

[24] Liesbet van Zoonen, "A Tyranny of Intimacy? Woman, Femininity, and Television News," in *Communication and Citizenship*, eds, Peter Dahlgren and Colin Sparks (London: Routledge, 1991), pp. 217 – 35.

[25] Taylor, *See How They Run*, p. 62.

[26] 关于美国选举的政治文化变迁的历史, see Michael Schudson, *The Good Citizen; A History of American Civic Life* (New York: Free Press, 1998).

[27] John Thompson, *Political Scandal* (Cambridge: Polity Press, 2000), 262.

[28] Ibid.

[29] *What the People Want from the Press* (Washington: Center for Media and Public Affairs, 1997), 35 – 41.

[30] Dainel C, Hallin, *We Keep America on Top of the World* (London: Routledge, 1994), 147.

[31] Ibid, 145.

[32] Carl Cession Steep, "The State of the American Newspaper: Then and Now," *American Journalism Review* (September 1999): 60 – 75.

[33] Paul Weaver, "Newspaper News and Television News," in *Understanding Television*, ed. Richard P. Adler (New York: Praeger, 1981), pp. 277 – 93.

[34] Ibid., 283.

[35] See Michael Schudson, *The Power of News* (Cambridge, Mass.: Harvard University Press, 1995), 53 – 71.

[36] Tom Rosenstiel, "The CNN Myth," *The New Republic* (Aug. 22 and 29, 1994), pp. 27 – 33.

[37] Ibid.

[38] Weaver, "Newspaper News and Television News," p. 292.

[39] 关于新闻编辑室中的女性, see Pippa Norris, ed. Women, Media, and Politics (New York: Oxford University Press, 1997). 这个话题最好的讨论可能是梅格·格林菲尔德坦白的回忆录, *Washington*, pp. 107 – 58.

[40] 关于媒体碎片化带来的危险, 最深入、最有启发的思考来自 Cass Sunstein, *Republic. com* 2.0 (Princeton, N. J.: Princeton University Press, 2007).

[41] See Steven Kull, "Misperceptions, the Media and the Iraq War," The PIPA/Knowledge Networks Poll (Programs on International POlicy Attitudes-PIPA, Universi-

ty of Maryland and Knowledge Networks, Menlo Pack, CA), Oct. 2, 2003.

[42] Pew Research Center, "Americans Spending More Time Following the News," http://people-press.org/2010/09/12/Section-2-online-and-digital-news/(accessed 9-8-11).

[43] Greenfield, *Washington*, 89.

第六章 新闻的市场

[1] Daniel Machalaba, "Would Closing of Daily News Hurt Times?" *Wall Street Journal*, Feb. 5, 1982, 29.

[2] See Gilbert Cranberg, Randall Bezanson and John Soloski, *Taking Stock: Journalism and the Publicly Traded Newspaper Company* (Ames: Iowa State University Press, 2000), 90 - 92.

[3] David Halberstam, *The Powers That Be* (New York: Alfred A. Knopf, 1979), 251.

[4] Herbert J. Gans, *Deciding What's News* (New York: Pantheon, 1979), 214.

[5] David Halberstam, "A Sober Look at the Profession of Journalism," *Newslink* 10 (Philadelphia: Annenberg School for Communications, Spring 2000): 18.

[6] Cranberg, Bezanson, and Soloki, *Taking Stock*, 43.

[7] Eli M. Noam, *Media Ownership and Concentration in America* (New York: Oxford University Press, 2009), 140.

246 [8] David Demers, "Corporate Newspaper Structure, Editorial Page Vigor, and Social Change," *Journalism and Mass Communication Quarterly* 73 (1996): 867 - 77.

[9] C. Edwin Baker, "Ownership of Newspapers: The View from Positivist Social Science," research paper R-12 (Cambridge, Mass.: Joan Shorenstein Barone Center, Kennedy School, Harvard University, 1994), 19.

[10] Benjamin M. Compaine and Douglas Gomery, *Who Owns the Media? Competition and Concentration in the Mass Industry*, 3d ed. (Mahwah, N. J.: Lawrence Erlbaum, 2000), 20 - 21.

[11] Noam, *Media Ownership*, 141.

[12] James Risser, "Lessons from L. A.: The Wall is Heading Back," *Columbia Journalism Review* (January/February 2000), 26.

[13]《洛杉矶时报》的杰出记者戴维·肖对整个事情进行了广泛的报道，发表于1999年12月20日的报纸。See also William Prochnau，"Paradise Lost?" American Journalism Review（January 10，2000）；and Risser "Lessons from L. A.，" pp. 26－29.

[14] From *Brill's Content*，Fall，1998，cited in Jay Harris "What Is Missing from Your News?" in *The Business of Journalism*，ed. Serrin，p. 152.

[15] 感谢凯莉·斯隆，她对此提供了研究上的帮助。

[16] Marrion Just，Rosalind Levine，and Kathleen Regan，"News for Sale，" *Columbia Journalism Review*（November/December 2001），p. 68.

[17] 报告出自 Lawrence Soley，"The Power of the Press Has a Price，" *Extra*! July/August 1997，pp. 11－13.

[18] Marty Haag，quoted in Lawrence K. Grossman，"Why Local TV News Is So Awful，" *Columbia Journalism Review*（November/December 1997），p. 21.

[19] Grossman，"Why Local TV News Is So Awful，" p. 21.

[20] *Damned Old Crank*：*A Self-Portrait of E. W. Scripps*，ed. Charles R. McCabe（New York：Harper and Brothers，1951），228.

[21] Ibid.，229.

[22] Silvio Waisbord，"Leviathan Dreams：State and Broadcasting in South America"，*Communication review* 1（1995）：219.

[23] J. Lee，"Press Freedom and Democracy：South Korea's Experience and Some Lessons，" *Gazette* 59（1997）：135－49. 247

[24] Myung Koo Kang，"Struggle for Press Freedom and 'Un-Elected' Media Power，" in Asian Media Studies，ed. J. Emi and S. K. Chua（London：Blackwell，2005），75－90.

[25] Graham Murdock，"Political Deviance：The Press Presentation of a Militant Mass Demonstration，" in *The Manufacture of News*，ed. Stanley Cohen and Jock Young（Beverly Hills：Sage，1973），172.

[26] Al Tompkins，"Total Recall，" RTDNA *Communicator* 54（October 2000）：22－25.

[27] Sheila Coronel，executive director，Philippine Center for Investigative Journalism，quoted in Craig L. LaMay，*Journalism and Emerging Democracy*：*Lessons from Societies in Transition*（Washing，D. C.：Aspen Institute，2001），15.

第七章　新闻的来源

[1] Leon V. Sigal, "Sources Make the News," in *Reading the News*, ed. Robert K. Manoff and Michael Schudson, (New York: Pantheon, 1986), 25.

[2] Richard V. Ericson, Patricia M. Baranek, and Janet B. C. Chan, *Negotiating Control: A Study of News Sources* (Toronto; University of Totonto Press, 1989), 377, 3.

248 [3] Silvio R. Waisbord, *Watchdog Journalism in South America* (New York: Columbia University Press, 2000), 95.

[4] Philip Schlesinger, "Rethinking the Sociology of Journalism: Source Strategies and the Limits of Media-Centrism," in *Public Communication*, ed. Marjorie Ferguson (London: Sage, 1990), 61－83.

[5] Ken Silverstein, "Good Press for Dictators," *American Prospect*, April 9, 2001, pp. 17－19.

[6] Cited in Charles Peters, "Why the White House Press Didn't Get the Watergate Story," *Washington Monthly* (July/August 1973).

[7] Leon V. Sigal, *Reporters and Officials* (Lexington, Mass.: D. C. Heath, 1973), 121. 西格尔的观点后来被丹·伯克威茨（Dan Berkowitz）的电视研究证实："TV News Sources and News Channels: A Study in Agenda-Building," *Journalism Quarterly* 64 (1987): 508－13.

[8] Paolo Mancini, "Between Trust and Suspicion: How Political Journalists Solve the Dilemma," *European Journal of Sociology* 8 (1993): 40.

[9] Ericson, Baranek, and Chan, *Negotiating Control*, 6.

[10] Ofer Feldman, *Politics and the News Media in Japan* (Ann Arbor; University of Michigan Press 1993); Laurie Ann Freeman, *Closing the Shop: Information Cartels and Japan's Mass Media* (Princeton, N. J.: Princeton University Press, 2000); 以及 Ellis Krauss, *Broadcasting Politics in Japan*: NHK TV News (Ithaca: Cornell University Press, 2000).

[11] Bernard C. Cohen, *Democracies and Foreign Policy: Public Participation in the United States and the Netherlands* (Madison: University of Wisconsin Press, 1995), 110.

[12] Theodore White, *The Making of the President* 1960 (New York: Ateneum,

1961)，365－66.

［13］ Waisbord，*Watchdog Journalism*，94.

［14］ Morton H. Halperin，*Bureaucratic Politics and Foreign Policy*（Washington：Brookings Institutions Press，1974)，173－95.

［15］ Waisbord，*Watchdog Journalism*，108.

［16］ Philip Geyelin，"Vietnam and the Press：Limited War and an Open Society，" in *The Vietnam Legacy*，ed. Anthony Lake（New York：New York University Press，1976)，175.

［17］ Joan Vennochi，"The Media Make Deals with Devil，" *San Diego Union-Trib-* 249
une，Aug. 19，2000，B14.

［18］ James Warren，"Washington Journalism，" in *The Business of Journalism*，ed. Serrin，p. 79.

［19］ Ibid.，80.

［20］ Carol Matlack，"Crossing the Line?" *National Journal*，March 25，1989，725. 许多新闻组织的伦理守则都列在美国报纸编辑协会的网站上。www. asne. org/key _ initiatives/ethics _ codes. aspx（accessed 7－30－11).

［21］ James Fallows，*Breaking the News*（New York：Pantheon，1996)，pp. 103－4 and ibid.

［22］ Jim Rutenberg，"Rather Apologizes for Speaking at Democratic Fund-Raiser，" *New York Times*，April 5，2001，p. A17.

［23］ Ibid.

［24］ Jose Luis Benavides，"Gacetilla：A Key Word for a Revisitionist Approach to the Political Economy of Mexico's Print News Media，"，*Media*，*Culture*，*and Society*，22（2000)：85－104. See also William A. Orme，Jr.，ed.，*A Culture of Collusion*：*An Inside Look at the Mexican Press*（Miami：North-South Center，1997).

［25］ 芭比·泽利泽写道："萨满和新闻从业者构成这样两种人，他们的繁荣以社区中其他人不能近用为基础。""On Communicative Practice：The 'Other Worlds' of Journalism and Shamanism，" *South Folklore* 49（1992)：21.

［26］ Marvin Gottlieb，"Dangerous Liaisons，" *Columbia Journalism Review* 28 (July/August 1989)：23.

［27］ Thomas Ferenciz，"The Media and Democracy，" CSD Bulletin（London：Centre for the Study of Democracy，Winter 2000－2001）8：1－2.

［28］This account comes from David Broder，*Behind the Front Page*（New York：Simon and Schuster，1987），353－56.

［29］Ibid.，356.

250 ［30］William Safire，*Safire's New Political Dictionary*（New York：Random House，1993），p. 740.

［31］Robert Darnton，*Kiss of Lamourette*（New York：W. W. Norton，1990），75.（这篇文章最初出现于 1975 年。）

［32］Frank Esser，Carstein Reinemann，and David fan，"Spin Doctoring in British and German Election Campaigns，" *European Journal of Communication* 15（2000）：212.

［33］Ibid.，212，214，234.

［34］Broder，*Behind the Front Page*，195.

［35］Tom Rosenstiel and Bill Kovach，*Warp Speed*（New York：Twentieth Century Fund，2000）.

［36］Aeron Davis，"Public Relations，News Production，and Changing Patterns of Source Access in the British National Media，" *Media，Culture，and Society* 22（2000）：47.

［37］Ibid.，51－52.

［38］Herbert J. Gans，*Deciding What's News*（New York：Pantheon，1979），116；Bernard Cohen，*The Press and Foreign Policy*（Princeton，N. J.：Princeton University Press，1963），267；W. Lance Bennett，"The News about Foreign Policy，" in *Taken by Storm：The Media，Public Opinion，and U. S. Foreign Policy in the Gulf War*，ed. W. Lance Bennett and David L. Paletz and Howard Tumber，*Reporting Crime：The Media Politics of Criminal Justice*（Oxford，Eng：Clarendon Press，1994）. 关于政府官员至少认为记者占据上风的观察，see Stephen Hess，*The Government/Press Connection*（Washington：Brookings Institution Press，1984），109.

［39］理查德·埃里克松和他的同事暗示，信源主导的观点是记者的看法，而社会学家在与记者访谈时，未经仔细思考就接受了这一看法。如果他们也去采访信源，就像埃里克松在其研究中的做法，他们会看到一种重要的协商，而非信源的主导。See Eric，Baranek，and Chan，*Negotiating Control*，24.

［40］Delmer Dunne，*Public Officials in the Press*（Reading，Mass.：Addison-Wesley，1969），41.

[41] Stephen Hess, *The Washington Reporters* (Washington: Brookings Institution Press, 1981), 17 - 18.

[42] Joseph Alsop and Stewart Alsop, *The Reporter's Trade* (New York: Rey- 251
nal, 1958), 6.

[43] Zvi Reich, *Sourcing the News* (Cresskill, N. J.: Hampton Press, 2009), 186.

[44] Edie Goldenberg, *Making the Papers* (Lexington, Mass.: D. C. Health, 1975).

[45] Bettina Boxall, person e-mail correspondence, September 1, 2009.

[46] Jonathan Mermin, "Television News and American Intervention in Somalia: The Myth of a Media-Driven Foreign Policy," *Political Science Quarterly*, 112 (1997): 385 - 403. Steven Livingston and Todd Eachus, "Humanitarian Crises and U. S. Foreign Policy: Somalia and the CNN Effect Reconsidered", *Political Communication*, 12 (1995): 413 - 429.

[47] W. Lance Bennett, "Toward a Theory of Press-State Relations in the United States," *Journal of Communication* 40 (1990), 106.

[48] Jonathan Zaller, "Elite Leadership of Mass Opinion: New Evidence from the Gulf War," in *Taken by Storm*, ed. Bennett and Paletz, 201 - 2.

第八章　新闻的政治文化

[1] For a fuller statement of this point, see Erik Asard and W. Lance Bennett, *Democracy and the Marketplace of Ideas* (Cambridge, Eng/: Cambridge University Press, 1997), 35 - 37.

[2] Gianpietro Mazzoleni and Winifred Schulz, "Mediatization of Politics: A Challenge for Democracy?" *Political Communication* 16 (1999): 247 - 61.

[3] 关于“媒介化”作为现代性的一个普遍特征，see John B. Thompson, *The Media and Modernity* (Stanford University Press, 1995), 308.

[4] John Anthony Maltese, *The Selling of Supreme* Court Nominees (Baltimore: Johns Hopkins University Press, 1995), 52 - 53, 85 - 92.

[5] Samuel Kernell, *Going Public: New Strategies of Presidential Leadership* (Washington: Congressional Quarterly Press, 1986).

[6] Ibid., 93 - 97.

[7] Ibid.，24，27 - 28.

[8] Steven Kelman，*Regulating America*，*Regulating Sweden*；*A Comparative Study of Occupational Safety and Health Policy*（Cambridge，Mass.：Press，1981），p. 163.

252 [9] Ibid.

[10] Bernard C. Cohen，*Democracies and Foreign Policy*：*Public Participation in the United States and the Netherlands*（Madison：University of Wisconsin Press，1995），123.

[11] Ibid.

[12] Ibid.

[13] 语出《圣迭戈联合论坛报》的格里布·劳恩（Gerry Braun），cited in Christine Ileto Pangan，"Local Political Consultants and Reporters，"（unpublished paper，University of California，1999），18.

[14] Nicholas Garnham，*Capitalism and Communication*（London：Sage，1990），104 - 14.

[15] John Keane，*Liberty of Press*（Cambridge，Mass.：Polity Press，1991）.

[16] Ellis Krauss，*Broadcasting Politics in Japan*：*NHK TV News*（Ithaca，N. Y.：Cornell University Press，2000），105.

[17] Eli Skogerbo，"The Press Subsidy System in Norway，" *European Journal of Communication* 12（1997）：99 - 118；and Paul Murschetz，"State Support for the Daily Press in Europe：A Critical Appraisal，" *European Journal of Communication* 13（1998）：291 - 313.

[18] Frank Esser，"Tabloidization of News：A Comparative Analysis of Anglo-American and German Press Journalism，" *European Journal of Communication*，14（1999），313.

253 [19] Daniel C. Hallin and Paolo Mancini，"Speaking of the President：Political Structures and Representation Forms in U. S. and Italian Television News，" *Theory and Society* 13（1984）：829 - 50.

[20] Rodney Benson，"What Makes News More Multiperspectival? A Field Analysis，" *Poetics*，37（Fall，2009）：402 - 418. See also Rodney Benson and Daniel Hallin，"How States，Markets and Globalization Shape the News：The French and U. S. National Press，1965—1997." *European Journal of Communication*，22（March 2007），27 -

48.

[21] Tamar Liebes, *Reporting the Arab-Israeli Conflict* (London: Routledge, 1997), 34.

[22] Ibid., 48.

[23] Rasmus Kleis Nielsen, *Ground Wars: Personalized Communication in Political Campaign* (Princeton University Press, 2012).

[24] Kris Kodrich, "Find a New Way: Nicaraguan Newspapers in Globalized World," (paper presented at annual conference of the International Communication Association, Washington, D. C. May, 2001).

[25] Daniel C. Hallin and Paolo Mancini, *Comparing Media Systems: Three Models of Media and Politics* (Cambridge, Eng.: Cambridge University Press, 2004). Daniel C. Hallin and Paolo Mancini 的 Western Media Systems in Comparative Perspective 一文是对该书的概述, in James Curran, ed., *Media and Society*, 5th ed. (London: Bloomsbury Academic, 2010), 103-21.

第九章 新闻的受众

[1] Robert Demaria, *Samuel Johnson and the Life of Reading* (Baltimore: Johns Hopkins University Press, 1997).

[2] Bernard Berelson, "What Missing the Newspaper Means," in *Communications Research* 1948—1949, eds. Paul Lazarsfeld and Frank Stanton (New York: Harper and Brothers, 1949), 36-47.

[3] "准社会互动"一词是由唐纳德·霍顿和理查德·沃尔创造的, "Mass Communication and Para-Social Interaction: Observations on Intimacy at a Distance," *Psychiatry* 19 (1956): 215-29.

[4] Berelson, "What Missing the Newspaper Means," 43.

[5] Ibid., 45.

[6] Theodore Glasser, "Play and the Power of News," *Journalism* 1 (2000): 26.

[7] Cited in Fanny Fern, Fern Leaves from Fanny's Port-Folio (1854), 178-79, cited in David M. Henkin, *City Reading* (New York: Columbia University Press, 1998), 110.

[8] Thomas Kessner, *Fiorello H. La Guardia and the Making of Modern New York* (New York: McGraw-Hill, 1989), 575.

[9] Kevin Barnhurst and Ellen Wartella，"Newspapers and Citizenship：Young Adults' Subjective Experience of Newspapers，" *Critical Studies in Mass Communications* 8 (1991)：195 - 209.

254 [10] Gina Lubrano，"A Depiction That Anger Hindus，" *San Diego Union Triune*，July 24，2000，B7.

[11] Jack Katz，"What Makes Crime 'News'?" *Media*，*Culture*，*and Society* 9 (1981)：47 - 75. 关于1792年《邮政法案》的基本角色的分析来自理查德·R. 约翰的 Spreading the News（Cambridge，MA：Harvard University Press，1995），并在 Paul Starr，*The Creation of the Media*（New York：Basic Books，2004）中关于政治决策对美国媒体产业的成长的核心影响的论述部分得到详述。

[12] Herbert J. Gans，*Deciding What's News*（New York：Pantheon，1979），230.

[13] Robert Darnton，*Kiss of Lamourette*（New York：W. W. Norton，1990），62.

[14] Clark，Martre，and Bartolomero，Inc.，*Leveraging Media Assets*（1998），一份提交给美国报纸编辑协会（American Society of Newspaper Editors）的报告，可在ASNE的网站查阅。www. asne. org.

[15] Thomas Patterson，"Young People and News"（report，Joan Shorenstein Center on the Press，Politics and Public Policy，John F. Kennedy School of Government，Harvard University，Cambridge，Mass.，July 2007），9.

[16] Project for Excellence in Journalism，Pew Research Center，*The State of the News Media* 2011：*An Annual Report on American Journalism*，http：//stateofthemedia. org/2011/online-essay/data-page-7（accessed 7-30-11）.

[17] Colin Sparks and John Tulloch，*Tabloid Tales*（Lanham，Md.：Rowman and Littlefield，2000）.《每日秀》和《科尔伯特报告》特别引起了学界关注。See Jeffrey P. Jones，Entertaining Politics（Lanham，Md.：Rowman and Littlefield，2005）. Jeffrey P. Jones，"Believing Fiction：Redactional Culture and the Will to Truthiness"，in Barbie Zelizer，ed.，*The Changing Faces of Journalism*（New York：Routledge，2009），127 - 143；Geoffrey Baym，*From Cronkite to Colbert*（Boulder，CO：Paradigm，2010）.

第十章　新闻作为文学和叙事

[1] James S. Ettema and Theodore L. Glasser，"Narrative Form and Moral Force：

The realization of Innocence and Guilt through Investigative Journalism," *Journal of Communication* 38 (Summer 1988): 24.

[2] Peter Parisi, "Astonishment and Understanding: On the Problem of Explanation in Journalism," *New Jersey Journal of Communication* 7 (1999): 7.

[3] Tuchman, Making News, pp. 59 - 63. 塔奇曼发展了"出乎意料"的故事的最早的分析。她的工作在丹・伯克威茨那里得到进一步的发挥:"Doing Double Duty: Paradigm Repair and the Princess Diana What-a-Story," *Journalism* 1 (2000): 125 - 43; 以及"Non-Route News and Newswork: Exploring a What-a-story," *Journal of Communication* 42 (1992): 82 - 94. 伍德沃德建议他的员工定位于"让人惊呼的故事",这成为美孚主席诉《华盛顿邮报》诽谤案的一个关键点,这个控诉最终没有成功。相关讨论参见 Schudson, *Watergate in American Memory*, 121 - 23. 255

[4] Ettema and Glasser, "Narrative Form and Moral Force."

[5] Ibid., 23.

[6] Hayden White, "The Narrativization of Real Events," in *On Narrative*, ed. W. J. T. Mitchell (Chicago: University of Chicago Press, 1981), 253.

[7] 关于社区建构的电视新闻的主要著作是 Daniel Dayan 和 Elihu Katz 的 *Media Events; The Live Broadcasting of History* (Cambridge, Mass.: Harvard University Press, 1992). 就报纸新闻(电视新闻亦然)的这个特征, James Ettema 和 Theodore Glasser 的著作保持了最一贯的兴趣。See, for instance, Theodore L Glasser and James S. Ettema, "The Language of News and the End of Morality," Argumentation 8 (1994): 337 - 44; 特别是 James Ettema and Theodore Glasser, *Custodians of Conscience: Investigative Journalism and Public Virtue* (New York: Columbia University Press, 1998).

[8] Paul Hartman and Charles Husband, "The Mass Media and Racial Conflict," in *The Manufacture of News: A Reader*, ed. Stanley Cohen and Jock Young (Beverly Hills: Sage, 1973), 274.

[9] Frank Pearce, "How to Be Immoral and Ill, Pathetic and Dangerous, All at the Same Time; Mass Media and the Homosexual," in *ibid*. 293.

[10] Edwin Alwood, *Straight News: Gays Lesbians, and the News Media* (New York: Columbia University Press, 1996), 315. See also Suzanna Danuta Walters, All the Rage (Chicago: University of Chicago Press, 2001). 沃尔特斯强烈要求男同性恋和女同性恋应该永远不忘记压迫,而"必须注意那些所有的真理都被颠倒的罕见而混

乱的时刻”（p. 28）。她将 20 世纪 90 年代看作这样的一个时刻。

256 ［11］Jack Katz，“What Makes Crime ‘News’?” *Media*，*Culture and Society* 9（1981）47－75. 这本著作提供一个普遍的“道德秩序”的解释。See also Best，*Random Violence*.（Berkeley：University of California Press，1999），该书提供了一个社会组织的解释。

［12］Dayan and Katz，*Media Events*，108.

［13］Daniel C. Hallin，“*The Uncensored War*”：*The Media and Vietnam*（New York：Oxford University Press，1986），117.

［14］Yoram，Peri，“The Rabin Myth and the Press：Reconstruction of the Israeli Collective Identity，” *European Journal of Communication* 12（1997）：435－58.

［15］Michael Schudson，“What's Unusual About Covering Politics As Usual，” in *Journalism after September* 11，ed. Stuart Adam and Barbie Zelizer（London：Routledge，2002），6－47.

［16］苏联新闻从业者在他们的时代曾有一个胜于西方新闻从业者的优点：他们可以凭借同样的接近政府的资格来报道商业，因为商业是政府所有和管理的。他们可以接近工厂车间，而西方记者在这方面很困难。See Dean Mills，“The Soviet Journalist：A Cultural Analysis，”（PhD. Dissertation，University of Illinois，Urbana-Champaign，1981）.

［17］James Carey，“Why：The Dark Continent of American Journalism，” in *Reading the News*，ed. Manoff and Schudson，146－96.

［18］Phyllis Kaniss，*Making Local News*（Chicago：University of Chicago Press，1991），65.

［19］Ibid.，68.

第十一章　法律、民主与新闻

［1］Amartya Sen，“Freedoms and Needs，” *New Republic*，Jan. 10－17，1994，p. 34. See also Jean Dreze and Amartya Sen，*Hunger and Public Action*（Oxford，Eng.：Clarendon Press，1989），159，212－15，262－64.

［2］James Carey，“Afterword：The Culture in Question，” in *James Carey*：*A Critical Reader*，ed. Eve Stryker Munson and Catherine A. Warren（Minneapolis：University of Minnesota Press，1997），332.

257 ［3］See Joseph D. Straubhaar，“Television and Video in the Transition from Militar-

y to Civilian Rule in Brazil," *Latin American research Review* 24 (1989): 140 - 54; Mauro Porto, "Media Framing and Civic Competence: Television and Audiences' Interpretations of Politics in Brazil" (Ph. D dissertation, University of California, San Diego, 2001), 177 - 80, and Mauro Poro, "TV News and Political Change in Brazil." *Journalism* 8 (2007): 363 - 384.

[4] Rosario de Mateo, "The Evolution of the Newspaper Industry in Spain, 1939 - 87," *European Journal of Communication* 4 (198): 211 - 26.

[5] Paddy Scannell, "Public Service Broadcasting and Modern Public Life," Media, Culture, and Society 11 (1989): 160.

[6] Kyu Youm, "The Right of Reply and Freedom of the Press: An International and Comparative Perspective", *Geore Washington Law Review* 76 (*June* 2008): 1017 - 64.

[7] *New York Times v. Sullivan*, 376 U. S. 254, (1964), 270.

[8] *Miami Herald Publishing Company v. Tornillo*, 419 U. S. 241 (1974), p. 260.

[9] Benno C. Schmidt, Jr., *Freedom of the Press vs. Public Access* (New York: Free Press, 1976), 13.

[10] Cass Sunstein, *Democracy and the Problem of Free Speed* (New York: Free Press, 1993), 20 - 21, 107.

[11] Lucas A. Powe, Jr., *The Fourth Estate and the Constitution* (Berkeley: University of California Press, 1991), p. 279.

[12] See Eli Skogerbo, "The Press Subsidy System in Norway," *European Journal of Comunication* 12 (1997): 99 - 118.

[13] Owen M. Fiss, *Liberalism Divided* (Boulder: Westview, 1996), 145.

[14] Ibid., 45 - 46; and New York Times v. Sullivan, 270.

[15] Alexander Meiklejohn, *Political Freedom* (New York: Harper, 1960). 这是 Meiklijohn, *Free Speech and Its Relation to Self-Government* (New York: Harper and Brothers, 1948) 的再版，补充了一些论文。

[16] Ibid., 26. 258

[17] Edmond Cahn, "Dimensions of First Amendment 'Absolutes': A Public Interview," in *Justice Hugo Black and the First Amendment*, ed. Everette E. Dennis and Donald M. Gillmor (Ames: Iowa State University Press, 1978), 45.

[18] Freedom House, Freedom of the Press, 2010 (New York: Freedom House, 2010), available at http://www.Freedomhouse.org. See also Committee to Protect Journalists, Attacks on the Press in 2009 (New York: Committee to Protect Journalists, 2010).

[19] Herbert J. Gans, *Democracy and the News* (New York: Oxford University Press, 2002).

[20] Ibid, 54 - 55.

[21] Adam Sahell, "Political Drama Snaps Nasdaq Win Streak," *USA Today*, May 24, 2001, 4B.

[22] Ralph Negrine, *Parliament and the Media: A Study of Britain, Germany, and France* (London: Royal Institute of International Affairs, 1998), 2.

[23] Ibid., 134.

[24] Nina Eliasoph, Awiding Politics (Cambridge, Eng.: Cambridge University Press, 1998). See also Dafna Lemish and Inbal Barzel, "Four Mothers': The Womb in the Public Sphere," *European Journal of Communication* 15, (2000): 167.

[25] Katharine Graham, *Personal History* (New York: Random House, 1997), 411.

第十二章　21 世纪的第一波新闻革命

[1] See Philip Meyer: *The Vanishing Newspaper: Saving Journalism in the Information Age* (Columbia: University of Missouri Press, 2004), 37. 关于分类广告对报纸的重要性，伊莱·诺姆给出了不同的估计，但他们的结论相似。他写道：通常分类广告占报纸广告的 25%，但到 2006 年，这一比例上升到 37%。See Eli Noam, *Media Ownership and Concentration in America* (New York: Oxford University Press, 2009), 138.

259 [2] 参见 Elliot King, *Free for All: The Internet's Transformation of Journalism* (Evanston, IL.: Northwestern University Press, 2010) 对影响新闻业的技术变革所做的全面描述。

[3] See Beth Noveck, *Wiki Government* (Washington, D.C.: Brookings Institution Press, 2009), 17.

[4] David Streitfeld, "Doris Dungey, Prescient Finance Blogger, Dies at 47", *New York Times*, November 30, 2008. See also Alyssa Katz, "*An Irresistably Readable*

Mortgage Critic"，*Columbia journalism Review Online*（*December* 10，2008），available at http：//www. cjr. org/the _ audit/tribute _ to _ a _ blogger. php（accessed May 8，2011）.

［5］James W. Carey，"*Why and How? The Dark Continent of American Journalism*"，in Robert Karl Manoff and Michael Schudson，ed. *Reading the News*（New York：Pantheon Books，1986），151－52.

［6］Mark Deuze，"*Toward a Sociology of Online News*"，in Chris Paterson and David Domingo ed. *Making Online News*（New York：Peter Lang，2008），205－206. 麦克·德耶兹（Mark Deuze）从齐格蒙·鲍曼（Zygmunt Buman）的社会理论中援引了"液态现代性"（Liquid modernity）的概念。See Deuze，*Media Work*（Cambridge，Eng.：Polity Press，2007）.

［7］Dean Starkman，"The Hamster Wheel"，*Columbia Journalism Review*，49（September-OCtober 2010），24－28.

［8］"众包"（crowdsourcing）的实践可以追溯到 18 世纪。历史学家戴维·保罗·诺德（David Paul Nord）在新英格兰发现了几个有趣的案例——参见他的"'Plain and Certain Faces'：Four Episodes of Public Affairs Reporting in Eighteenth-Century"，*Journalism History*，37，2011。但这个术语通常被认为是杰夫· 豪威（Jeff Howe）在其文章"The Rise of Crowdsourcing"中提出的（*Wired*，June 2006），available at http：//www. wires. com/wired/archive/14. 06/crowds. html（accessed December 16，2010）.

［9］Robert Henson，*Weather on the Air. A History of Broadcast Meteorolog*y（Boston：American Meteorological Society，2010），5－6.

［10］Ibid.，56.

［11］Geoffrey Cowan and David Westpha，"Public Policy and Funding the News" 260
（Research Series：January 2010，University of Southern California Annenberg School for Communication and Journalism，Center on Communication Leadership &Policy，Los Angeles，2010）. Available at http：//fundingthenews. usc. edu/report/（accessed May 9，2011）. See also Geoffrey Cowan and David Westphal，"The Washington-Madison Solution" in Robert W McChesney and Victor Pickard，eds.，*Will the Last Reporter Please Turn Out the Lights*：*The Collapse of Journalism and What Can Be Done to Fix It*（New York：New Pess，2011），133－137. See also Leonard Downie Jt. And Michael Schudson，"The Reconstruction of American Journalism"，2009，available at：http：//

www. journalism. Columbia. edu/ journalismreport (accessed May 8, 2011). Reprinted in McChesney and Pickard, 55 - 90.

[12] 有关俄亥俄州的情况，可在以下网址（http：//www. ohchemedia. org/transcripts/2008/04/24/04）(accessed may 8, 2011) 查阅一则对《克利夫兰老实人报》(*Cleveland Plain Dealer*) 时任编辑苏珊·戈德堡（Susan Goldberg）的采访。有关《华盛顿邮报》和《巴尔的摩太阳报》的情况，see Michael S. Rosenwald, "Washington Post, Baltimore Sun to Begin Sharing Some News Content," *Washington Post*, December 23, 2008.

[13] See Michael Schudson, "Autonomy from What?", in Rodney Benson and Erik Neven, ed., *Bourdieu and the journalistic Field* (Cambridge, Eng.: Polity Press, 2005), 214 - 223. 当代新闻实践中关于受众的不同观念，see C. W. Anderson, "Deliberative, Agonistic, and Algorithmic Audiences: Journalism's Vision of its Public in an age of Audience Transparency", *International Journal of Communication* 5 (2011): 529 - 547.

[14] Jay Rosen, "PressThink", 2006 年 7 月 27 日, available at: http://archive. pressthink. org/2006/06/27/ppl _ frmr. html (accessed Novermber 23, 2010).

[15] 2010 年 5 月 17 日，尼娜·伯恩斯坦（Nina Bernstein）在接受哥伦比亚大学新闻学院保罗·托贝肯纪念奖时的感言，可在以下网址查阅：http：//www. journalism. columbia. edu/system/documents/174/original/tobenkin _ award _ talk. pdf (accessed May, 2, 2011).

[16] See Michael Schudson and Julia Sonnevend, "True to Form", *Columbia Journalism Review*, 49 (March-April 2010), 63; and Pablo Boczkowski, "Rethinking Hard and Soft News Production: From Common Ground to Divergent Paths", *Journal of Communication* (March 2009). 博奇科夫斯基开创性地民族志方法研究数字新闻生产，其他人则紧随其后，来自世界各地的学者的文章收集在 Chris Paterson and David Domingo, eds., *Making Online News: The Ethnography of New Media Production* (New York: Peter Lang, 2008).

[17] David Carr, "The Fall and Rise of Media", *New York Times*, November 29, 2009.

261 [18] 1971 年、1992 年、2002 年的数据出自 David H. Weaver, Randal A. Beam, Bonnie J. Brownlee, Paul S. Voakes and G. Cleveland Wilhoit, *The American Journalist in the 21st Century: U. S. News People at the Dawn of a New Millennium* (Mahwah,

N. J.：Lawrence Erlbaum，2007），2。如今新闻编辑室的员工有 4 万多人（2009 年为 41 500 人），数据源于 The Project for Excellence in Journalism，"The State of the News Media：An Annual Report on American Journalism 2011，" available at http：//stateofthemedia. org/2011/（accessed May 8 2011）.

［19］Jennifer Dorroh，"Statehouse Exodus"，*American Journalism Review* (April-May，2009).

［20］Hodi Enda，"Retreating from the World"，*American Journalism Review* (Winter，2010)：14－31.

［21］Andrew Alexander，"Can the Post Regain Its Legacy of Excellence ?"，Washington Post，January 23，2011.

［22］可在以下网址查阅：http：//investigativenewsnetwork. org/about/about-inn (access January，2011)。

［23］Meyer，Vanishing Newspaper，37，

［24］Walter Robinson，电话采访，2009 年 10 月 2 日。

［25］Richard Sambrook，*Are Foreign Correspondents Redundant? The Changing Face of International News*（*Oxford，Eng.：Reuters Institute for the Study of Journalism* 2010），98－99. 关于美国的外国新闻，see James T. Hamilton，"The（Many）Markers for International News"，*Journalism Studies*，11（2010）：650－66.

［26］Walter Lippmann，*Liberty and the News*（Princeton，N. J.：Princeton University Press，2008；Originally published 1920），45.

［27］Ibid.，48.

［28］Ibid.，53.

［29］Ibid.，55.

［30］Ibid.，56.

［31］Clay Shirky，"Newspapers and Thinking the Unthinkable"，Marc h 13，2009，available at http：//www. shinky. com/weblog/2009/03/newspapers-and-thinking-the-unthinkable/（accessed March 6，2011）. Reprinted in McChesney and Pickard，38－44.

［32］See Carroll Bogert，"Whose News? The Changing Media Landscape and NGOs"，in Human Rights Watch，World Report：2011 *Events of* 2010（New York：Human Rights Watch，2011），30. 262

［33］Simon Cottle and David Nolan，"Global Humanitarianism and the Changing Aid-Media Field：'Everyone was dying for footage'，" *Journalism Studies* 8（December

2007）862－878.

［34］Paul Starr，“Goodbye to the Age of Newspapers：Hello to a New Era of Corruption，” *The New Republic*，March 4，2009，28－35. Reprinted in McChesney and Pickard，18－37.

［35］Alex Jones，*Losing the News*（New York：Oxford University Press，2009），4. 据估计，“85％的专业问责报道来自报纸”，但他写道：他听到的其他估计高达95％。

［36］或者是否有更多方法？See Bill Grueskin，Ava Steave，and Lucas Graves，*The Story So Far：What We Know About the Business of Digital Journalism*（New York：Tow Center for Digital Journalism at the Graduate School of Journalism，Columbia University，May，2011）.

［37］参见 David A. L. Levy and Rasmus Kleis Nielsen，eds.，*The Changing Business of Journalism and Its Implications for Democracy*（Oxford，Eng.：Reuters Institute for the Study of Journalism，2011）有关巴西、芬兰、法国、德国、印度、英国和美国的章节。

索 引

（所注页码为英文原书页码，即本书边码）

第一版译后记

对于本书作者迈克尔·舒德森教授，国内读者应该不会感到陌生。因为他的两部著作《广告：艰难的说服》（华夏出版社，2003 年）和《发掘新闻：美国报业的社会史》（北京大学出版社，2009 年）的中文版已在国内出版。此外，他的两篇重要论文也已被译为中文，即《新闻生产社会学》（收录于《大众媒介与社会》，詹姆斯·库兰、米切尔·古尔维奇编，华夏出版社，2006 年）和《公共新闻学关于新闻学知道什么，关于“公共”不知道什么》（收录于《公共新闻事业的理念》，西奥多·格拉瑟主编，华夏出版社，2009 年）。

舒德森教授在新闻社会学与新闻社会史领域耕耘了三十余年，现在这本《新闻社会学》可以说是他在该领域的集大成之作。之所以这么评价，是因为作者凭借多年的学术功力，对于该领域的基本议题的思考，对相关文献、素材的把握，都达到了庖丁解牛般驾轻就熟、得心应手的境界。而且，本书英文原版是美国著名社会学家杰弗里·亚历山大（Jeffrey Alexander）主编的“当代社会学”丛书中的一册，可见舒德森教授的成就在主流社会学界也得到了认可。

近几年，国内对于新闻社会学或媒介社会学的兴趣正在上升。除迈克尔·舒德森教授外，托德·吉特林、盖伊·塔奇曼、赫伯特·甘斯等知名学者的代表作都逐渐或将要迻译为中文。李金铨、潘忠党等华人学者运用媒介社会学的理论和方法对中国传媒所做的出色的研究，既是西方理论在中国“本土化”或“脉络化”上结出的硕果，同时作为一种示范，也激励了更多青年学者在这条路径上继续探索。目前国内这类译作中，从个案着手的经典研究较多，像本书这样的通论性质的著作还不多见。窃以为，从这两个方面来把握媒介社会学的研究思路，既见树木，又见森林，应有更好的理解。

就国内新闻学与传播学的教学和研究现状来看，传统的新闻学理论研究偏重思辨，不大重视经验性的研究；而传播学的引介目前仍以经验学派为主，偏重传播效果研究，较少关注广大的社会脉络及其与媒介的互动关系。从这个角度来说，本书可为国内的新闻传播学研究提供另一种参照系。舒德森教授是社会学博士出身，同时一直对历史具有浓厚的兴趣，因而，他的论著的鲜明风格是兼具历史经验与思辨分析的，史论结合，论从史出，并且总是在社会语境中观照媒介，将新闻的生产与社会的变迁联系起来。这样一种研究取向也是值得我们借鉴的。

我对舒德森教授的关注是从阅读台北远流出版公司出版的《探索新闻：美国报业社会史》开始的。2006 年的时候，我对商议民主的话题产生兴趣，发现舒德森教授写了一篇颇有影响的论文《为什么交谈不是民主的灵魂》[Why conversation is not the soul of democracy. *Critical Studies in Mass Communication*，1997（14）：297－309.]。当时由于找不到这篇论文，又听刚从圣迭戈加利福尼亚大学访问回来的展江老师说舒德森教授为人非常和善，我便冒昧地给他发去电邮，问能否发给我一份电子版的论文。舒德森先生很快回复说，他也没有电子版了，但他很乐意复印一份纸质版的论文并邮寄给我。一个月后，我便真的收到了来自大洋彼岸的信件。这件事情使我不仅欣赏舒德森先生的学问，更对他的为人平添了一份敬意。

最后，我要感谢陈卫星教授，他知道我对新闻社会学感兴趣，于是让我翻译这本书，并对译稿进行了细致的校对。学友方田、王贺新、李远香、孙江波也对译稿提出诸多修改意见。华夏出版社的责任编辑张瑾为本书出版发行付出了辛勤的劳动，在此一并表示由衷的感谢。

徐桂权

2010 年 1 月 30 日

第二版译后记

《新闻社会学》第一版的中译本自 2010 年出版后获得良好的反响，已成为不少高校新闻学教学与考研的参考书目。新闻学界的研究者也对舒德森的新闻观保持强烈的兴趣，尤其随着 2015 年舒德森访华而达到新的热度。在这个背景下，中国人民大学出版社适时推出《新闻社会学》第二版的中译本，为我们了解舒德森的新闻观念提供了一个更新的文本。

在第二版中，舒德森不仅对初版的每一章内容都做了修订，而且增加了全新的一章来讨论 21 世纪以来美国新闻业因应互联网的冲击而发生的新变化。总体上，舒德森仍然延续了他一贯的新闻社会学思路，既承认互联网技术给新闻业带来的巨大挑战与机遇，同时仍把新闻业的变迁置于经济、政治和文化的语境中来考察，并对新闻业的发展前景持审慎乐观的态度。

此次中译本增加了常江、何仁亿对舒德森的学术访谈，舒德森亲自为第二版中译本撰写了序言，读者可结合这些材料来进一步把握舒德森的学术思路。

本书的出版，要感谢中国人民大学出版社翟江虹编辑，是她慧眼识珠，迅速帮助完成版权购买等事务。中山大学传播与设计学院的陈祺和肖嘉升同学协助校译了序言至第十一章和索引，章震同学初译了第十二章，在此一并表示感谢。全书最后由我统稿和校订，若有不当之处，恳请方家指正。

徐桂权

初稿于 2018 年 2 月 28 日

定稿于 2019 年 7 月 29 日

The Sociology of News, 2e
By Michael Schudson

图书在版编目（CIP）数据

新闻社会学：第二版 /（美）迈克尔·舒德森（Michael Schudson）著；徐桂权译. -- 北京：中国人民大学出版社，2020.8

（当代世界学术名著. 新闻与传播学译丛. 大师经典系列）

书名原文：The Sociology of News：2e

ISBN 978-7-300-28165-0

Ⅰ.①新… Ⅱ.①迈… ②徐… Ⅲ.①新闻学-社会 Ⅳ.①G210-05

中国版本图书馆 CIP 数据核字（2020）第 120839 号

当代世界学术名著

新闻与传播学译丛·大师经典系列

新闻社会学（第二版）

[美] 迈克尔·舒德森 著

徐桂权 译

Xinwen Shehuixue

出版发行	中国人民大学出版社		
社　　址	北京中关村大街 31 号	**邮政编码**	100080
电　　话	010－62511242（总编室）		010－62511770（质管部）
	010－82501766（邮购部）		010－62514148（门市部）
	010－62515195（发行公司）		010－62515275（盗版举报）
网　　址	http://www.crup.com.cn		
经　　销	新华书店		
印　　刷	北京昌联印刷有限公司		
规　　格	170 mm×240 mm　16 开本	**版　　次**	2020 年 8 月第 1 版
印　　张	16 插页 2	**印　　次**	2020 年 8 月第 1 次印刷
字　　数	235 000	**定　　价**	59.80 元